홍산문화의
인류학적 조명

우하량유적의 새토템과 조이족
5500년 전 사람들의 이야기

일러두기

- 모든 지명은 우리말 한자 독음으로 적었다.
- 중국인의 인명은 우리말 한자 독음으로, 일본인은 일본식 한자 독음으로 적었다. 북한의 인명은 북한 표기에 따랐다.
- 우하량유적의 주요 사진은 『牛河梁遺址』(학원출판사 편)과 『牛河梁-發掘報告』(요녕성문물고고연구소 편)에서 인용하였다.
- 문장부호는 학술논문의 규정에 따랐으며, 『 』는 단행본이나 학위논문, 「 」는 일반논문에 표기하였다.
- 지도가 수록된 곳은 8, 21, 47, 68, 69, 74, 86, 183, 221, 256, 296, 304, 324, 325쪽 등임.

홍산문화의 인류학적 조명
우하량유적의 새토템과 조이족

목차

머리말 — 10
문제 의식의 출발 — 13
논점 — 19
문제의 제기 — 22

제1부 홍산문화의 토템들

1. 홍산문화의 새숭배 — 39
    1) 홍산문화와 새 — 39
    2) 소하연문화와 새 — 44

2. 새숭배와 태양숭배의 결합 — 51
    1) 올빼미와 부엉이 — 51
    2) 소하연의 태양 부호 — 55
    3) 새와 태양의 연합토템 - 배일숭조 — 58

제2부 우하량유적과 토템연합

1. 우하량유적의 특징 ——————————————— 73
   1) 백음장한에서 우하량까지 - 적석총 ——————— 73
   2) 우하량유적의 지점별 특징과 옥기 ——————— 78
   　　제1지점 80, 제2지점 86, 제3지점 116
   　　제5지점 118, 제13지점 126, 제16지점 126
   3) 우하량유적의 새숭배 ——————————————— 146
   4) 우하량유적의 번개무늬와 태양 —————————— 151

2. 우하량인의 DNA ——————————————— 157
   1) 우하량인의 유골 분석과 편두 —————————— 157
   2) mtDNA로 본 유전적 분석 ——————————— 164
   3) 우하량인과 고대 조선사람과의 비교 ——————— 177

3. 우하량유적의 새토템과 곰토템 ——————————— 183
   1) 나사대유적의 새토템과 곰토템 —————————— 183
   2) 우하량유적에 나타난 새토템과 곰토템의 정체성 —— 192
   3) 우하량신전의 새토템족과 곰토템족의 '토템연합' —— 200

제3부 조이족과 환웅의 '신시고국'

1. 홍산문화와 조이족 등장 ─────────────── 217
   1) 조이족의 등장과 홍산문화 우하량유적의 귀속관계 ─── 217
   2) 추이隹夷와 조이鳥夷 ─────────────── 230
   3) 조이족과 새숭배의 근원 ─────────────── 234

2. 조이족과 환웅 ─────────────── 247
   1) 『산해경』과 환웅의 웅상雄常 ─────────────── 247
   2) 환웅과 웅녀의 만남 - 우하량유적은 단군신화의 고향 ─── 257
   3) 환족桓族의 등장과 우하량의 신시문화 ─────────── 274
   4) 환웅 조이족과 부족연합의 관계 ─────────────── 283

3. '신시고국'의 단면들 ─────────────── 289
   1) 신시고국神市古國의 문화적 기원 ─────────────── 289
   2) 황제와 치우 - 유웅국의 실체 ─────────────── 297
   3) 조이족의 경제생활 ─────────────── 305
   4) 옥봉과 도량형 ─────────────── 308

결론 : 홍산문화의 우하량유적과 환웅의 조이족 ─────── 315
요약문要約文・원문자료 ─────────────── 329
부록 - 참고문헌 및 색인 ─────────────── 337

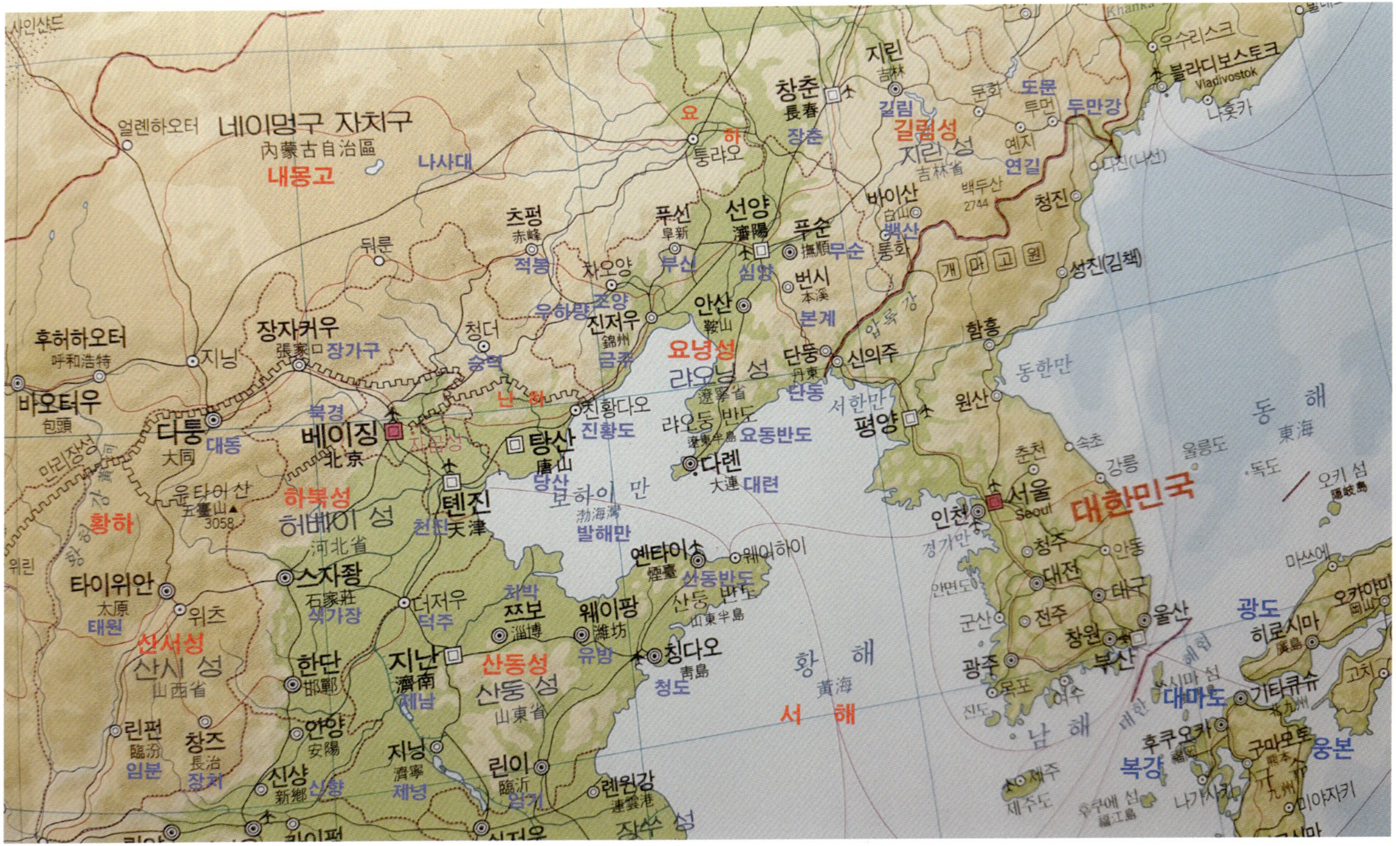

[지도 1] 우리말 지명을 표기한 동북아 지도(지학사 『지리부도』 참조)

애초부터 '신화'라는 이름이 맞지 않았다.

'단군신화'라는 말은

누군가에 의해 의도적으로 만들어진 잘못된 이름이었다.

'신화'라는 말이 나쁜 것이 아니라

'단군의 신화'라는 말이 나쁘다.

머리말

필자가 알고 있는 새에 관한 정보라면 '새야 새야 파랑새야'가 전부인지도 모른다. 그러면 근대에 전래동요로 전해온 '파랑새'는 어떤 새였을까? 『산해경』(「서산경」)에 의하면 삼위산에 세 마리의 파랑새靑鳥가 살았다고 한다. 또 고구려 씨름벽화에도 네 마리 새가 나오고, 신라 금관에도 세 마리 새가 등장한다. 파랑새는 특정한 새이면서 상징의 새이다.

필자는 이제부터 새를 찾아 나설 것이다. 역사 속의 새를 찾기 위해 단군신화와 홍산문화의 우하량유적Niuheliang을 만날 것이다. 단군신화는 한국 철학과 역사의 고향이다. 단군신화에서 역사와 철학은 분리되어 있지 않다. 언제나 한 몸이었다. 그러나 그동안 단군신화는 애물단지처럼 천대를 받아왔다. 신화神話라서 역사의 대상이 되지 못했고, 또 신화라서 철학의 대상에서도 제외되었다.

애초부터 '신화神話'라는 이름이 맞지 않았다. '단군신화'라는 말은 누군가에 의하여 의도적으로 만들어진 잘못된 이름이었다. '신화'라는 말이 나쁜 것이 아니라, '단군의 신화'라는 말이 나쁜 것이다.

필자는 본문에서 이렇게 설명했다.

"우리가 그동안 믿어온 신화가 원초적 사건의 거룩한 역사가 아니라면 그것은 한갓 꿈이나 상상으로 끝날 것이다. 그렇지 않고 그것이 원초적인 사건으로 '오늘 우리와 마주'할 때, 산 역사로 되살아날 것이다. 과연 단군신화는 원초적 사건의 거룩한 역사인가? 아니면 한갓 환상 속의 꿈 이야기인가? 지금까지의 연구 결과로 보면, 우하량유적은 거룩한 역사의 원초적 사건이라 해도 과언이 아니다. 우리는 우하량유적을 통해 비로소 단군신화를 재해석할 수 있게 되었다."

이렇게 단군신화를 재해석하게 된 것은 하나의 기쁨이다. 새를 찾고 얻은 기쁨이다. 이제야 '단군신화'가 '단군사화'로 부활을 맞이하고 있다. 우하량유적에서 우리의 역사가 되살아나고 있다. 희망의 파랑새가 새 역사의 출발점에서 날고 있다. 역사의 개벽이다.

끝으로 교정과 편집과 출판에 도움을 주신 모든 분께 진심으로 감사를 표한다. 자료 협조와 번역, 현지 답사 등을 도와준 박 박사, 최 선생, 유 선생 등에게 감사드린다.

특별히 1920년 6월에 『개벽』 잡지를 처음 발간했던 '개벽사'를 복원해 이 책을 출간하게 된 것을 기쁘게 생각한다.

신시개천 5915, 단기 4351(2018)년 9월 15일
이찬구 드림

문제 의식의 출발

『베다』의 해설서에 『샤타파타 브라흐마나 Shatapatha Brahmana』가 있다. 이는 가장 오래된 문헌으로 기원전 800년에서 기원전 600년 사이에 만들어졌다. 멀치아 엘리아데 M.Eliade는 이 중에서 한 구절을 인용한다. "불의 제단祭壇을 세움으로써 사람은 한곳에 정주定住하게 되며, 불의 제단(火壇화단)을 세운 모든 사람은 합법적으로 정착한 것이 된다"(Ⅶ, 1, 1, 1-4). 엘리아데는 이 제단의 장소는 거룩한 장소가 되고, 한 지역을 성화聖化하는 것이며, 천지창조의 재현을 의미하는 것이다.[1]

한국의 「단군고기」(『삼국유사』)에는 태백산 위에 신단神壇을 세우고, 불 대신에 신성한 나무를 세움으로써 사람들이 그곳을 중심으로 정착하게 된 과정이 실려 있다. 그 정착지가 바로 신시神市(또는 신불)라는 곳이다. 한국의 신화에서 신시는 거룩한 장소가 되고, 성화된 곳으로 이해된다. 프레이저 J. G. Frazer는 유럽의 고대 민족들이 참나무를 숭배하는 것은 자신들

---

1) 엘리아데 『성과 속』 이동하 역, 학민사, 1983, 25쪽; M.엘리아데 『성(聖)과 속(俗)』 한길사, 1998, 62쪽

이 숭배하던 위대한 천신이 번개의 섬광을 타고 그 참나무에 내려왔다고 믿기 때문이라고 설명한다. 그들은 가지가 쪼개지고, 나무줄기가 탄 것을 천신이 다녀간 표시라고 보고, 그곳에 울타리를 치고 신성한 곳으로 여긴다.2)

그러면 이렇게 성화된 신시가 어디에 있는가? 필자는 신시 유적지의 하나로 홍산문화의 우하량牛河梁Niuheliang유적을 살펴보고자 한다.

우하량유적지 제2점의 2호총과 3호총

1980년대부터 본격적으로 발굴되기 시작한 우하량유적은 중국 요녕성遼寧省 서부 구릉산지대의 조양시朝陽市 건평建平과 능원凌源의 두 현縣이 인접한 곳에 자리하고 있다. 기원전 3500년경으로 추정되며, 신석기시대에 해당된다. 이곳에 있는 많은 유적 중에 가장 훌륭한 것이 제단祭壇이다. 제단과 함께 적석총은 천원지방天圓地方의 형태를 이루고 있으며, 그 당시 사람들도 이 제단을 거룩한 장소로 여기며 정착했을 것이다. 이 곳도 한국의 단군신화로 보면 신시처럼 성화된 지역으로 불렸을 것이다.

그런데 우리는 이런 제단을 눈으로 보면서도 5500년 전의 일이라 아

---

2) 제임스 조지 프레이저 『황금가지』 이용대 역, 한겨레출판(주), 2003, 894~895쪽
3) 엘리아데 『성과 속』 이동하 역, 학민사, 1983, 73쪽; M.엘리아데 『성(聖)과 속(俗)』 한길사, 1998, 107쪽

득하고 아득할 뿐, 어떤 느낌도 말하기 어려운 실정이다. 하물며 이 우하량 제단이 발굴되지 않았을 때는 어떠했겠는가? 그래서 우리는 그동안 알 수 없는, 실현 불가능하거나 신의 세계를 말할 때는 신화神話라는 말로 설명을 대신하지 않을 수 없었다. 이름하여 '단군신화' 또는 '환웅신화'라는 것이다.

엘리아데는 "신화는 거룩한 역사, 즉 시간의 시발점에서 태초에 일어난 원초적 사건"[3]이라고 말했다. 또 프레이저는 "의식은 사라지지만 신화는 남는다"[4]고 했다. 살아 있는 신화를 통해 사라진 의식을 되찾는 것은 역사를 복원하는 인간의 위대한 작업이다. 최근에 시걸Robert A. Segal은 신화란 세계 창조에 관한 것이 아니더라도 그 이야기의 주인공이 신적이든 아니면 인간이라 하더라도 단지 인격적 존재로 이야기된다면 문제되지 않는다고 했다. 이런 이유로 신화는 '과거에는 물론 현재와 미래에도 만들어질 수 있는 것'이라고 보았다.[5] 예컨대, 단군신화를 염두에 두면, 그것도 현재든 미래든 언제나 이해될 수 있다. 우하량유적을 통해서 간접적으로라도 우리는 시간의 출발점에서 태초에 일어난 원초적 사건, 우리의 의식에서 사라진 역사를 다시 접할 수 있는 기회를 갖게 되는 것이다.

엘리아데는 지적한다. "한 지역에 정주定住하는 일은 하나의 세계를 창건하는 일과 같다"[6]고 했다. 이와 같이 인류가 정주생활을 시작한 것은 인류학적으로 중요한 의미를 지닌다.[7] 신시이거나 우하량이거나 그 곳에 정주하는 일이 우주의 중심에 서는 것과 같다는 의미이다. 각각의 집들이 세계의 중심에 있는 것처럼, 한 지역의 공동체도 우주의 중심이라는 면에

---

4) 제임스 조지 프레이저 『황금가지』 이용대 역, 한겨레출판(주), 2003, 737쪽
5) 로버트 시걸 『신화란 무엇인가』 이용주 옮김, 아카넷, 2017, 11쪽
6) 엘리아데 『성과 속』 이동하 역, 학민사, 1983, 38쪽; M.엘리아데 『성(聖)과 속(俗)』 한길사, 1998, 74쪽
7) 스티븐 폴거 『진화와 인간의 질병』 『문화인류학 입문』 이광규 역, 을유문화사, 1973, 330쪽

서는 동일하다는 말이다. 따라서 모든 인간적 건설은 중심점(배꼽)으로부터 세계의 창조를 반복하는 것이다. 자그만 오두막의 건축조차도 우주 창조를 반복하는 것이라는 말이다. 하물며 제단이나 성전은 더 말할 것 없이 세계의 중심이며, 우주의 배꼽이라는 뜻이며, 제의祭儀조차도 반복되는 시나리오라는 말이다. 한 걸음 더 나아가 엘리아데는 "사물이나 행위는 그것이 원형原型을 모방하거나 반복하는 한에서만 실재적이게 된다"[8]고 언급한다. 그에 의하면 모든 희생제의는 최초의 희생제의(원형)를 반복하는 것이고, 그 원형의 반복을 통해서만이 인간의 진실한 실재성이 드러난다는 것이다. 그것이 태초에 일어난 원초적인 사건으로 각인될 때, '신화'는 '거룩한 역사'로 질적 변화를 맞이하게 될 것으로 본다. 우하량 옥기는 신화와 거룩한 역사는 먼 거리에 있는 것이 아님을 말해준다.

   그러면 신시 사람들은 무엇을 우주의 배꼽으로 삼았고, 무엇으로 원형을 삼았는가? 그 배꼽과 원형을 알면 창조는 반복하는 것이므로 그 반복의 맥脈이 무엇인가도 발견할 수 있을 것으로 기대한다. 이와 같이 시대와 공간은 다르나 우주적 창조를 반복하는 사람들의 신앙 행위(토템 포함), 의식구조나 행동 방식, 생활 양식을 발견하면 후대 사람들의 역사도 재구성할 수 있을 것이다. 특히 원형을 통해 역사의 원형질原形質을 만나면, 그 역사는 무한한 힘을 발휘한다. 모방模倣의 유효기간은 30년 당대로 끝나지만, 원형原型의 유효기간은 무한하다. 필자가 우하량유적의 문화를 고리로 삼아 논의를 전개하려는 이유가 여기에 있다.

   2018년 2월 9일 평창동계올림픽 개막식장에 3단 원형圓形무대가 출현하였다. 마치 우하량유적의 원형圓形 천제단문화(267쪽 참조)를 보는 것같았

---

8) 엘리아데 『우주와 역사』 정진홍 역, 현대사상사, 1976, 58~60쪽

다. 이것이 세계인을 감동시킨 것은 5500년 전의 원형을 반복했기 때문일까? 더욱이 인면조人面鳥가 무대 중앙에 진입하는 장면은, 우리가 곰족 이전에 본래 조이족鳥夷族의 후예였음을 고백하는 것 같았다. 『규원사화』(「만설」)의 저자 북애노인은 우리에게 '보성保性'을 요구하고 있다. 우리 민족의 천성을 잘 지키라는 뜻이다. 그래서 우리는 원형을 찾아 헤맨다.

또 하나 우리에게 자극을 주는 것이 프로이트Sigmund Freud의 토템 이론이다. "부족토템은 남녀 집단의 숭배 대상이다. 이 집단은 토템의 이름을 따서 자기의 이름으로 삼고, 각 부족원은 서로를 같은 조상에서 나온 혈족으로 믿으며, 상호간의 공동의무와 토템에 대한 공동신앙을 통해 굳게 결속되어 있다"[9]라는 관점이 이 글의 본문을 관통하고 있다.

이런 시각에서 보면, 인류학적인 접근이 필요할 수 있다. 여러 문화와 토템을 사회과학적인 방법으로 비교 연구한다는 의미에서 그것은 문화인류학적 분석이 될 것이다. 단군신화를 극복히고자 인류학적 접근법을 택했던 이정기는 "한국 민족은 이미 단군신화 이전에 인류적 원형原型사상의 하나로서, 타종족들의 경우와 마찬가지로 집단 자체에서 종족적인 집단 이동의 이상理想을 부여해 그 이상을 실현할 정착지를 찾아 수만 년을 방황했다"[10]고 보았다. 그는 요堯의 당국唐國이나 단군의 단국檀國이 모두 천신국天神國으로서 인류의 이상향인 '으리르Arira'의 발견이라고 보았다. 그가 이상향에 정주하려는 인류적 원형과의 만남을 시도하면서 한국 문화의 본원에 다가가려고 노력한 것이 이 글을 쓰는 필자에게 도움이 되었다.

역사는 땅(영토)의 역사이기도 하지만, 땅에 살아온 사람 자신들의 역사이기도 하다. 사람들의 역사이므로 인류학적인 접근이 더 유효할 수 있다.

---

9) 지그문트 프로이트 『토템과 타부』 김종업 옮김, 문예마당, 1995, 154쪽
10) 이정기 「한국문화의 원형과 본체성 - 으리르사상의 인류학적 신접근」 『교육평론』 1972. 7, 52쪽

누구나 개인으로서의 삶도 중요하지만, 인류로서의 보편적인 삶도 소중하다고 생각한다. 인류학적인 삶이란 하늘과의 관계, 땅과의 관계, 사람과 사람과의 관계에서 더 빛난다.

홍산옥기紅山玉器는 전쟁 무기가 아니라는 점과 부장품에서 무기가 나오지 않은 점에서 비폭력과 영원성의 상징이다. 전쟁을 모르고 수행修行에 집중하며 살아온 홍산인紅山人과 우하량인을 통해 우리는 진정으로 인류가 지향해야 할 삶의 가치가 무엇인가를 발견할 수 있다. 이 글에서 인류학적 조명이 필요했던 것은 인류 역사상 가장 아름다운 평화 사회를 우하량인들이 구가했기 때문이다. 평화애호는 인류의 영원한 중심 가치가 될 것이다. 이런 의미에서 홍산옥기는 인류문화의 보배이다.

논점

필자가 이 글을 통해 밝히고자 하는 논점들은 다음과 같다.

1) 홍산문화의 주인공은 누구인가? 우하량유적을 비롯한 홍산문화에 나온 수많은 새 형상의 옥기들은 무엇인가? 그것이 새토템족의 문화라면 그 주체는 누구인가?

2) 태양숭배의 최초 무리는 환인桓因의 '환(桓:태양토템)' 무리라고 할 때, 그 다음에 출현한 '웅雄'은 어떤 무리였을까? 그런데 우리의 단군신화에는 '곰'과 '범'의 이야기만 나오고 '새'의 이야기가 나오지 않는 이유는 무엇인가? 신단수의 새는 어디로 갔으며, 대통령의 봉황휘장은 어디서 왔는가?

3) 『사기』 등 중국 고문헌에 등장하는 조이鳥夷와 동이東夷와의 관계는 무엇인가? 조선朝鮮이라는 국호와 조이는 어떤 관계가 있는가?

4) 우리 고문헌에 등장하는 환족桓族이 누구인가? 새토템(조조숭배鳥祖崇拜)과 곰토템(웅조숭배熊祖崇拜)을 둘 다 가지고 있는 우하량유적은 누구의 창조물인가? 환웅과 웅녀의 관계로 설명할 수 있을까?

5) 1984년 10월, 우하량에서 5000여 년 동안 잠들었던 여신女神이 부활함으로써 상고사 복원의 실마리가 마련되었다. 우하량은 한국 상고사의 뇌수腦髓와 같은 곳이다. 우하량의 진실이 밝혀진다면, 우리가 배워 온 '단군신화'는 그동안 꾸민 이야기('만들어진 신화')였다는 주장은 거짓말이 아닌가?

6) 중국은 자칭 9000년 역사라고 말한다. 옛 역사를 근대적 국가의 국경 개념으로 설명하고 있다. 그리하여 중국은 우하량유적에서 나온 곰형상을 가지고 황제黃帝(헌원씨)와 연결하거나 우하량의 여신은 염제신농의 후예라고까지 주장한다. 그러나 곰형상은 한국의 단군신화에 등장한 곰족의 토템이 아닐까?

우하량 원형제단 상상도(상생출판)

2018 평창동계올림픽 개막식 원형무대 위의 한 장면(김정환 작가 제공)

7) 오늘의 우리 한민족이 환웅의 조이족(추이족)과 웅녀의 곰족과 만나 환족桓族을 형성하여 혈통의 진화와 문화의 재조합을 이루어왔다면, 이 환족을 한국인의 조상으로서 원한국인原韓國人이라 할 수 있을까? 이

때 탈락(추방)된 범족은 언제 우리 역사에 다시 등장하는가?

8) 우하량유적의 특징은 천원지방天圓地方의 문화(266쪽 참조)에 있는데, 이런 천제문화天祭를 우리는 계승하고 있는가? 만약 계승관계가 성립하지 않는다면 우하량의 홍산문화는 고조선의 뿌리문화가 될 수 없을 것이다. 전통적인 솟대문화나 별신굿 그리고 2018 평창동계올림픽 개막식에 나온 인면조와 3단 원형무대는 우하량 천제문화와 관계되거나 그것의 재현으로 설명할 수 있을까?

9) 한민족사를 관통하는 공동체 사상은 선仙과 무巫에 바탕을 둔 평화이며 조이족과 곰족의 연합에서 알 수 있는 상생과 공존이라고 할 수 있을까?

10) 우리의 고문헌에 등장하는 『삼성기』, 『삼성밀기』, 『조대기』, 『규원사화』 등을 언제까지 위서로 방치할 것인가?

[지도 2] 주요 역사 도시(적봉, 우하량, 임분 등)

문제의 제기

최근 중국(2016년)은 소위 동북공정부터 추진해온 역사공정의 새로운 단계를 맞아 자칭 '중화문명전파공정中華文明傳播工程'[11]이라는 것을 내놓았다. 이 공정의 핵심은 '중국인이 5000년 중화문명을 확실히 이해하게 하자'는 데 목적을 두었다고 한다. 특히 그중에는 황하 중하류의 도사유적陶寺遺蹟을 중심으로 중국의 상고사가 새로운 '왕국문명王國文明 단계'로 발전하게 되었다고 강조한다. 그동안 전설로만 여겨온 요堯시대가 이 도사유적에 의해 사실의 역사로 밝혀졌다는 것이 최근 중국의 입장으로, 이를 인민에 대한 역사교육은 물론 세계에도 적극 알리겠다는 것이다.

1978년 발굴된 도사유적은, 현재의 산서성山西省 임분시临汾市 양분현襄汾县 도사진陶寺镇 도사향陶寺鄉에서 발견된 '용산문화龍山文化 도사유형陶寺類型' 유적지로, 총면적 300만m²가 넘는 거대한 왕국王國 단계의 도성유적이라고 한다. 그 시기는 주거지 측정연대가 기원전 2451~기원전

---

11) 王巍, "關於在'十三五'期間開展'中華文明傳播工程'的建議", 「中國考古網」, 2016.3.14. http://www.kaogu.cn/cn/xueshudongtai/xueshudongtai/xueshudongtai/2016/0311/53253.html

2140년이다. 2개의 문자가 새겨진 토기인 문자편호文字扁壺[12]가 '역사시대'로의 진입과 예제禮制의 확립을 의미한다. 또한 성벽, 궁전, 대귀족 고분, 관상과 제사건축, 대형 저장창고 등 왕도王都로서 갖추어야 할 요소에서 중대한 진전이 있었으며, 중국 학자들은 요堯임금의 역사가 실존했고, 그 왕성王城은 평양平陽이라고 주장한다.[13]

이에 대해 우실하는 『삼국유사』(「고조선조」)에 나오는 단군조선의 건국과 관련해 만약 도사유적이 중국에서 가장 오래된 왕성이자 요임금의 왕성=왕도인 평양平陽임이 밝혀진 상태라면, 단군 고조선의 건국 연대가 기원전 2333년이라는 것은 이제 허구가 아닐 수 있다고 주장했다.[14]

따라서 필자는 『삼국유사』의 서두에 언급된 "「위서魏書」 云 乃往二千載 有壇君王儉 立都阿斯達 開國 號朝鮮 與高(堯)同時"에서 마지막 '여요동시與堯同時'에 주목한다. 만약 요의 도사유적이 사실이라면 고조선의 역사도 사실임이 자명하다. 우리가 요의 역사에 의지할 필요는 없지만, 도사유적을 근거 삼아 고조선사는 물론이고 고조선 전사前史에 대해 논의할 수 있는 바탕이 마련되었다고 본다.

기원전 25세기(B.C. 2450년)를 역사시대의 상한선으로 설정한 중국의 「도사유지보고서」가 지니고 있는 역사의 연속성을 인정한다면, 그 이전 시대의 역사까지도 언급할 수 있는 기초가 우리에게 확보되었다는 말이 된다. 이렇게 될 경우 그동안 우리 역사를 억눌러온 의미로서의 단군신화 檀君神話[15]라는 말은 사라지고, 바야흐로 단군신화는 역사로 부활해 '단군실화檀君實話'와 '단군사화檀君史話'로 재조명될 것이다.

---

12) 중국사회과학원고고연구소, 산서성 임분시 문물국, 『양분도사(襄汾陶寺): 1978~1985년 고고발굴보고』, 북경: 문물출판사, 2015. 12, 3책 1,114쪽 및 1,122쪽
13) 武家璧 「陶寺觀象台與考古天文學」 『科學技術與辯證法』 25권 5기, 2008. 10, 95쪽
14) 우실하 『중국동북공정과 우리의 대응자세』 겨레얼살리기국민운동본부, 2016, 27쪽

우리는 최근의 도사유적뿐만 아니라, 1980년대에 본격적으로 출현한 동북의 홍산문화를 보면서 고조선 이전 역사를 생각하지 않을 수 없게 되었다. 홍산문화 출현 이전에는 고조선의 이전 역사(先古朝鮮)를 생각한다는 것은 학문적으로 무모한 일처럼 여겨졌다. 그러나 지금은 상황이 전변했다. 고조선 이전 역사를 연구하지 않을 수 없는 절박한 상황을, 밖으로는 중국의 동북공정이 만들어주고 있으며, 안으로는 일제총독부를 추종하는 식민사학자들이 만들어주고 있다. 이런 상황에서 필자는 중국 문헌에 등장하는 예, 맥족이 고대 조선족을 일컫는 것은 사실이지만, 그들 이전에 존재했던 종족16) (또는 원조상)이 누구인가 하는 문제는 홍산문화를 이해하는데 매우 중요한 일이라고 생각한다. 사실 담기양譚其驤이나 곽말약郭沫若의 지도를 보더라도 하상주夏商周 시기까지 요서지역은 중국과 아무런 관련이 없었음을 알 수 있고, 단지 춘추 전국시기까지도 사실여부를 떠나 지도상의 요서지역은 동호東胡, 산융山戎, 도하屠何밖에 없었다.17)

1930년대 일제는 만주 땅을 영원히 지배하기 위해 만몽학술조사단을 꾸려 적봉 홍산후紅山後에서 발굴작업을 하다가 우연히 신석기 유적을 발견하게 되었다. 후에 발굴 보고서를 낼 때, 이것을 적봉1차문화와 적봉2차문화로 구분했는데, 앞의 적봉1차문화(기원전 3000년대)가 오늘날의 홍산문화에 해당한다. 그런데 일본은 이 적봉지역(당시 만주국 열하성) 선사先史의 인류가 누구냐에 대해 지대한 관심을 두었는데, 이 지역은 조선의 신석기

---

15) 필자는 이런 이유에서 단군신화라는 말을 부정하지만, 논의의 과정상 '단군고기(檀君古記)', 또는 '단군실화(檀君實話)', '환웅신화', '단군사화(檀君史話)'라는 말과 혼용할 것이다. 책 이름으로는 「단군고기」로 표기한다. 「고기」를 「단군고기」로 간주한다.
16) 문숭일은 종족은 생물학상, 체질상의 이름이요, 민족은 정치상, 문화상의 이름이라고 했다.(文崇一, 「濊貊民族文化及其史料」 『中央研究院民族學研究所集刊』 5기(臺北), 1958 춘, 116쪽)
17) 譚其驤 主編 『簡明 中國歷史地圖集』 中國地圖出版社(北京), 1991, 12쪽; 郭沫若 『中國史稿地圖集』 中國地圖出版社, 1996, 16쪽

문화와도 연계됨에도 동호(東胡=오환, 선비족)민족이 이룬 문화라고 결론지었다.[18]

일본학자들의 이런 결론에 대해 북한의 리지린은 동호 대신에 이 일대에서 농경생활을 한 강대한 맥족貊族[19]이 있었을 것으로 응수했고, 신용하도 우하량의 여신상을 중심으로 '맥부족'이 홍산문화의 유적을 남긴 부족으로 보았으며,[20] 중국의 령평슈平은 이를 북적北狄이라고 했다.[21] 그 외 홍산문화와 직접 관련된 것은 아니지만, 한영우가 신석기 말기에 등장한 아사달족을 거론했고,[22] 북한의 전대준은 예, 맥의 이전에 박달족[23]이 있었다고 했다. 20세기 초 김교헌은 『신단민사』에서 배달족이 조선, 부여, 한, 예, 맥, 옥저, 숙신으로 나뉘었다고 보았고, 류인식은 『대동사』에서 조선족, 예맥족, 숙신족 등이 배달족의 5지파라고 보았으나, 그 실체는 규명되지 않았다.

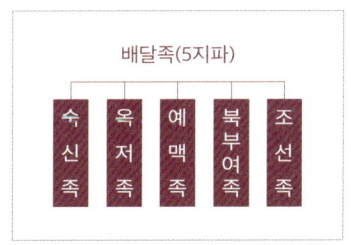

신석기시대에 해당하는 홍산문화가 이미 초급단계의 문명사회로 진입한 것

---

18) 濱田耕作 水野淸一『赤峰紅山後-滿洲國熱河省赤峰紅山後先史遺跡』(甲種第6冊), 東亞考古學會, 1938, 84~85쪽.
19) 리지린『고조선연구』과학원출판사(평양), 1963, 197~198쪽
20) 신용하『고조선 국가형성의 사회사』지식산업사, 2010, 95쪽
21) 슈平『中國史前文明』中國文史出版社(北京), 2012, 202~203쪽
22) 한영우『다시 찾는 우리 역사』경세원, 2015, 79쪽
23) 전대준「고조선의 주민 구성」『단군학연구』8호, 2003. 6, 65쪽
24) 관련 논문 및 저서로는 우실하「홍산문화의 곰토템족과 단군신화의 웅녀족」『고조선단군학』, 2012, 27호; 박진호 복기대「요서지역초기 신석기문화 연구」주류성, 2016;오대양「요서지역 적석총문화의 기원과 형성 과정」『동북아역사논총』45, 2014. 9;복기대「홍산문화와 하가점하층문화의 연관성에 관한 시론」『문화사학』27, 2007;김정열「홍산문화의 이해」『우리시대의 한국고대사』(1), 주류성, 2017;우실하「동북공정 너머 요하문명론」소나무, 2007;梁大彦「요하문명론과 홍산문화의 고찰」『국학연구론총』5, 택민국학연구원, 2010. 6;신용하「고조선문명 형성에 들어간 맥족의 홍산문화의 특징」『고조선단군학』, 32호, 2015. 6;박선희「복식과 제의로 본 고조선문명과 홍산문화」『고조선단군학』32, 2015. 6;정경희「홍산문화 女神廟에 나타난 '삼원오행'형 '마고7여신'과 '마고 제천'」『비교민속학』60, 2016. 8;임재해「'신시본풀이'로 본 고조선문화의 형성과 홍산문화」『단군학연구』,20, 2009. 5;임찬경「여신상을 통한 홍산문화 건설 주체 비정」『국학연구』15, 2011. 한창균 엮음『요하문명과 고조선』지식산업사, 2015 등

을 인정할 정도로 이 분야 연구가 활발한 상황에서 홍산문화의 본질과 그 이후 시기인 고조선과 관련해 연구하는 것은 피할 수 없다고 본다.[24] 만약 고조선국가 이전의 선문화先文化가 홍산문화와 관계된다면 우리의 역사 연구는 큰 탄력을 받을 것이다. 윤내현은 신석기시대 한반도에 살았던 사람들이 한국인의 조상으로 밝혀지면 이들을 '원한국인proto-korean'이라고 부를 수 있다며 그 가능성을 강조한 바 있는데,[25] 비록 한반도 안이 아닌 요하지역에서라도 원한국인의 실체가 밝혀진다면 다행일 것이다.

이미 신용하는 우하량유적을 분석한 끝에 그 문화 창조자를 여신女神 중심의 '맥부족'이라 규정했지만, 아무래도 맥부족보다 앞선 부족이 있었다면 그 부족을 찾는 것이 마땅할 것이다. 이 문제는 자연히 단군 이전의 환웅시대로 올라가야 할 것이다. 우리에게는 『삼국유사』(「단군고기」)를 통해 배운 환웅신화[26]가 있다. 이로써 역사의 새로운 광맥을 찾는 데에, 신시神市, 태백산太伯山, 일웅일호一熊一虎, 호불능기虎不能忌 등의 신화 구성어들이 중요한 참고가 될 것이다. 중국의 정치력이 미치지 못한 만리장성의 동북지방에 거주한 신석기인들은 중국인의 조상이라기보다는 한국인이나 몽고인의 조상으로 보는 것이 설득력이 있을 것 같다.

물론 그 당시에 '한국민족'으로서는 형성되지 않았다고 보는 관점도 있지만,[27] 종족적 혈통보다는 문화를 포괄한 조상의 의미로 본다면, 어느 정도 이 문제를 해소할 수 있다. 중국의 왕혜덕王惠德은 환발해環渤海의 신석기시대 문화지역계통에서 후홍산문화인 소하연 유형은 위로는 조보구문

---

25) 윤내현 『한국 열국사연구』 만권당, 2016, 17쪽
26) 이제 단군신화라는 말은 홍산문화의 발굴로 그 역사가 살아나면서 '환웅신화'라는 말이 주목받게 되었다. 고조선조 이야기는 환웅신화와 단군신화가 공존하는데, 필자는 이 글에서 홍산문화의 해석을 위해 환웅신화를 적극 활용할 것이다. 최남선은 이를 '환웅천강신화'라고 했다.(최남선 『단군론』 경인문화사, 2013, 272쪽)
27) 신용하 『고조선 국가형성의 사회사』 지식산업사, 2010, 372쪽

화를 계승하고 아래로는 하가점하층문화로 이어지는 하나의 완정完整한 발전과정이 있는 바, 이를 동이東夷문화의 주류라고 명백히 지적하고 있다.[28] 윤내현이 예족과 맥족을 고조선의 변방세력으로 보고 있는 점은[29] 예맥족 이외에서 찾아야 한다는 뜻으로도 해석할 수 있다.

그런데 이런 종족적 주체의 문제는 임재해가 지적한 것처럼 곰토템,[30] 즉 웅조숭배熊祖崇拜[31]에 집착하다보면, 환웅의 천신신앙과 산신신앙을 부정하고 곰신앙이 마치 우리 전래의 모든 신앙인 것처럼 오도되는 문제만 발생한다는 우려[32]에 귀 기울일 필요가 있다. 필자는 이런 의미에서 중국학자 이민李民이 '홍산문화(특히 우하량유적)는 조이족鳥夷族에 귀속된다'고 주장한 논문[33]에 주목하고자 한다. 설령 맥의 존재를 선진先秦시대 또는 전국戰國 시대 연燕의 북쪽에 거주했던 사실을 그대로 인정한다 해도[34] 조이족과의 선후를 살펴볼 필요가 있다. 국내에서도 조이에 대한 언급이 없었던 것은 아니다. 강경구는 조이의 조선을 요녕성 북진(北鎭, 조양과 심양 사이) 지방으로 비정했고,[35] 심백강은 홍산의 용봉문화를 조이의 문화로 보았다.[36] 북한의 리지린은 고조선이 형성되기 이전의 원주민이 곧 조이鳥夷였다고 주장했다.[37] 이에 대해 이기동은 북한학자들의 견해에 대해, "조이를 고조선 주민의 선조라고 주장하고 있는 것은 당돌하다"[38]고까지 반박

---

28) 王惠德「鳥圖騰的濫觴―兼談東夷文化」『昭烏達蒙族師專學報』漢文哲學社會科學版 1990, 3기, 63쪽
29) 윤내현『고조선연구』일지사, 1994, 167~168쪽
30) 토템(Totem): 동일종족, 나의 친족이라는 개념. 특정한 동식물로써 자신들의 종족을 대표하게 하거나 자신들의 조상으로 삼고, 그 해당 동식물과 자기를 동일시하는 상징물이며, 다른 종족들과 자신을 구별하게 함.
31) 손진태「三國遺事의 社會史的 考察」『학풍』524, 을유문화사, 1949. 1, 35쪽. 손진태는 웅조숭배(熊祖崇拜)라는 말을 사용하였다. 토템의 여러 개념 중에 조상祖上의 개념을 중요시 한 것이다. 이에 따라 새토템은 조조숭배(鳥祖崇拜)라는 표현도 가능할 것이다.
32) 임재해「신시고국 환웅족 문화의 '해' 상징과 천신신앙의 지속성」『단군학연구』제23호 2010. 11, 364쪽
33) 李民「試論 牛河梁東山嘴紅山文化的歸屬」『鄭州大學學報』1987. 2기
34) 복기대「맥의 기원과 전승에 관한 초보연구」『선도문화』11권, 70쪽
35) 강경구『고대의 삼조선과 낙랑』기린원, 1991, 419쪽
36) 심백강『교과서에서 배우지 못한 우리 역사』바른역사, 2014, 92쪽

하고 나섰다. 그러나 조이족이 활동하던 때는 맥족을 볼 수 없었는데, 그 후 맥족이 점령한 곳은 일찍이 조이족이 살았던 곳이라는 문숭일文崇一의 주장[39]은 한마디로 선조후맥先鳥後貊이라 정리할 수 있는데, 이 글을 추동하는 힘이 될 것이다.

우선 필자는 최근 요흫의 유적 발굴로 그 가치를 재조명받고 있는 『사기』(「오제본기」,「하본기」)의 상고사 부문을 검토하고자 한다.

- 남쪽으로는 교지交阯·북발北發을, 서쪽으로는 융戎·석지析枝·거수渠廋·저氐·강羌을, 북쪽으로는 산융山戎·발發·식신息愼을, 동쪽으로는 장長·조이鳥夷를 위무하니 온 나라가 모두 순舜의 공덕을 입게 되었다.[40]
- 우禹는 기주冀州에서부터 치수를 행하기 시작했다. 조이鳥夷는 가죽옷을 잘 만든다. 발해에서부터 우측의 갈석산을 끼고 돌아온 후 황하로 들어온다.[41]
- 회수와 바다 사이는 양주이다. 도이島夷가 입은 풀로 짠 옷, 대광주리에 담은 비단이 있으며, 포장한 귤과 유자도 공물로 바쳤다.[42]

필자는 위 『사기』의 '가죽 옷을 잘 만든다(조이피복鳥夷皮服)'는 조이鳥夷에 주목한다. 왜냐하면 이민이 말한 조이족鳥夷族이 중국민족이 아닌 고古

---

37) 리지린 『고조선연구』 과학원출판사 평양, 1963, 109쪽
38) 이기동 「북한에서의 고조선 연구」 『한국사 시민강좌』 2, 1988, 106쪽
39) 文崇一, 「濊貊民族文化及其史料」 『中央研究院民族學研究所集刊』 5집(臺北), 1958 춘, 135쪽
40) "南撫交阯, 北發, 西戎, 析枝, 渠廋, 氐, 羌, 北山戎, 發, 息愼, 東長, 鳥夷, 四海之內 咸戴帝舜之功"(『사기』 「오제본기」)
41) "禹行自冀州始… 鳥夷皮服. 夾右碣石, 入于海"(『사기』 「하본기」)
42) "淮海維揚州 …島夷卉服, 其篚織貝"(『사기』 「하본기」)

동이족이라는 점도 있지만, 필자는 『사기』의 문헌만 보더라도 조이가 예, 맥보다 더 이른 시기에 등장한 것으로 보기 때문이다. 이렇게 조이 또는 조이족이 시기적으로 단군 또는 그 이전에 존재했던 것으로 밝혀지면 고조선과 환웅의 역사를 밝히는 실마리가 되지 않을까 한다. 자연히 환웅과 조이족과의 관계에 대한 재조명도 가능할 것이다.

우선 산동반도에 남은 '동이문화'는 본래 새를 토템으로 하는 동이인(즉 조이)들의 변이된 형태라는 것을 발견할 수 있다.[43] 원시인들이 발해를 에워싸고 경진京津평원을 지나 산동반도에 이르러 점차 새토템(조조숭배鳥祖崇拜)의 의미를 잃어버렸다[44]는 지적도 있다.

지금으로부터 5000년 이전에 산동반도 및 황하 하류지역의 신석기문화는 서요하유역과 황하 중하류 지역보다 훨씬 뒤떨어져 있었다. 그러므로 동이문화의 시원은 이곳(산동)에 있지 않고 동북쪽에 있었다[45]는 주장은 괄목할 만하다. 최근 중국 일부 학자들이 산동의 동이족들이 도리어 요동과 한반도로 이동하여 고조선, 고구려 등의 선조가 되었다는 전도된 주장은 한漢나라 시기의 기자동래설과 흡사한 점이 있다.[46] 이는 조이 연구를 통해 극복되겠지만 경계하지 않을 수 없다. 그런데 중국 학자 진몽가陳夢家가 갑골문 연구를 통해 동북東北에서 발원한 추이隹夷가 곧 조이鳥夷라고 해석한 바 있다.[47]

이것은 필자에게 충격으로 다가왔다. 왜냐하면, 환웅桓雄의 이름인 웅

---

43) 王惠德「鳥圖騰的濫觴—兼談東夷文化」『昭烏達蒙師專學報』漢文哲學社會科學版 1990, 3기, 62쪽
44) 王惠德「鳥圖騰的濫觴—兼談東夷文化」『昭烏達蒙師專學報』漢文哲學社會科學版 1990, 3기, 63쪽
45) 王惠德「鳥圖騰的濫觴—兼談東夷文化」『昭烏達蒙師專學報』漢文哲學社會科學版 1990, 3기, 62쪽
46) 송호정「동이족은 우리 조상인가」『우리시대의 한국고대사』(1), 2017, 71쪽
47) 陳夢家「隹夷考」『陳夢家學術論文集』中華書局(北京), 2016, 123쪽, 126쪽. "隹夷遂變爲鳥夷, 夷民族發源于東北 是爲隹夷" 시인이며 고문자학자인 진몽가(1911~1966). 이 논문의 원문은 1936년에 발표한 것인데, 80여 년 동안 아무도 우리에게 알려주지 않았다. 그동안 우리는 이병도에 눈을 팔려 세상 밖을 보지 못했다. 필자는 이 구절을 보는 순간 넋을 잃고 말았다.

雄 자에 새 추隹 자가 들어 있다는 것을(환웅과 새와의 관계) 이미 발표[48]했으나 그동안 증거를 찾을 길이 없었기 때문이다. 사실 환웅이 새(鳥)와 관련이 있다는 주장은 상상하기 어려운 말이다.

그런데 고힐강顧頡剛[49]은 이미 조이鳥夷에 대한 고문헌의 왜곡된 기록에 강한 의구심을 나타낸다. 즉 그는 『사기』, 『설원』의 문장에서도 착란이 있었는데, 다행히 조이라는 명사는 보존되어 내려왔지만, 『설원』의 판본도 역시 후인들이 고친 「우공」에 근거해 조이를 기록한 것에 지나지 않는다고 비판했다.[50] 나아가 그는 고대에 이렇게 '큰 종족(一個大族)'[51]의 문헌자료가 극도로 희소한 것은 상상할 수 없는 일로 한대漢代 이하의 사람들이 일찍 이런 종족이 있었다는 것마저 잊었거나 흔적마저 소멸하려 했다면 천박하고 어리석은 행위라고 한탄해 마지않는다.[52] 그러면서 고힐강은 조이가 실제상 시기적으로 오랫동안 존재했던 것만큼 사람들에게서 완전히 사라져버릴 수는 없는 것인 바, 필연적으로 언제 어디서나 폭로되어 나올 것이라고 예측한다.[53] 그가 예측한 대로 조이가 어떻게 '큰 종족'인지는 모르겠지만, 그의 사망 3년 후에 나타난 홍산문화가 전 세계를 놀라게 한 것은 사실이다.

나아가 그 문화 창조의 종족인 '홍산인'이 누구인가에 대해 관심이 집중되고 있다. 집중이 많은 만큼 이견도 분분한 것이 현실이다. 크게 보면,

---

48) 이찬구 「단군신화의 새로운 해석-무량사 화상석의 단군과 치우를 중심으로-」『신종교연구』 30, 2014. 4, 210쪽
49) 근대 중국의 저명한 학자 고힐강(顧頡剛, 1893~1981)은 많은 책을 두루 읽어 상식을 얻되, 독서를 제대로 하려면 현미경과 망원경을 동시에 갖추어야 한다고 말했다. 그는 애석하게도 생전에 우하량유적을 보지 못했다.
50) 顧頡剛「鳥夷族的圖騰崇拜及其氏族集團的興亡」『史前研究』 2000.09, 150쪽. 그의 비판은 이어진다. 또『대대례기』「오제덕」의 저자는 순(舜)의 덕화를 빌려 사방의 저명한 소수민족을 서술하려 하였지만, 알고 있는 것이 제한되어 있었으므로 너무나 조리가 없이 말해놓았는데, 그나마「오제덕」중에 동방의 장이(長夷), 조이(鳥夷), 우민(羽民) 3종을 언급했을 뿐이라고 지적한다.
51) 이민의 논문과 고힐강의 주장에 따라 필자는 조이를 '조이' 또는 '조이족'으로 표기한다.
52) 顧頡剛「鳥夷族的圖騰崇拜及其氏族集團的興亡」『史前研究』 2000. 09, 151쪽
53) 顧頡剛「鳥夷族的圖騰崇拜及其氏族集團的興亡」『史前研究』 2000. 09, 150쪽

중국 학자들은 이 지역의 고대민족을 황제의 후예라는 논리로 몰고 가고 있는 중에 소병기蘇秉琦가 주장한, 황제黃帝시대의 활동 중심은 홍산문화의 시공時空구조만이 상응한다는 이 말이 중국 학계의 대세가 되었다.[54] 반면에 한국 학자들은 홍산문화가「단군고기」속의 웅녀족일 가능성을 거론한 바 있고,[55] 북한의 김영근도 홍산문화와 미송문화 사이에는 구별되기도 하지만, 서로 친연親緣 관계가 있다고 주장한 바 있다.[56]

한편 우리나라 실학자들도 조이에 대해 언급한 것이 있다. 안정복이 『동사강목』에서 조이(도이)가 우리나라를 가리킨다(島夷指我東也)고 했고, 이어 한치윤은 『해동역사』(동이총기)의 '우정구주禹定九州'조에서 조이에 대해 "「사기정의」에 조이鳥夷가 혹 도이島夷로 되어 있는데, 백제百濟 서남쪽의 바다에 있는 여러 섬에 사는 사람들을 도이라고 한다"고 하고, 바로 이어서 '기주冀州'조에서는 도이가 우리나라를 가리킨다(島夷指我東國)고 했다. 이 당시 학자들의 기본인식은 조이를 우리 민족으로 보면서도 요임금과 순임금의 덕화로 동이가 존재한다는 전통적 관념에 빠져 있었다.[57] 나아가 고조선문화를 요동遼東과 요서遼西로 나누고, '요서지역은 산융山戎, 요동지역은 예맥濊貊이 거주하여 남긴 문화'[58]라는 식의 주장은 자칫 종족의 주체를 무력화시킬 우려가 없지 않다. 이와는 다른 선가仙家 사서인

---

54) 蘇秉琦「論西遼河古文化」『紅山文化論著粹編』遼寧師範大學出版部, 2015, 25쪽
55) 우실하「홍산문화의 곰토템족과 단군신화의 웅녀족」『고조선단군학』 27호, 2012. 11, 206쪽
56) 김영근「료서지방 신석기시대문화의 특징」『조선고고연구』 4, 2006, 11쪽
57) "살펴보건대, 기주의 동북쪽은 옛날에 동이의 지역이었으므로 우(禹)의 발자취가 갈석(碣石)을 오른쪽에 둔 곳까지 미쳤는데, '도이는 가죽 옷을 입는다.'고 하였으니, 도이는 바로 우리나라를 가리키는 것이다. 우리나라의 지형은 삼면이 바다로 둘러싸여 있어서 그 형상이 섬과 같으므로『한서』에 '조선은 바다 가운데 있는 월(越)의 형상이다'고 한 것은 바로 이를 말한 것이다. 요 임금과 순 임금 때 덕스러운 교화가 점차 퍼져 귀화하는 동이가 점차 많아지자 기주 동북쪽에 있는 의무려(醫無閭) 지방을 나누어 유주(幽州)로 삼았는데, 지금의 요하(遼河)이서의 지역이고, 청주(靑州) 동북쪽 바다 너머의 지역을 영주(營州)로 삼았는데, 지금의 요하 이동의 지역이다"(한치윤『해동역사』동이총기)
58) 송호정「한국 고대사 속의 고조선사」푸른역사, 2003, 171쪽

『규원사화』(「만설」)도 도이鳥夷를 우리나라 사람(東人)이라 언급했으나[59] 더 이상 논의를 전개하지는 않았다.

곽대순郭大順이, "요녕 선사시대 고고의 신발견과 새로운 인식 특히 5000년 전 요하문명의 제출은 중국 선사시대 고고와 문명 기원의 연구를 새롭게 추동했으며 또한 필연적으로 중국 동북 및 동북아 고대문화의 연구에 일련의 새로운 과제를 제시했다"[60]고 말한 것은 주지의 사실이나, 그것이 중국인의 일방적인 목소리에만 그친다면 문제가 아닐 수 없다.

필자는 고조선과 그 이전인 환웅-신시를 염두에 두고 동북지방에서 산동반도로 내려왔다고 추정되는 추이隹夷 곧 조이鳥夷의 내원來源을 중점적으로 논의할 것이다. 왜냐하면 정현鄭玄의 주注에 "조이는 동쪽 또는 동북의 백성(東北之民)"이라고 했고, 그곳은 지금의 발해 연안 또는 그 이북 지방이기 때문이다. 당시 순舜, 우禹가 바라볼 때, 고조선은 동북방에 근접했을 것이다. 이처럼 조이는 그 근원을 올라가면 새토템족에 대한 보통명사가 아니라, 동북지방에 특정한 세력을 형성한 고유명사가 아닐까 생각하는 것이다. 그것이 종족種族인지, 아니면 거주민이나 토템을 중심으로 언급한 것인지는 논의가 이어져야 하겠지만, 그들이 어떤 정치공동체를 형성했는지의 여부도 중요하다. 『삼국지』(「위서」, 「동이전」)에 변진弁辰의 풍속을 소개하면서, "죽은 사람을 장사지낼 때에 큰 새의 깃털을 사용하였는데, 이는 죽은 사람의 영혼이 새의 깃을 타고 날아가도록 하려는 뜻이다"[61]라고 하여, 새토템이 삼한三韓 사람들에까지 전승되어온 것을 알 수

---

59) "冀州有皮服之島夷, 則是, 東人自渤海西北諸島, 遷居冀州近海之地也. 揚州有卉服之島夷, 則是, 東人自揚州以東諸島, 徙居乎江淮之間也"(『규원사화』「만설」)
60) 郭大順「遼寧史前考古與遼河文明探源」『紅山文化論著粹編』遼寧師大學出版社, 2015, 118쪽

있을 뿐만 아니라, 그 근원을 찾아 올라가기는 어렵지 않다.

이제 필자는 단군의 고조선 이전 환웅의 신시 역사를 밝히기 위해 곰과 범에 갇힌 '단군신화'의 영역[62]을 새토템으로까지 확장하고, 동이족이 아닌 조이족의 실체를 규명할 것이다. 조이족이 홍산문화의 우하량유적에서 어떻게 주도적 입장에 있었는지, 그들이 우리 역사에서 누구인지를 밝혀낼 것이다.

우리의 역사는 환웅의 태백산太伯山 신시神市로부터 시작했다. 신시를 알기 위해 홍산문화에 집중할 것이다. 흥륭와문화나 조보구문화는 개괄적으로 언급할 것이다. 나사대유적과 우하량유적을 이해하기 위해 이중토템으로서의 '연합토템'과 공존토템으로서의 '토템연합'이라는 용어가 사용될 것이다. 토템신앙은 '자기 집단의 정체성正體性을 밝히는 기능'을 하고 있기 때문에 중요하다고 본다.[63] 그리하여 그동안 식민사학과 동북공정에 의해 빼앗긴 환웅과 단군의 역사를 바르게 되찾고, 나아가 환웅시대의 역사를 '신시문화', '신시홍산문화' 또는 '신시고국神市古國'이라는 이름을 통해 밝혀볼 것이다. 때마침 열린 2018 평창동계올림픽 개막식 공연은 우리 문화의 근원을 생각해볼 수 있는 좋은 계기가 되었다고 본다. 홍산암화에 새겨진 인면조가 고구려를 거쳐 평창동계올림픽에 재등장하고 우하량유적의 3단 원형제단이 개막식 무대에서 재현된 것이 지닌 원형성·상징성이 얼마나 중요한 의미를 지니는지 알게 될 것이다.

---

61) "以大鳥羽送死 其意欲使死者飛揚"(『삼국지』「위서」「동이전」)
62) 허흥식 『한국신령의 고향을 찾아서』 집문당, 2006, 324쪽
63) 한상복, 이문웅, 김광억 『문화인류학 개론』 서울대출판부, 1989, 288쪽

제1부

홍산문화의 토템들

제1부

1. 홍산문화의 새숭배

1. 홍산문화의 새숭배

1) 홍산문화와 새
2) 소하연문화와 새

1. 홍산문화의 새숭배

1) 홍산문화와 새

홍산문화紅山文化는 주로 요하遼河 유역을 중심으로 내몽고內蒙古 동남부, 요녕성遼寧省 서부와 하북성河北省 북부, 길림성吉林省 서부 등에서 발견되고 있다. 적봉赤峰 홍산후紅山後, 오한기敖漢旗, 옹우특기翁牛特旗, 호두구胡頭溝, 동산취東山嘴, 우하량牛河梁 유적 등이 대표적이다. 오늘날 사용되고 있는 '홍산문화'라는 이름은 1955년에 출판된 윤달尹達(1906~1983)의 『중국 신석기시대』의 「적봉 홍산후의 신석기시대 유지에 관하여」에서 세석기문화와 앙소문화를 함유한 새로운 문화로 규정하며 나온 말이다.[1]

이 글에서 논의하게 될 요하 지역의 주요 신석기문화와 청동기문화의 편년을 열거하면 다음과 같다. 이는 유국상劉國祥의 설명에 따른 것이다.[2]

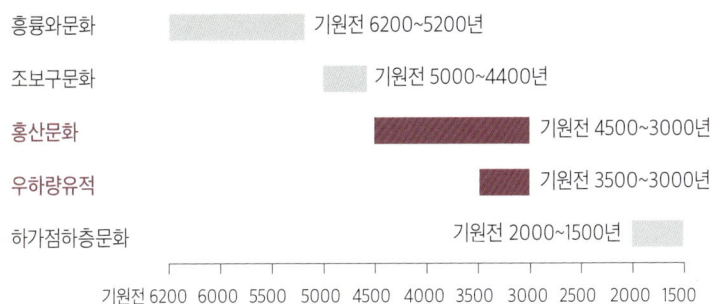

---

1) 尹達「關于赤峰紅山後的新石器時代遺址」『尹達集』中國社會科學出版社, 2006, 148쪽
2) 劉國祥「西遼河流域新石器時代至 早期靑銅時代考古學文化槪論」『赤峰學院學報·紅山文化硏究專輯』2006. 8, 赤峰學院、赤峰市文化局

홍산문화가 주목받게 된 것은 우하량유적의 발견으로부터이다. 1983년부터 능원현 부근 우하량촌에서 대대적인 유적 발굴이 진행되었는데, 기원전 3500년까지 올라가는 대형제단, 여신묘, 적석총군이 발굴되어 세계를 놀라게 했다. 고고학자들은 이 우하량유적이 초기국가 단계의 모든 조건을 갖춘 '초기문명사회'였다고 발표하기에 이르렀다.[3]

그런데 곽대순郭大順은 우하량유적을 비롯한 홍산문화의 핵심이 옥기玉器에 있다고 말한다.[4] 우리는 홍산문화를 이해하기 위해 옥기와 이에 관련한 토템에 대하여 알아볼 필요가 있다.

홍산문화의 각 유적에서 나온 많은 동물 옥석기玉石器들, 이를테면 각종 곰이나 돼지머리(용)모양 기물, 각종 새모양 기물(鳥形器), 거북이모양 기물(龜形器), 물고기, 옥잠 등의 기물들은 마땅히 한 씨족 또는 씨족집단의 토템 표지일 것으로 본다. 다시 말해 홍산문화의 씨족사회 중 웅룡熊龍(곰), 저룡猪龍(돼지)과 새를 토템으로 하는 씨족이 가장 많다. 이를 토대로 저마다 씨족집단, 즉 부락 또는 부락연맹이 형성되었을 것이다.[5] 그 밖에 말, 소, 뱀, 가재 등의 상징기물도 있고, 용은 복합적 의미를 지닌 상징물로 본다.

그러면 이렇게 많은 옥기는 어떻게 제작될 수 있었을까? 대량의 옥기 가공은 씨족 구성원의 공동 종교관념(토템숭배)이 형성되었을 때 가능하다고 본다. 뿐만 아니라 종교적 함의가 내포된 정교한 옥기도 이런 공동의 종교관념에서 나왔을 것이다. 이처럼 홍산옥기의 산생産生은 원시적 종교의식에 뿌리를 두고 있으며 그들의 토템숭배문화와 제사문화에 뿌리를 둔 것으로 볼 수 있다.[6]

---

3) 우실하 『동북공정 너머 요하문명론』 소나무, 2007, 170~172쪽
4) 郭大順 주편 『紅山文化』 이종숙 역, 동북아역사재단판, 165쪽
5) 楊福瑞 「紅山文化氏族社會的發展與圖騰崇拜」『赤峰學院學報』漢文哲學社會科學版 35, 2014. 5기, 20쪽

예컨대, 세계 민족자료 중에 인디언의 승냥이 씨족이 부락으로 발전된 후, 그 토템은 각각 승냥이, 곰, 개, 쥐 등 4개 부락으로 변화했던 예가 있다. 홍산문화의 토템숭배도 씨족 발전이 몇 개 씨족으로 나뉘고 동시에 새로운 토템숭배가 생성되었을 것이다. 홍산의 허다한 유적 중에서 같지 않은 각각의 동물기물도 이런 씨족의 발전과 분화의 상징일 것이다. 몇 개 씨족이 부락 또는 부락연맹을 조성할 때, 원래의 씨족토템 상징표지를 보존하는 것 이외에, 본 부락의 고유성을 표현할 수 있는 새로운 명칭표지를 창조하였을 것이다.[7] 물론 소멸도 있다.

필자는 이 가운데서 가장 많은 다양성을 보여주고 있는 새에 주목하려고 한다.

대영박물관에는 지금으로부터 5500년 전에 제작된 것으로 추정되는 옥새(玉鳥옥조)가 보존돼 있다.[8] 또 머리 위에 부엉이(옥효)가 앉아 있는 모양의 옥효관신수玉鴞冠神獸도 있다.[9] 이 옥새를 비롯해 나만기奈曼旗 옥새,[10]

❶ 대영박물관 소장 옥새(곽대순 도록) ❷ 옥새(옥조) 나만기 유적 채집 ❸ 옥효관신수(玉鴞冠神獸) 높이 16.5× 6.3cm ❹ 부신(阜新)현 복흥지(福興地) 출토 옥새와 역삼각무늬(▽)

---

6) 楊福瑞「紅山文化氏族社會的發展與圖騰崇拜」『赤峰學院學報』漢文哲學社會科學版 35, 2014. 5기, 20쪽; 정건재『한민족의 옥문화』상생출판, 2016, 제2장 옥토템사회 참조
7) 楊福瑞「紅山文化氏族社會的發展與圖騰崇拜」『赤峰學院學報』漢文哲學社會科學版 35, 2014. 5기, 21쪽
8) 郭大順, 洪殿旭『紅山文化玉器鑑賞』文物出版社, 2010, 188쪽(도판 44번)
9) 張雪秋, 張東中『紅山文化玉器』黑龍江大学出版社, 2010, 464번
10) 柳冬靑『紅山文化』內蒙古大學出版, 2002, 90쪽
11) 陳逸民 외『紅山玉器圖鑑』上海文化出版社, 2006, 55쪽. 진일민도 이 '삼각무늬'를 지적하고 있다.

호두구胡頭溝 복흥지福興地 옥새[11] 등이 각종 옥기 관련 도록에 실려 있다.

홍산문화의 사람들에게 새숭배(崇鳥) 습속은 중요한 의미가 있다. 이는 새를 시조始祖 또는 조상祖上으로 여기는 조조숭배鳥祖崇拜(새토템)에서 연유한 것

홍산 암각화의 인면조

이다. 홍산문화 시기에 그린 것으로 보이는 홍산 암각화에는 인간과 새가 완벽하게 결합한 인면조문도人面鳥紋圖[12]가 옹우특기翁牛特旗에서 발견되었는데, 이를 통해 당시 홍산 선민先民들의 새에 대한 숭배심과 생활상을 짐작할 수 있다. 사람 얼굴을 한 인면조人面鳥의 양눈 사이에는 사람 인人 자가 거꾸로 있는 느낌을 갖게 한다. 이 인면조는 고구려 무용총 벽화에까지 이어진다.

요녕遼寧 부신阜新현의 호두구胡頭溝와 복흥지福興地, 능원 삼관전자三官甸子, 객좌 동산취, 내몽고의 파림우기 나사대那斯臺 등 홍산문화 유적들에서 모두 옥석으로 조각한 새 모양 기물이 출토되었다. 이런 옥조玉鳥의 크기는 크지 않다. 공예가 정교하고 세밀하며 조형이 생동하고 독특한데 대부분 나래를 펼치고 날아가는 상태이다. 허다한 옥조에는 모두 구멍이 뚫려 있는데 이는 몸에 달고 다니기 위한 것이다. 이런 새 모양 장식물은 일종의 중요한 토템 표지가 분명하다.[13]

토템은 그들에게 생명처럼 소중한 것이었고, 삶의 전반을 지배하는 힘이었다. 또 대영박물관 소장 옥조와 나만기 옥조에는 그물망무늬가 있고, 복흥지 출토 옥조의 가슴 아래는 역삼각무늬가 있다. 이들 무늬는 종족과

---

12) 吳甲才「紅山岩畵」내몽고문화출판사, 2008, 5쪽, 6쪽
13) 王惠德「鳥圖騰的濫觴—兼談東夷文化」「昭烏達蒙族師專學報」(漢文哲學社會科學版) 1990, 3기, 63쪽

관련한 어떤 의미를 함축하고 있을 것이다. 그물망무늬 ▨가 새 그물망을 상징하는 것으로 추측할 수 있다.

또 적봉赤峰의 오한기敖漢旗에서 출토된 어느 홍산옥기(최소 기원전 3000년)에는 알 수 없는 그림부호도 있다. 곽대순은 이 새를 옥효(玉鴞:부엉이)라고 했으나 이 부호에 대해서는 언급하지 않았다. 다만 "음각선陰刻線으로 발과 꼬리의 깃털을 표현했고, 시우(翅羽, 날개의 깃)는 지양문地陽紋으로 표현하였다."[14]고만 했다. 가슴 부위에 있는 대칭형 갈고리 부호 ▨는 새의 부리나 어떤 인물을 상징한 것으로 보인다.

이처럼 새토템과 관계가 있는 많은 유물의 출토는 사람들로 하여금 점차 동북지방이 새를 숭배해온 동이인들의 고향이라는 것을 인식하게 하고 있다.[15] 특히 홍산문화를 관통하는 '새'들인 올빼미와 매 등의 맹금류는 북방 샤머니즘의 전통에서 신神의 사자使者로 등장하던 동물들이다.[16] 이처럼 새는 신과 소통하려는 인간의 욕구를 가장 잘 반영해준 매개물이었다.

오한기(敖漢旗) 출토 옥효(높이 5.4cm)[17] 및 모사본

매의 머리-도소응수(陶塑鷹首, 오한기 박물관 소장)

---

14) 郭大順, 洪殿旭『紅山文化玉器鉴赏』文物出版社, 2010, 도판 내몽고 10번(144쪽)
15) 王惠德「鳥圖騰的濫觴―兼談東夷文化」『昭烏達蒙族師專學報』(漢文哲學社會科學版) 1990, 3기, 63쪽
16) 김선자「홍산문화의 황제영역설에 대한 비판-곰신화를 중심으로」,『동북아 곰신화와 중화주의 신화론 비판』, 동북아역사재단, 2009, 224쪽
17) 郭大順, 洪殿旭『紅山文化玉器鉴赏』文物出版社, 2010, 154쪽, 도판 내몽고 10번

2) 소하연문화와 새

홍산문화에 이어 나오는 문화가 소하연小河沿문화이다. 이 문화의 편년은 기원전 3000년에서 기원전 2000년으로[18] 고조선 초기에 해당한다. 홍산문화와의 밀접성을 근거로 이 소하연문화를 후後홍산문화로 보고 있다.[19] 그런데 소하연유적에는 홍산문화와 달리 부호문자가 뚜렷하게 나타난다. 옹우특기翁牛特旗의 대남구촌大南沟村의 석붕산石棚山 52호 묘에서 7개의 부호가 새겨진 직통관直筒罐이 출토되었고[20] 새 모양의 도기도 나왔다. 이 도부문자陶符를 이공독李恭篤은 '원시도화 문자부호'라 칭했다. 7개 도부문자[21]를 비롯해 유사 부호를 모으면 12개 도부문자[22]가 되는데, 필획의 깊이와 굵기로 보면 이런 부호들이 나무나 뼈로 새긴 것으로 추측되고 있다. 부호의 구조는 서안반파유지西安半坡遺址와 산동 대문구문화유지大汶口文化遺址에서 출토된 원시 문자부호보다 복잡하다. 특히 卐 부호가 몇 개 기물에서 많이 나타나 씨족의 가문일 가능성이 높다.[23] 또 별도로 1개의 새 그림[24]도 있다. 이를 포함하면 모두 13개가 된다.

육사현陸思賢은 6번 䖝를 밭 전田으로 풀었고, 왼쪽 끝에 있는 1번은 번개 전電, 우레 뇌雷, 신神을 상징하는데 여기서는 우레(천둥)로 보았고, 2번 새는 제비(연자, 현조)로, 4번은 번개(電), 신神으로, 3번은 새 날개의 회전, 5번은 하늘에서 떨어진 운석隕石, 7번의 새를 홍산의 옥조 같은 제비로 보

---

18) 劉國祥「西遼河流域新石器時代至 早期青銅時代考古學文化槪論」『赤峰學院學報·紅山文化硏究專輯』 2006. 8, 赤峰學院·赤峰市文化局, 64~70쪽.
19) 郭大順「紅山文化」이종숙 외 역, 동북아역사재단, 238쪽
20) 陸思賢「翁牛特旗石棚山原始文字釋義」『內蒙古社會科學』1987, 3기, 67쪽. 부호의 순서 1, 2, 3 등은 필자가 임의로 붙인 것임. 육사현은 번호를 붙이지 않았음.
21) 陸思賢「翁牛特旗石棚山原始文字釋義」『內蒙古社會科學』1987, 3기, 67쪽
22) 李恭篤, 高美璇「試論小河沿文化」『中國考古集成』(東北 4권), 北京出版社, 1997, 574쪽
23) 李恭篤, 高美璇「試論小河沿文化」『中國考古集成』(東北 4권), 北京出版社, 1997, 573쪽
24) 李恭禿, 高美璇「試論小河沿文化」『中國考古集成』(東北 4권), 北京出版社, 1997, 572쪽

앉다.[25] 또 그는 하단의 ✝ 는 새와 관계있고, 두 팔을 벌려 소매를 휘둘러 춤을 추는 갑골문 '巫무'자의 앞선 모양으로 보았는데, 이는 석붕산의 선민들 사이에서 '새를 통한 무巫'가 성행했다는 것을 암시하고 있다.[26] 『설문』에서 무巫는 무舞와 같은 의미라 했다.[27] 무巫는 무舞에 의해 신神의 경지에 이른다.[28]

그런데 하단의 ✝ ✚ 는 음양 2성의 운동 형태로 보고, 전자는 역방향, 후자는 정방향으로 운동하는 정반합의 규칙이라고 설명하기도 한다. 또 후자의 정방향은 태양, 하늘, 낮, 광명 등의 상징으로, 전자의 역방향은 달, 땅, 밤, 암흑 등의 상징으로 보고, 이것은 영혼 불멸관을 반영한 것이며 우주만물의 동태動態 형식을 표시한 것으로 해석할 수 있다.[29]

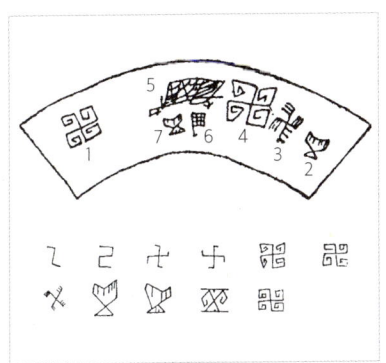

소하연 대남구 석붕산 도부문자 (7자, 위)
도부문자(12자, 아래)

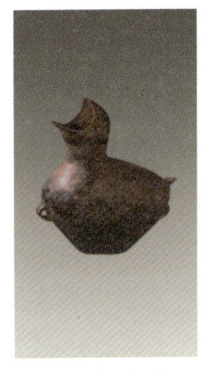

소하연 대남구 석붕산
제비 모양 묘장품[30]

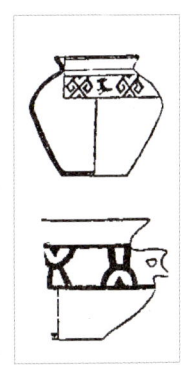

질그릇 새 그림과 북
(이공독의 논문)

---

25) 陸思賢「翁牛特旗石棚山原始文字釋義」『內蒙古社會科學』1987, 3기, 67~68쪽
26) 陸思賢「翁牛特旗石棚山原始文字釋義」『內蒙古社會科學』1987, 3기, 70쪽
27) 『說文』에서 "巫, 祝也。女能事無形 以舞降神者也。象人兩褎舞形"(褎 소매 수)
28) "鼓之舞之 以盡神(고동치고 춤추게 해서 신묘함을 다한다)"(계사 상, 12장)
29) 王其格「紅山文化 形符號與北方民族+형숭배」『內蒙古民族大學學報』(社會科學版), 2007. 2. 15, 14쪽
30) 복기대「小河沿文化에 관해」『고조선단군학』21, 2009. 11, 108쪽
趙春靑 秦文生『圖說 中國文明史』(1), 創元社(東京), 2006, 157쪽

왕혜덕王惠德은 소하연문화를 동이東夷문화의 전성기 유적으로 본다. 옹우특기 석붕산石棚山의 고분군에서 출토된 대형 새 모양 주전자는 머리를 쳐들고 주둥이를 벌렸으며 꽁지는 짧고 등은 기울었는데, 머리 위에는 또 세 가닥의 검은 색을 칠했다. 오목하게 들어간 한 쌍의 큰 눈에도 검은 색을 칠해 넣었는데 모양이 생동하고 살아 있는 듯한 느낌을 준다.[31]

한편 진혜陳惠는 더 앞선 주장을 개진한다. 그는 소하연 부호 1, 3, 4번은 서로 같은 것으로 적족狄族의 상징부호로 해석한다. 과거 북적北狄에 백적白狄(白翟:흰꿩), 적적赤狄(翟), 장적長狄(翟)

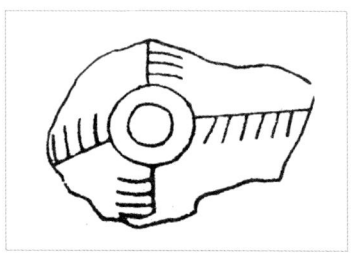

무안 장적의 족휘

이 있었다는 것인데, 소하연은 지리적으로 북적과 상부相符한 점에서 중산국中山國을 세운 백적의 선우鮮虞도 소하연으로부터 내원來源한 것으로 그 근원을 두었다고 본다.

그래서 1번은 백적, 3번은 장적, 4번은 적적의 족휘라는 것이다. 그 근거로 춘추시기 산서의 임분臨汾, 무안武安에서 활동한 장적의 족휘[32]와 일치한다는 점을 제시한다. 임분臨汾은 요堯의 도사 유적이 나온 곳이고, 이 장적이 가장 먼저 북방에서 중원에 진출한 일파라는 설명이다. 그리고 5번 부호는 새를 잡는 그물(망網, 라羅)[33]로 보았다. 그

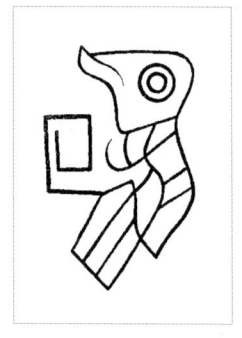

천둥새(미국 인디언)

---

31) 王惠德「鳥圖騰的濫觴―兼談東夷文化」『昭烏達蒙族師專學報』漢文哲學社會科學版, 1990, 3기, 63쪽
32) 陳惠「內蒙古石棚山陶文試釋」『中國考古集成』(東北 4권), 北京出版社, 1997, 601~602쪽
33) 신라(新羅)의 라(羅)도 이와 연관 있는지 검토할 일이다.
34) 陳惠「內蒙古石棚山陶文試釋」『文物春秋』1992;『中國考古集成』(東北 4권), 北京出版社, 1997, 602쪽

물로써 자신들이 새 부족임을 암시하고 있으며, 이 라羅가 옛 나라 이름으로, 웅熊씨 성을 가지고 호북湖北지방에 이동해왔다가 춘추시기에 초楚에 멸망했다고 한다.34) 고힐강顧頡剛도 장이長夷가 곧 '장적長狄'과 같다고 했다.35) 팽방형彭邦炯의 지도36)로 보면, 장씨(장적)로 표시된 영역에 해당한다고 할 수 있다.

[지도 3] 팽방형의 요서의 4종족(숙신, 죽씨, 장씨, 기씨)

특히 장적의 족휘 중에 가운데 두 원은 태양을 상징한다. 미국 인디언들은 이런 새를 천둥새Thunder Bird라고 한다.37) 그리고 별도의 도기 상단에는 봉황 같은 새 그림이 나타나고, 하단에 나오는 부호는 북과 천둥소리를 상징한다.38) 다음은 새가 가지고 있는 다양한 상징성을 그림으로 그린 것이다.39)

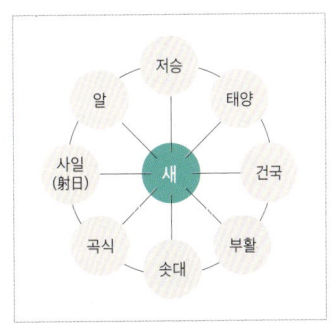

새 상징의 방사형 구조(김중순)

---

35) 顧頡剛「鳥夷族的圖騰崇拜及其氏族集團的興亡」『史前研究』 2000. 9, 150쪽
36) 彭邦炯「從商的竹國論及象代北疆諸氏」『甲骨文與殷商史』제3집, 上海古籍, 1991, 401쪽
37) 정연규『한겨레의 역사와 문화의 뿌리를 찾아서』한국문화사, 2008, 474쪽
38) 이찬구『돈』동방의빛, 2012, 48쪽
39) 김중순「한국문화 원류의 해명을 위한 문화적 기호로서 새의 상징」『한국학논집』 56, 2014, 207쪽

제1부

2. 새숭배와 태양숭배의 결합

2. 새숭배와 태양숭배의 결합

1) 올빼미와 부엉이
2) 소하연의 태양 부호
3) 새와 태양의 연합토템 - 배일숭조

2. 새숭배와 태양숭배의 결합

1) 올빼미와 부엉이

새숭배문화는 이른 시기인 흥륭와문화로부터 출현한다. 흥륭와는 농사와 관계되는 곳이다. 농작물 생산이 햇볕에 대한 의뢰와 간절함은 사람들로 하여금 평소에 평범하게 느꼈던 태양에 대해 새로운 시각을 가지게 했을 것이다. 태양은 벼의 성장을 도와준다. 태양에 대한 고마움과 함께 의문도 생겼다. 어찌하여 태양은 아침에 동방에서 떠올랐다가 저녁에는 서쪽에서 지는가? 이런 태양에 대한 의문은 언제나 자기의 신변, 가장 접촉하기 쉬운 사물로부터 해결하려고 한다. 아울러 원시 사유의 상호 침투 유추성과 직관성은 사람들로 하여금 공중에서 비행하는 조류와 창공에서 비행하는 태양에 대해 유사한 연상을 하게 된다. 태양이 공중에서 운행하는 것은 마치 나는 새가 나래를 펼쳐 앞으로 나는 형상과 같다.[1]

흥륭와문화에는 새 중에 올빼미상이 등장하는 것이 특이하다.[2] 사람 얼굴 형상의 올빼미(또는 鴟鴞치효)[3]이다. 동물 뼈에 새긴 것으로 길이가 5.3cm인 것을 보면 무구巫具의 일종 같기도 하나 자세히 알 수 없다. 이는 새를 토템으로 여기는 무리 집단에서 새숭배의 전형을 보여주는 실례이다. 1979년 파림우기巴林右旗 나사대那斯臺유적에서도 부엉이(玉鴞옥효)와 조

---

1) 陳勤建「太陽鳥信仰的成因及文化意蘊」『華東師範大學學報』哲學社會科學版, 1996. 1기, 60쪽
2) https://onewings.blog.me/90045826190 (일승)
3) 『시경』에 나오는 치효(鴟鴞)는 올빼미가 아니라 부엉이인데, 혼용되어 사용되고 있다. 여기서는 부엉이가 맞다. 그러나 둘 다 부정적인 이미지로 묘사됐다. "鴟鴞鴟鴞아 既取我子어니 無毁我室이어다. 恩斯勤斯해 鬻子之閔斯러니라" (부엉이야, 부엉이야, 이미 내 새끼를 잡아갔으니 내 집을 부수지 말지어다. 사랑하고 부지런히 해 자식을 기르느라 매우 근심하였노라.) 『시경』(빈풍), (뒤에서 상술함)
4) 巴林右旗博物館「內蒙古巴林右旗那斯台遺址調查」『中國考古集成』(東北 4권), 北京出版社, 1997, 543쪽

형석결鳥形石玦(183쪽 참조)이 출토되었다.[4]

둥근 눈에 뾰족한 부리, 등에 날개가 있는 이 조형석결의 새 모양과 소산小山유적에서 출토한 존형기尊形器의 복부腹部에 장식된 새 무늬는 비슷한 점이 있다.[5] 나사대유적에서 옥잠 2개도 나왔다.[6]

특히 호두구胡頭溝 1호묘에서 출토된 부엉이(玉鴞옥효)[7]는 지금 바로 날고 있는 것 같은 강한 힘을 느끼게 한다.

북방 샤머니즘의 전통으로 알려진 올빼미와 부엉이는 혼동하기 쉽다. 귀가 뾰족하게 올라가면 부엉이(鴞효, 鴟鴞치효)이고, 그렇지 않으면 올빼미(梟효, 鴞효)로 본다. 이들은 박쥐와 함께 야행성 동물이다. 야행성 조류가 오늘날 우리에게는 낯설지만, 이들의 활동은 천지 조화의 세계에서 오묘한 이치를 드러낸다. 태양이 밤에 넘어갔다가 아침에 솟아나오는데, 이 부엉이

흥륭와문화의 올빼미상(일승/徐江偉 블로그)

홍산 부신 호두구 1호묘 부엉이(옥효)

태양을 쥔 독수리(이집트국립박물관, 동아사전)

와 올빼미가 어둠 속의 해를 맞이해서 나오는 것과 연결된다. 음적陰的인 어둠과 죽음을 이기고 나오는 부활의 능력으로도 비유된다. 또 매(鷹응)는 강력한 힘으로 하늘을 대신해 전령의 역할을 다한다.

---

5) 索秀芬, 李少兵「那斯台遺址再認識」『紅山文化論著粹編』遼寧師範大學出版部, 2015, 264쪽
6) 巴林右旗博物館「內蒙古巴林右旗那斯台遺址調査」『中國考古集成』(東北 4권), 北京出版社, 1997, 543쪽
7) 陳逸民 외『紅山玉器圖鑑』上海文化出版社, 2006, 57쪽

조보구문화의 제일봉황

올빼미나 부엉이에 이어 봉황도 나온다. 2004년도에 발굴된 조보구문화의 봉황을 '도봉배陶鳳杯'[8]라고 칭한다. 또 이 도봉배의 머리, 볏(관), 날개, 꼬리의 조형이 중국 전통적 봉황의 특징을 잘 드러냈다면서 마땅히 '중화제일봉中華第一鳳'으로서 선민先民의 탁월한 재능과 독특한 정신세계를 잘 표현했다고 평가하기도 한다.'[9] 이처럼 도기나 옥기마다 '중화제일'이라고 부치는 것은 중국 학자들의 습관처럼 굳어져 있다.

홍산문화에 나타나는 대량의 옥조玉鳥를 동이계 새토템의 형상물로 이해하기도 한다. 옥조의 총체적 규모를 고려하면 실용적이지도 않고 장식으로만도 쓰이지 않았으며 이런 새의 도형들은 고분군에 나타날 뿐만 아니라 의례성儀禮性의 건축군 유적 중에도 나타난다. 그 외 여신묘 제사단을 중심으로 하는 유적에서도 흙으로 빚은 새가 나타나 보충증명을 해주고 있다. 또 옥조는 '적석총', '제단유적', '여신묘' 삼위일체의 지방에서 출현하는데, 비록 이런 옥조 도형들이 조금씩 차이가 있지만 가장 큰 의미는 제사(제천) 또는 토템의 숭배물에 있다는 점을 강조한다는 것이다.[10]

그러면 이런 옥기를 이용한 옥玉토템이 가능한 이유는 무엇인가? 사실 중요한 것은 석기와 토기 같은 기물들은 일반적으로 생활용품들이었지만 옥기는 관념 형태의 집단적 상징이었다는 점이 서로 다르다는 것이다. 특히 생명은 하늘이 부여하는 것이며, 신령한 동물과 자연, 인간들은 서로

---

8) 趙建國「紅山文化綜述」『赤峰學院學報』漢文哲學社會科學版 31, 2010. 9, 3쪽
9) 趙建國「紅山文化綜述」『赤峰學院學報』漢文哲學社會科學版 31, 2010. 9, 3쪽
10) 李倍雷「紅山文化中玉鳥的圖像學意義與藝術風格」『廣西藝術學院學報』(藝術探索) 20권 4기, 2006. 10, 5쪽

영물靈物처럼 교환된다고 보았다. 이 때문에 일련의 씨족이나 부족들은 각종 옥 장식으로 제사에 쓰이는 신기神器와 그들이 숭배하는 '토템'사회를 만들었고, 씨족사회의 번성과 풍성한 수확을 기원했다.[11]

그런데 이들 새를 중심으로 한 도기 및 옥기의 제작 연대는 오랜 역사를 지니고 있다. 흥륭와문화(B.C. 6200~B.C. 5200)나 조보구문화(B.C. 5000~B.C. 4400)에서 보듯이 새토템의 발원은 남방의 양저문화(B.C. 3000년경)나 능가탄문화(B.C. 3600년경)에도 나타나지만, 시기적으로 중국의 남방이 아닌, 요서에서부터 시작해 우하량유적을 거쳐 소하연문화까지 전해왔다고 보는 것이다.

조보구문화 존형기(새, 돼지, 사슴, 일명 鳥獸圖)

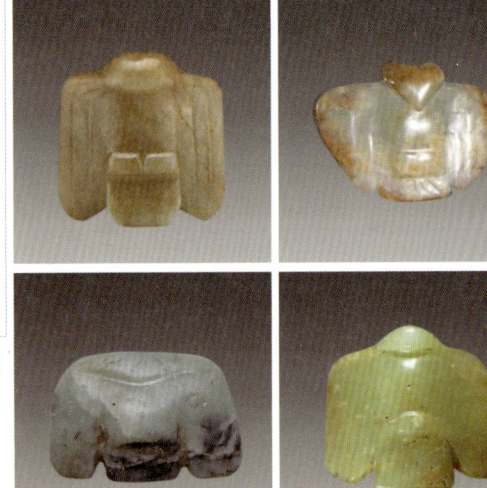

각종 옥조들

---

11) 정건재「흑피옥문화와 半人半獸 神像」『세계환단학회지』 2권 1호, 2015. 6, 213쪽

2) 소하연의 태양 부호

소하연문화는 동석병용銅石倂用시대의 말기에 속하는데 조보구문화 사이에는 매우 큰 연대 차이가 존재하지만, 조보구문화 중의 일부 전형 기물류(존형기 등) 및 기하형 무늬 장식은 소하연문화 중에서 일부 종적을 볼 수 있다. 이는 조보구문화의 발전 행방을 연구하는 데 중요한 실마리가 된다고 평가한다.[12] 다시 말해 소하연문화가 조보구문화를 전승한 것으로 보기도 한다.[13]

그리고 소하연 유형의 기원이 옥팔찌와 옥환玉環 사용의 예를 들어 산동의 대문구문화와 유사성이 있다고 보고 새로운 문화의 가능성을 제시하기도 했다.[14] 특히 1973년 오한기 소하연공사敖漢旗小河沿公社에서 이 문화의 거주지와 땅굴을 발견했을 때는 한동안 홍산문화의 범위 안에 분류했었다가 석붕산石棚山 무덤을 발굴했을 때에는 소하연문화의 풍부하고 다채로운 내용, 선명한 문화적 특징이 뚜렷하게 일어났다는 점에서 홍산문화와의 차이점이 그들 둘의 공통성을 훨씬 초과할 정도라고 밝히기도 했다.[15]

또 소하연문화의 도기는 조형과 무늬 장식부터 분석하면 조보구문화에 더욱 접근하므로 분명히 홍산문화의 영향을 받았다고 보는 관점도 있다. 이 도기들에는 일반적으로 모두 일정한 수량의 보드라운 모래가 함유돼 있었다. 어떤 것은 또 일정한 수량의 운모와 조개껍질가루가 섞여 있었는데 흔히 보는 모래 섞은 갈색 도기와 붉은색 도기 외에 또 일정한 수량의 검은색 도기도 있었다. 기형은 항아리가 위주이고 동시에 또 새로워진

---

12) 劉國祥「關於趙寶溝文化的幾個問題」『北方文物』62기, 2000. 5. 30, 17쪽
13) 楊福瑞「小河沿文化陶器及相關問題的再認識」『赤峰學院學報(紅山文化研究專輯)』 2006. 8.10, 115쪽
14) 李恭篤 高美璇「試論小河沿文化」『中國考古集成』(東北 4권), 北京出版社, 574쪽
15) 李恭篤 高美璇「試論小河沿文化」『中國考古集成』(東北 4권), 北京出版社, 573쪽

대형 두귀항아리, 원통형독, 존 및 기물바치개, 각종 두豆, 특별히 좌대에 삼각형 구멍을 새긴 두豆는 더욱 독특하다.

이어 장례풍속, 제기 및 생산도구에 대해 분석하면 소하연문화는 고서古書에 기재된 동이와 일치하며, 소하연문화를 이은 것은 하가점하층문화인데, 기후조건의 변화로 남쪽으로 옮겨가게 되자 동이인들의 토템도 점차 그 원형적 의미를 잃게 되었다고 해석할 수 있다.[16] 이러한 관점을 종합하면, 남쪽으로 이동하기 전의 원래의 동이가 바로 새토템인 것을 의미하며, 그 새토템문화가 남쪽으로 이동하면서 점차 퇴색해 갔다는 것이다.

소하연 도부문자에서 ♉ ♉는 새(鳥)로, ✚✚는 태양으로 보았는데, 또 하나 특징적인 것은 하단에 있는 도부문자 ㄥ이다. 이는 첨수도尖首刀에 나오는 번개부호 ㄥ 와 유사하다.[17] 이런 번개부호는 태양과 같은 밝음을 상징한다. 우리말 번개의 '번'은 빛(光)이고, '개'는 해이다.[18]

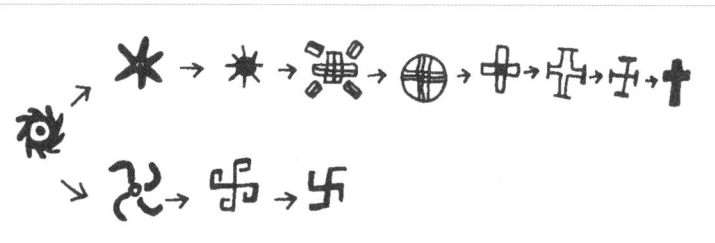

태양문양의 변천순서(『신의기원』)

필자는 하신何新의 『신의기원』[19]에서 밝혀진 것처럼 이 도부문자 ✚✚가 날아가는 새의 변형이거나 그 새가 상징하고 있는 태양을 의

---

16) 王惠德「鳥圖騰的濫觴—兼談東夷文化」『昭烏達蒙族師專學報』(漢文哲學社會科學版) 1990, 3기, 63쪽
17) 이찬구「돈」 동방의 빛, 2012, 57쪽; 이찬구「고조선의 명도전과 놈」 동방의 빛, 2013, 195쪽
18) 서정범「국어원 사전」 보고사, 2000, 301쪽
19) 何新「신의 기원」 홍희 역, 동문선, 1990, 37쪽

미하는 부호로 본다. 또 양자강 중하류 유역의 능가탄문화凌家灘(안휘성,5500-5000년 전)에서 나온 옥편玉片의 중심 ✚ 자 문양은 사방 팔방으로 나가는 태양빛의 확산현상을 상징하고 있다.[20] 따라서 소하연문화의 도부문자에 나타난 부호의 독창성을 바탕으로 새와 태양이 조화를 이루고 있다고 할 수 있다.

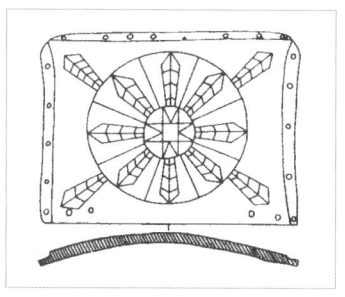

능가탄 M4:30의 태양 문양

이런 의미에서 도부문자를 사용한 그들은 자기 토템을 표현할 줄 알았던 '진정한 문명인'[21]이었다고 평가할 수 있다. 초기 문자의 자취를 발견할 수 있기 때문이다. 한편 설지강薛志强은 홍산문화가 후기에 들어서면서 농업이 쇠락하여 정체되었을 때 소하연문화가 그 자리를 대체한 것으로 보았다.[22] 이런 시각이 가능하다면, 소하연문화가 홍산문화 후기의 새숭배문화를 중흥시켰다고 보는 것이다.

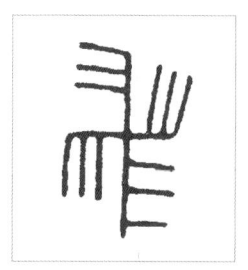

태양을 향한 새의 비상과 회전을 상징(소하연)

---

20) 張緒球「長江河游史前玉器的神靈化和禮器化過程」『中國玉文化玉學論叢』 4편상, 紫禁城出版社, 2006, 86쪽
21) 趙建國「紅山文化綜述」『赤峰學院學報』漢文哲學社會科學版 31, 2010. 9, 4쪽
22) 薛志强「요서 고대문화구역과 해대역사문화구역의 제문제에 대한 사고」『국학연구』15, 2011, 50쪽

3) 새와 태양의 연합토템 - 배일숭조

한국의 고대신화 중에는 난생신화卵生가 대부분이다. 난생신화의 출현에 관해 학계는 일반적으로 태양숭배사상, 새(鳥靈)숭배사상, 도작(벼재배)문화와 관계가 있다고 인정한다. 그중에 난생신화의 출현은 새숭배사상과 더욱 직접적인 연계가 있다.

양저문화 옥벽 새 부호

난생卵生이란 알로 태어난 생명을 말한다. 새 알은 곧 생명 탄생의 근원이며, 태양과 남성의 고환을 상징한다. 이것이 점차 변해 새 자체가 태양과 남성 생식기의 별칭이 되었고, 여기에서 금조金鳥, 태양조, 삼족오의 관념이 형성되었다.[23] 『회남자』(「정신훈편」)에 이미 "해 안에 준오가 있고, 달 안에는 두꺼비가 있다"[24]라고 하였는데, 이 준오踆烏가 곧 삼족오임은 알려진 것과 같다.

태양조(양광조) 덕흥리 고분

태양도 신성한데, 그 속에 사는 새는 더 신성한 것으로 여긴다. 태양 속에 사는 새를 천상의 신神들과 인간세계를 이어주는 신조神鳥로 인식한다. 그 이름도 일오日烏, 금오金烏, 준오踆烏, 흑오黑烏, 적오赤烏라고도 한다.

태양과 새가 결합된 집안 오회분 4호묘 삼족오

그런데 소호족의 새토템 내용 중에 나오는 저구雎鳩, 상구爽鳩 등을 고

---

23) 김백현 「신선사상의 연원으로 본 동이족의 봉황문화」『중국학보』 47, 2003, 669쪽
24) "日中有踆烏而月中有蟾." 『淮南子』「精神訓」高誘 注: "踆, 猶蹲也. 謂三足烏." 後因以 "踆烏" 借指太陽.

부신현 호두구 1호묘 옥조

태양신으로 불리고 있는 새의 몸을 한 만들리스신(이집트 칼라부샤)

새와 태양의 결합(하모도)

증해보면 모두 매(鷹) 종류에 속한다. 옥규玉圭의 매 무늬가 증명하는 것처럼 규의 주인은 거의 소호족인이었음을 말해준다. 또 양저문화 제단의 부호가 태양 도형이라는 것을 설명할 수 있는데, 홍산문화는 이런 구체적인 태양 도형의 발견이 어렵다. 다만 새 도형은 태양과의 긴밀한 관계를 증명하며, 그것은 해 뜨는 동방을 의미하는 중요한 상징 요소가 된다.

따라서 홍산문화의 새 도형은 태양신조太陽神鳥를 통해 태양을 함께 포함한다고 본다. 출토된 묘실 중의 옥조玉鳥는 묘실 주인이 이런 부족들 중에서 특수한 사회적 지위, 종교 신분과 동족을 통치하는 권력이 있다는 것을 나타내준다. 묘실 주인은 경우에 따라 제사장이나 무격巫覡일 가능성이 있다.[25]

반면에 새 모양의 옥기가 없는 곳도 있다. 우하량 제5지점 1호묘(남성 인골)에서 나온 원형 옥벽玉璧과 방형 옥벽은 각각 하늘과 땅을 상징하고, 해와 달을 상징한다. 이 두 개의 옥벽을 머리에 깔고 누워 있는 모습에서 천지인 합일의 경지를 느낄 수 있다. 구운형勾雲形옥기는 흰 반달무늬를 연상시킨다. 이런 의미에서 보면, 이 무덤은 새숭배와 무관한 무덤이라고 생각할 수 있다.

---

25) 李倍雷「紅山文化中玉鳥的圖像學意義與藝術風格」『廣西藝術學院學報』(藝術探索) 20권 4기, 2006. 10, 6쪽

원형 옥벽

새 옥기가 없는 것도 이유가 될 것이다.

이처럼 홍산문화의 옥새(玉鳥)는 종교적 의미의 체현과 동시에 숭배의 대상으로서 역시 지위, 신분 등 사회관계를 체현하고 있다. 다시 말하면 사회는 일정한 권리 또는 권세가 출현해 사람들로 하여금 이에 복종하게 만드는 단계로 발전할 때 비로소 예의를 표시하는 기물이 출현한다. 옥기는 예의의 기물로서 신분의 고저를 나타내기도 한다. 나아가 새와 태양의 긴밀한 관계는 천신天神 숭배를 표현한 것임을 알 수 있다.[26]

소하연문화도 관심의 대상이다. 앞에서 소하연 도부문자도 새와 태양을 상징하는 부호로 보았다. 그렇게 되면 소하연에서 새와 태양이 공동으로 연합하며 조화를 이루게 된다. 조지훈은 천신天神의 상징으로 새(鳥)를 보고, 수신水神의 상징으로 용龍을 본다.[27] 김알지 신화에는 흰 닭이 나오고, 석탈해 신화에서는 까치가 나온다. 천신과 수신의 신혼神婚을 말하지만, 태양과 새는 같은 양성적陽性的 존재이다.

구운형 옥기

3선과 중단전을 강조한 부엉이(박문원 소장)

---

26) 李倍雷「紅山文化中玉鳥的圖像學意義與藝術風格」『廣西藝術學院學報』(藝術探索) 20권 4기, 2006. 10, 9쪽
27) 조지훈 『한국문화사서설』 탐구당, 1981, 64쪽
28) 조지훈 『한국문화사서설』 탐구당, 1981, 69쪽

웅雄-부父-천天-공空-일日-천제자-조鳥[계鷄, 작鵲, 연燕]
자雌-모母-지地-하河-월月-하백녀-웅熊[용龍, 구龜, 마馬]28)

이와 같이 신화에 등장하는 새, 삼족오에 등장하는 새, 솟대에 등장하는 다양한 새들의 생산, 부활, 곡식 등의 상징기호는 자연히 샤머니즘과 맥락을 같이 한다.29) 여기에 흰빛을 숭배하는 한국의 샤마니즘은 백白샤만계가 우세한데, 그 증거로 백산숭배, 백의숭상, 태양숭배와 함께 웅계雄鷄주술 등이 있으며, 그 주신이 태양 곧 붉(붉)이며, 이 '붉'이 곧 태양을 의미한다.30)

음산 암화의 배일(拜日)

이것을 한마디로 말하면 '배일숭조拜日崇鳥'로서 해와 새는 조일鳥日 일체의 관계라 할 수 있다. 새와 해의 결합성은 우리말의 어원으로도 알 수 있다. 새(鳥)와 세(歲, 年, 해), 새(鳥)와 해(日), 해(日)와 아침 조朝는 서로 통한다. '형님'을 '성님'으로 부르는 것에서 새와 해의 음운적 통용성을 알 수 있다. 음운은 의미와 밀접하기 때문이다. 지금도 우리에게 '배일숭조'는 태양(하느님) 신앙과 조상숭배 사상으로 전승되고 있고, 솟대라는 전통으로 남아 있다. 아무래도 중국문화와는 구별되는 배일숭조 사상의 일면이다. 배일拜日의 풍속은 내몽고 중부지방인 음산陰山 암화에도 그대로 전하고 있다.31) 두 손을 잡고 머리 위에서부

민간에 퍼져있는 솟대

---

29) 김중순 「한국문화 원류의 해명을 위한 문화적 기호로서 새의 상징」 『한국학논집』 56, 2014, 235쪽
30) 조지훈 『한국문화사서설』 탐구당, 1981, 78~80쪽
31) 盖山林 「富多采的陰山岩」 『中國考古集成』 (東北 6권), 北京出版社, 1997, 1109쪽

터 절을 하는 모습이다. 그 시기 종족을 초월해 태양숭배의 일반적 풍습일 것으로 볼 수 있다. 이와 같이 새를 토템으로 하는 동이가 또 한편으로 태양을 토템으로 믿고 있는 연고를 '연합토템Associated Totem'이라는 말로 설명한다. 이 말은 손작운孫作雲의 "새를 토템으로 숭배하는 사람들이 왜 또 태양을 토템으로 하는가? 혹은 태양을 토템으로 숭배하는 사람들이 왜 또 새를 토템으로 하는가? 이는 모두 동이가 새

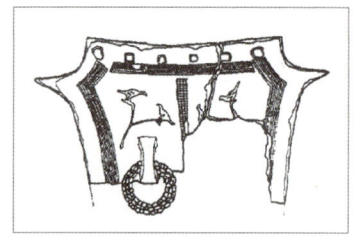

솟대-새가 있는 농경문(대전 괴정동)

홍산 원조옥조(圓雕玉鳥)의 태양(徐强 古玉)

와 해를 같이 공동의 토템으로 하는 까닭이기 때문이다"에 근거하고 있다.[32] 이런 연합토템은 새토템족이 갖고 있는 이중토템을 의미한다. 이런 사실적 근거를 홍산문화의 옥기에서도 확인할 수 있다.

홍산 암화(岩畵)인 봉조와 동심원

옥조에 둥근 원 또는 와문渦紋이 그려진 이 원조옥조圓雕玉鳥[33]는 바로 태양의 상징문양이라고 본다. 이보다 더 이른 시기로 추정되는 옹우특기 모노해산毛瑙海山의 암화岩畵에는 봉새와 동심원과 과일나무가 함께 그려진 봉조鳳鳥와 동심원同心圓이 있다.[34] 동심원은 역시 태양을 상징한다. 이와 같이 새와 태양은 함께한다.

---

32) 이형구「고구려 삼족오 신앙에 대해」『동방학지』86, 1994, 4~5쪽
33) 徐强『홍산문화고옥정화』藍天出版社(北京), 2004, 2쪽
34) 吳甲才『紅山岩畵』內蒙古文化出版社, 2008, 121쪽

한편 대전(괴정동)에서 출토된 농경문 청동기는 당시의 시대상을 총체적으로 살펴볼 수 있는 점에서 소중한 가치가 있다. 나무(솟대) 위에는 두 마리 새가 앉아 있고, 들판에서는 따비로 밭을 가는 남자가 머리에 긴 새털을 꽂고, 남근을 노출하고 있다. 이는 새(깃털, 솟대), 곡령穀靈, 남근 등이 종합적으로 표현된 것이다.[35] 나아가 솟대 위의 새는 하늘의 대리자 역할까지 하게 된다.[36] 솟대를 샛대(鳥棒)로 보기도 한다.[37]

무덤에 묻은 새 장식 뚜껑 항아리
(국립중앙박물관 소장)

이처럼 한국의 상고시대에 많은 신앙과 풍속이 조류와 밀접한 관계가 있다. 고고학의 발견, 사료 및 민속 중의 새숭배 현상을 도처에서 볼 수 있다. 이를테면 북방 종족 중에는 새의 이름으로 벼슬을 삼았으며, 남방종족 중의 하나인 마한馬韓인들의 소도蘇塗의식, 진한辰韓인들이 장례를 행할 때 시체에 새의 날개를 달아주는 습속 등은 모두 한국 원시인들이 이미 닭, 까치, 매, 비둘기를 숭배물로 삼았다는 것을 설명하는데, 그들은 이런 새를 숭고하다고 여겨 숭배했다.[38]

전북 부안 내요리 당산 솟대

---

35) 권오영 「한국고대의 새관념과 제의」 『역사와 현실』 32, 95쪽
36) 김주미 「한국고대 일상문의 성립과정」 『백산학보』 80, 2008, 14쪽
37) 김원룡 「新羅鳥形土器小見」 『考古美術』 106·107, 1970. 9, 7쪽
38) 文日煥 「朝鮮古代鳥崇拜與卵生神話之起源探究」 『中央民族大學學報』 哲學社會科學版 30권, 2003. 6기, 79쪽

제2부
우하량유적과 토템연합

제2부

1. 우하량유적의 특징

광역 홍산문화와 우하량유적 위치

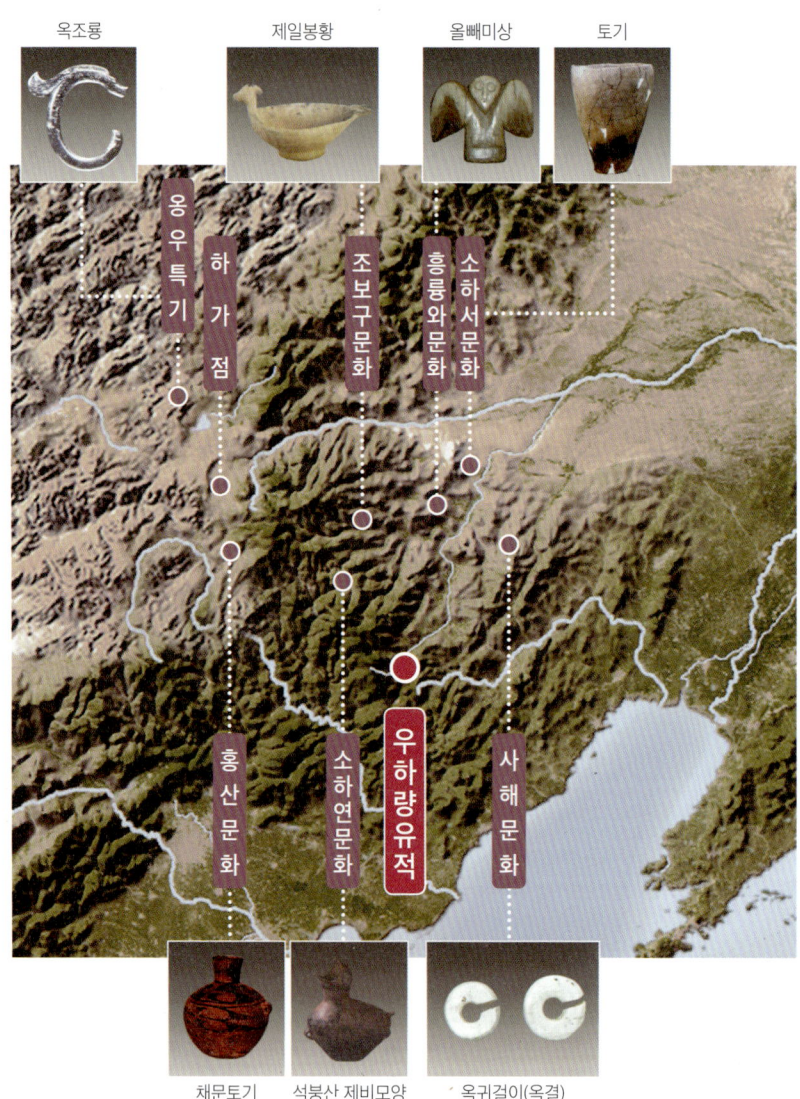

[지도 4] 유적별 대표 출토품

우하량유적의 지점 표시(N1~N16)

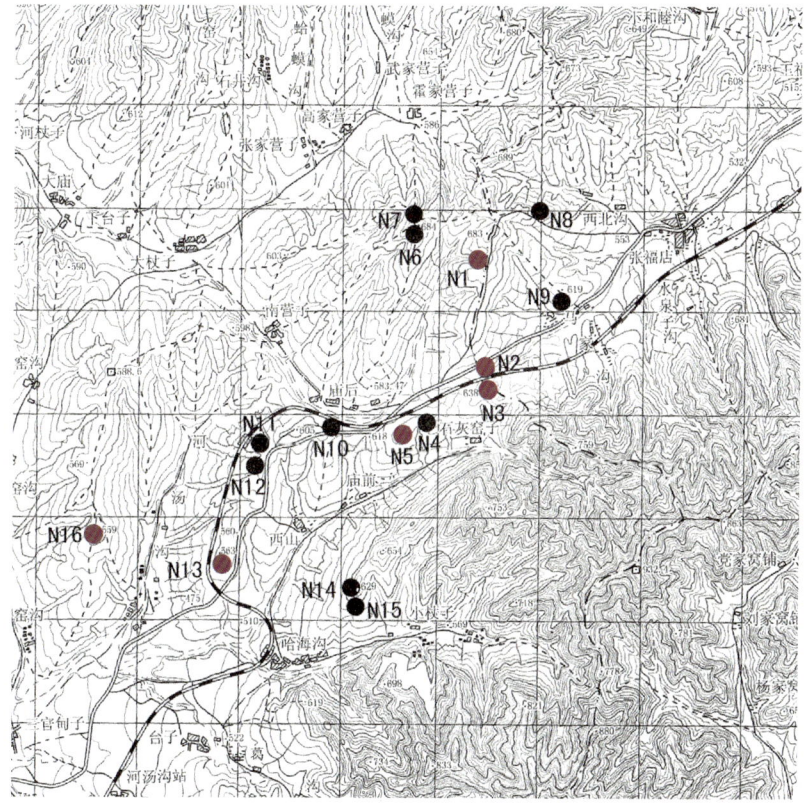

[지도 5] 우하량유적의 지점 표시(● 표시 지점은 이 책에서 다루는 주요 지점임)

우하량 제2지점(N2)에서 발굴된 무덤별 대표 유물

[제2지점 1~3호총]

탑형기(塔形器, N2-Z2)

옥환(N2-Z2-M2)

2호총

3호총 제단

1호총

옥룡
(옥조룡, N2-Z1-M4)

용봉 옥패(N2-Z1-M23)

곰 얼굴 패식(N2-Z1-M21)

쌍효수(N2-Z1-M26)

통형기(N2-Z3)

옥찬심(N2-Z3)

작은 통형기(N2-Z3)

70 홍산문화의 인류학적 조명

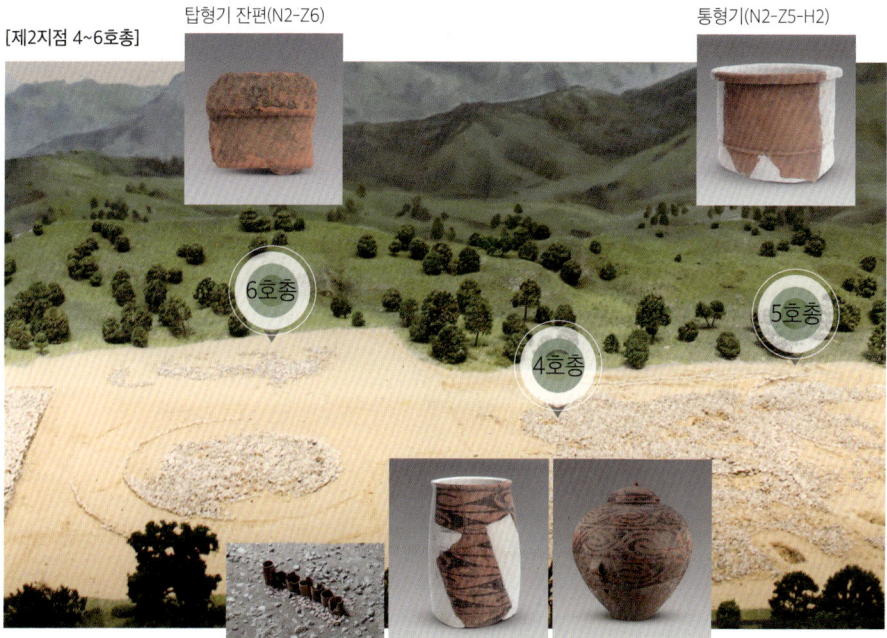

[제2지점 4~6호총] 탑형기 잔편(N2-Z6) 통형기(N2-Z5-H2)

묻혀 있는 통형기들   도통형기(N2-Z4-M6) 띠 있는 개채도옹 (N2-Z4-M5)

[제2지점 1~6호총] 요녕성 박물관에 전시된 제2지점 전경(필자 현지 촬영) 좌(서쪽)로부터 1호총이 시작된다. 중간이 3호총(원형제단)이다.

1. 우하량유적의 특징

1) 백음장한에서 우하량까지 - 적석총
2) 우하량유적지의 지점별 특징과 옥기
   제1지점, 제2지점, 제3지점, 제5지점, 제13지점, 제16지점
3) 우하량유적의 새숭배
4) 우하량유적의 번개 무늬와 태양

1. 우하량유적의 특징

1) 백음장한에서 우하량까지 - 적석총

1980년대 우하량에서 여신묘가 발굴되기 이전 1970년대의 상황은 대략 이러하였다. 1971년 내몽고 적봉시 옹우특기翁牛特旗에서 발견한 하나의 대옥룡大玉龍에 나타난 연쇄적 연구와 홍산문화 묘지의 발견이 가장 중요했다. 1973년 요녕 객좌현 와방촌瓦房村에서 하나의 홍산문화 묘지를 발견하였고, 바로 이어 부신현 호두구胡頭溝에서도 홍산문화 묘지를 발견하였으며 많은 옥기도 출토되었다. 그러나 고분은 명확히 발견했다고 할 수 없다.

1979년에 이르러 비로소 능원시 삼관전자三官甸子에서 정식으로 홍산문화 고분古墳을 발굴했다. 동시에 동산취東山嘴유적에서 홍산문화 석체石砌 건물지와 도기 인물상을 발견했다. 이 유적에서 출토한 도기는 적봉 홍산후赤峰紅山後의 유존遺存(유물·유적 등)을 대표하는 것과 다름이 없지만 홍산문화에 속해도 문제가 없었다. 그래서 동산취유적을 홍산문화의 한 가지 유형으로 보았고, 우하량도 동산취와 함께 동일한 유형으로 파악했다.[1]

전체 홍산문화가 분포된 지역에서 능원 우하량牛河梁의 위치를 살펴보면 우하량유적이 자리하고 있는 요서遼西의 노로아호산努魯兒虎山 골짜기는 홍산문화가 분포된 지역의 중앙지에 있고 화북평원華北平原에 가까운 서남쪽에 기울어 있다. 이 일대는 대릉하大凌河 유역에 속할 뿐 아니라 노합하老哈河의 근원에서도 멀지 않아, 북쪽을 향해 노합하 하천을 끼고 내

---

1) 孫守道「牛河梁與紅山文化」『孫守道考古文集』遼寧人民出版社, 2017, 193쪽

몽고의 적봉赤峰지역으로 통할 수 있고, 또한 계속해서 그 이북의 광대한 몽고 초원을 향해 깊숙이 들어갈 수도 있다. 남쪽을 향해 대릉하의 남부 지류를 따라 가면 곧장 발해 해안에 도달할 수 있다. 동쪽을 향해 대릉하 주류를 따라가면 조양朝陽과 부신阜新 지역으로 통할 수 있고 더욱이 곧바로 요하遼河 서쪽 기슭에 도달할 수 있다. 동북쪽을 향해 노로아호산 산골짜기를 따라가면 내몽고內蒙固의 오한기敖漢旗 및 주위의 교래하敎來河와

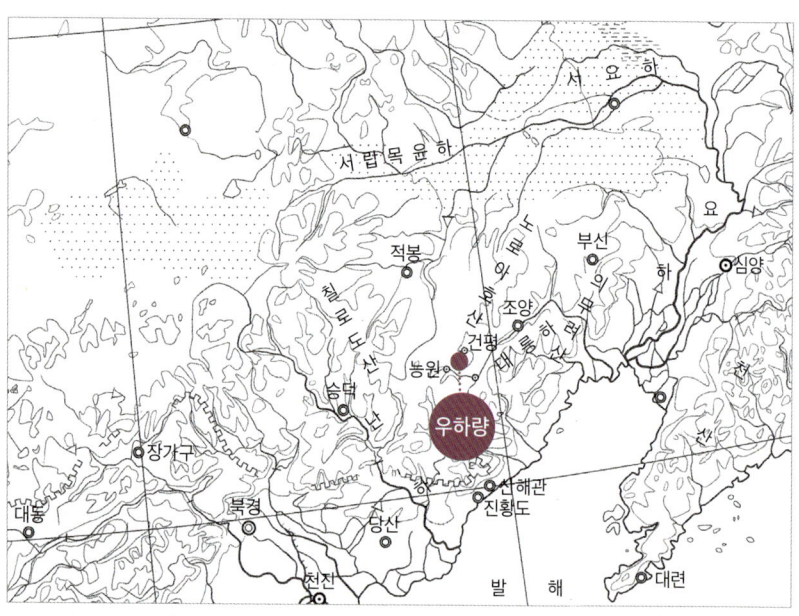

[지도 6] 우하량유적 위치도

맹극하孟克河 유역에 이를 수 있다.

이와 같이 우하량유적이 바로 홍산문화 분포 지역 내에서 사통팔달의 중심 위치에 자리하고 있다는 점을 알 수 있다. 우하량유적이 이같은 특별한 장점을 지닌 지리적 위치에 선택된 것은 분명히 가장 높은 단계의 중심 읍락으로 주변 지역과 일반 취락에 대한 응집력과 통제를 충분히 발휘하고 확대하는 것과 크게 관련이 있다. 적석총(돌무지무덤)은 홍산문화 특유의 장제葬制로서 대릉하 및 그 지류의 각 유역에서 보인다.

취락은 고고학 방면에서 문명사회 진입을 판단하는 가장 주요한 표지가 되고 있다. 우하량유적군이 홍산문화 속에서 지닌 최고 단계의 중심취락의 규모와 지위는 당시 이미 최고 단계의 초중심취락超中心聚落을 출현시킬 수 있는 수준을 구비했음을 보여주며 홍산문화가 이미 국가를 형성할 수 있는 기준에 도달했음을 설명한다.[2]

최근 자료를 종합하면, 홍산문화의 적석총이 유행한 시기는 약 5000~5500년 전 사이로 추정된다. 요동반도의 적석총은 약 4600년 전에 시작된 것에 비해, 흥륭와문화 백음장한유적에서 발굴된 적석묘의 상한연대는 약 8000년 전 이상으로 측정됐다. 그런데 주목되는 것은 대략 2000년의 시간 차에도 불구하고, 홍산문화의 기본구조는 백음장한의 적석총을 그대로 계승하고 있다는 점이다.[3]

이런 일이 어떻게 가능할 수 있을까? 설령 초기 맥부족이 홍산문화를 형성했다고 하더라도 홍산문화보다 2000년 앞선 백음장한유적의 적석총은 누구의 창조물이라고 설명할 수 있겠는가. 누가 왜 돌을 이용해 오

---

2) 郭大順 주편 『紅山文化』 이종숙 역, 동북아역사재단판, 219쪽
3) 오대양 「요서지역 적석총문화의 기원과 형성 과정」 『동북아역사논총』 45, 2014. 9, 217~218쪽
4) 이형구의 분류: 돌무덤(석묘), 돌무지무덤(적석총), 돌널무덤(석관묘), 돌덧널무덤(석곽묘), 돌방무덤(석실묘), 고인돌무덤(지석묘)-이형구 『한국 고대문화의 비밀』 김영사, 2004, 96쪽

랜 기간 동안 적석총⁴⁾을 쌓았을까?

흥륭와문화의 백음장한유적에서 적석총(돌무지무덤)이 처음 출현하기 전까지 주변의 무덤은 실내무덤(居室墓)과 실외 움무덤이었다. 백음장한유적에서는 돌널무덤(石棺墓) 3기와 돌무지무덤 14기가 발굴되었다. 이 돌무지무덤에서 옥매미(玉蟬)⁵⁾와 석제 곰조각상(石彫熊)⁶⁾이 나왔는데, 이 조각상들은 오랜 것들이다. 이웃한 나만기奈曼旗에서도 흑색의 작은 옥웅(小熊形玉)이 나왔다.⁷⁾ 매미와 곰은 부활과 재생을 상징하는 동물이다. 이런 의미에서 이들은 토템이라는 면과 당대 사람들의 내세관을 일러주는 중요

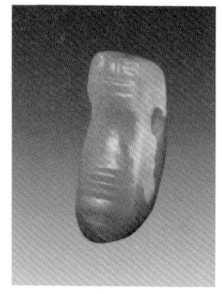  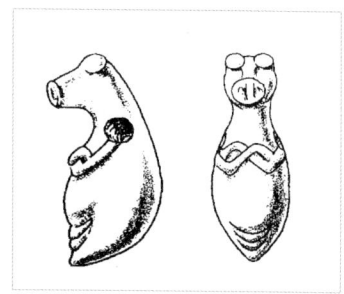

흥륭와 백음장한 옥매미   흥륭와 백음장한 석조 웅(熊)   내몽고 나만기 곰(옥웅)

한 동물상이다. 그러면 부활과 재생은 돌(石)과 어떤 관계인지 알아보자.

돌은 우리말 '돌(돓)'(週期, 生日)과 소리가 같다. 돌(돓)은 다시 돌아오는 시간을 의미한다. 서정범은 돌의 원말은 '돋'이고, 지금도 '해돋이'에 이 '돋'이 살아 있는데, 이 '돋'이 바로 '해'를 뜻하는 것으로 본다.⁸⁾

돌은 다시 떠오르는 태양으로, 부활과 재생을 그대로 상징하며, 이를

---

5) 田廣林「論中國古代崇龍禮俗的起源」『紅山文化論著粹編』遼寧師範大學出版部, 2015, 158쪽
6) 박진호, 복기대『요서지역 초기 신석기문화 연구』주류성, 2016, 139쪽
7) 孫守道「紅山文化 玉熊神 考」『孫守道考古文集』遼寧人民出版社, 2017, 214쪽
8) 서정범『국어어원 사전』보고사, 2000, 187쪽

흠모하는 마음에서 돌로써 주검을 둘러싸는 것이 상고시기의 장례문화가 된 것으로 본다. 배일숭조하는 새토템(새숭배)족에게 해와 새는 조일鳥日 일체적 숭배의 대상이었기 때문에 우하량유적에서부터 흥륭와문화 백음장한유적에 이르기까지 변함이 없었던 것이다. 이런 차원에서 흥륭와문화도 새토템과 연관된다고 볼 수 있다. 돌의 또 다른 이름인 자갈(작알, 작은 알)에서도 '알'을 확인할 수 있다. 적석총은 무덤의 기능 이외에도 무덤 본체는 제사를 지내는 제단의 성질도 겸했을 것이다.[9] 이와 같이 제단에서의 제사 거행은 새토템의 문화유산으로 평가할 수 있다.

만약 '초기 맥부족'보다 '앞서는 맥부족'(선맥부족先貊部族)이 있었다면 그들은 맥부족이 아니라 새숭배족(즉 선맥부족)으로 보는 것이 합리적이라고 생각한다. 문숭일文崇一은 맥족이 점령한 곳은 일찍이 새숭배족이 살았던 곳이라고 했던 것을 보면,[10] 홍산문화 우하량 시기에 맥족이 아닌 새숭배족이 앞서 주도적인 활동을 했다는 것을 알 수가 있다. 문숭일은 맥족과 새숭배족(뒤에 말하는 조이족)이 같은 뿌리인 이유가 같은 언어를 사용했기 때문이라고 밝혔다.[11]

---

9) 郭大順 주편『紅山文化』이종숙 역, 동북아역사재단판, 109쪽
10) 文崇一「濊貊民族文化及其史料」『中央研究院民族學研究所集刊』5집(臺北), 1958 춘, 135쪽
11) 文崇一「濊貊民族文化及其史料」『中央研究院民族學研究所集刊』5집(臺北), 1958 춘, 135~136쪽. 문승일은 아예 '조이족'이라고 못박고 있다. 조이족은 새토템족, 새숭배족의 구체적이고 실존적인 표현이다. 우리 민족에 새신(賽神)이란 말이 있다. 다른 말로 조신(鳥神)이란 말과 같다. 필자는 새숭배족-새토템족-조이족을 동의어로 보되, 단계적으로 표현하려고 한다.

2) 우하량유적의 지점별 특징과 옥기

우하량牛河梁의 옛 지명은 여러 가지로 나타난다. 1927년에 편찬한 『청사고淸史稿 지리지地理志』(「조양부」)에는 건창현에 대릉하[12]가 있는데, 동원우록東源牛彔, 즉 동쪽의 우록에서 발원한다고 기재하고 있다. 다른 문헌인 『능원현지초고凌源縣志初稿』에는 "현縣의 북쪽에서 구불구불 멀리 뻗어간 동로東路에 우이하량이 있다"고 했다. 그전 이름을 우이하량牛耳河梁이라고 칭했다는 것을 알 수 있다. 또 『건평현지建平縣志』에는 "대릉하의 한 지류는 원래 토리근하土里根河라 불렀고, 지금은 망우하牤牛河라 부르는데, 우록하량牛彔河梁에서 발원한다"고 적고 있다.[13]

이와 같이 우하량은 그 이름이 우이동牛耳洞, 우이하량牛耳河梁, 우록하牛彔河, 우아하牛兒河, 우아하량牛兒河梁 등으로 불렸다. 그림에 소개한 바와 같이 우하량 인근의 건평建坪에서 소머리칼(牛首銅削)[14]이 출토되었는데, 이 우하량 지역이 본래부터 소(蘇, 牛)와 밀접한 관계가 있었다는 것을 알 수 있다. 그런데 우하량이 세상에 처음으로 모습을 드러낸 것은 1942년이다. 동주신이 능원중학교에서 교편을 잡고 있을 때, 우하량 채색도

우하량 인근의 건평에서 출토된 소머리를 한 칼(건평현 박물관 소장)

---

12) 大凌河(대릉하, Daling) : 길이 397km, 유역면적 2만 200km²이다. 중국 랴오닝성 서부에서 흐르는 강이다. 북쪽의 누루얼후산[努魯兒虎山]과 남쪽의 헤이산[黑山]에서 발원해 커라친쥐이멍구족[喀喇沁左翼蒙古族]자치현 다청쯔[大城子] 동쪽에서 합류해 북동쪽으로 흐른 뒤 베이퍄오시[北票市] 다반[大板] 부근에서 다시 남동쪽으로 흘러 링하이시[凌海市]를 걸쳐서 랴오동만으로 흘러든다. 함사량이 높아 토지가 유실된다. (두산백과)
13) 遼寧省文物考古研究所 編 『牛河梁-發掘報告』(上) 文物出版社(北京), 2012, 1쪽
14) 遼寧省博物館 編 『古代遼寧』 文物出版社(北京), 2017, 101쪽
15) 동주신 『中國考古學要論』 鷺江出版社(福州), 2004, 519쪽

우하량 제1지점(N1), 제2지점(N2), 제3지점(N3) 배치도

기와 권운무늬 옥장식품을 발견했던 것이다.[15] 이것이 우하량 발굴의 실마리가 되었다.

이제 곽대순의 『홍산문화』(동북아역사재단)와 『우하량-발굴보고』(문물출판사), 『우하량유지』(학원출판사), 유국상의 논문(「서요하유역사전용옥제도연구」)을 중심으로 우하량 16개 지점을 살펴보되, 제2지점의 경우에는 필자가 현장에서 촬영한 사진을 덧붙여 서술했다.

1 제1지점 (여신묘와 산대)

여신묘女神廟로 유명한 이곳은 일련번호가 우하량 제1지점(N1)이다. 해발고도 671.3m이다. 제1지점은 여신묘를 포함한 큰 범위의 건축 군체이고, 주체와 부속 두 부분으로 나눌 수 있다. 주체 부분은 여신묘 이외에, 가장 중요한 것은 묘(신전) 북쪽의 산대山臺에 위치한다. 산대의 남쪽은 여신묘 북벽으로부터 겨우 8m 떨어져 있다. 산대의 대면臺面은 여신묘의 지면보다 2m 정도 높다. 이렇게 돌담을 쌓은 흔적이 있다. 여신묘는 신전神殿 지역의 건축 군지 중에 보존이 비교적 잘된 주체건축이다. 평대平臺는 오늘날의 야외 집회장이나 수련장 같은 곳이다. 묘당廟堂은 반지혈식 건축이고, 남북으로 가장 긴 것이 22m이다. 묘당은 주체主體와 단체單體로 구성되었고, 주체 부분은 7실이 연결되어 있다. 묘는 토목 구조이고, 전체적으로 석재를 쓰지 않았다. 지상에 세운 것은 둥근 나무 기둥(圓木柱)이고, 벽면은 다층多層이다. 내층 벽면에는 원형 구멍이 벌집처럼 빽빽이 들어차 있다. 모두 빨강, 하얀색 두 가지로 그린 기하幾何 형태(또는 회回자형)의 문양이고, 다른 것에 비해 비교적 이른 시기의 벽화에 해당한다. 묘의 반지혈 부분은 유물로 가득 차 있다. 도제기 중에 훈로기熏爐器는 덮개 장식에 지之자형 문양이 있다. 지之 자는 햇빛에 의지하는 인간의 모습을 상징한 것이라고 필자는 본다.

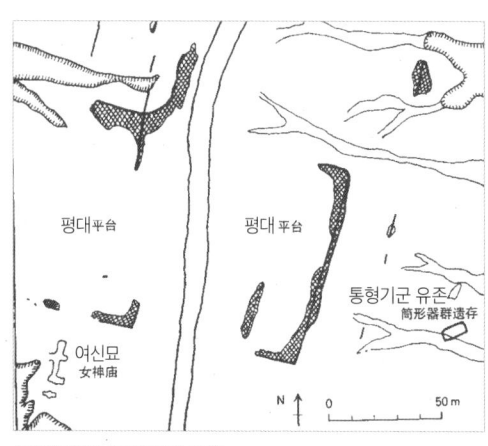

우하량 제1지점(여신묘와 평대)

제1지점 여신묘 신전 터와 여신상

❶ 우하량 1지점 여신묘 자리터(亞자형)
❷ 출토 당시의 여신상
❸ 여신상의 가슴(상, 하)
❹ 여신상의 손(앞, 옆 N1-J1B)
❺ 여신상의 옥 눈알(앞, 뒤)

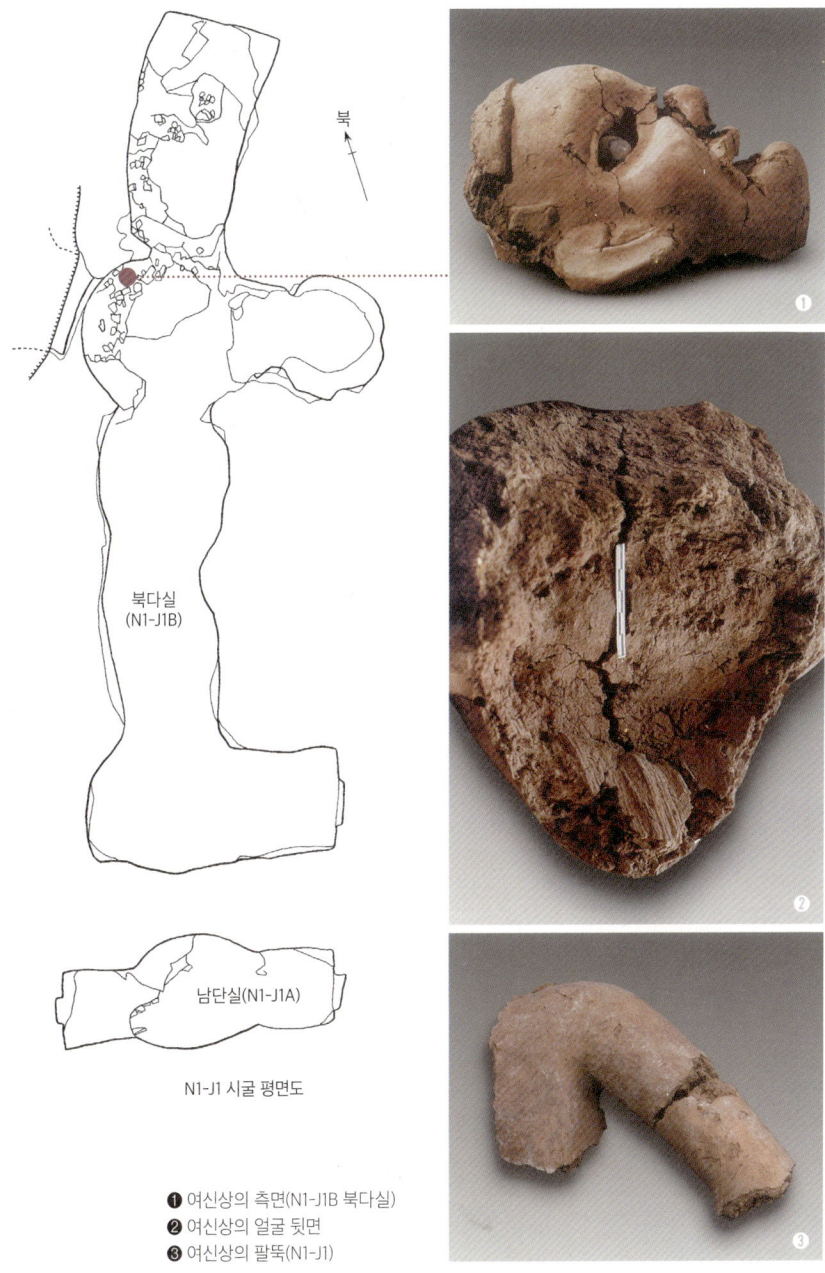

❶ 여신상의 측면(N1-J1B 북다실)
❷ 여신상의 얼굴 뒷면
❸ 여신상의 팔뚝(N1-J1)

제1지점 여신묘에서 발굴된 곰과 새의 부위

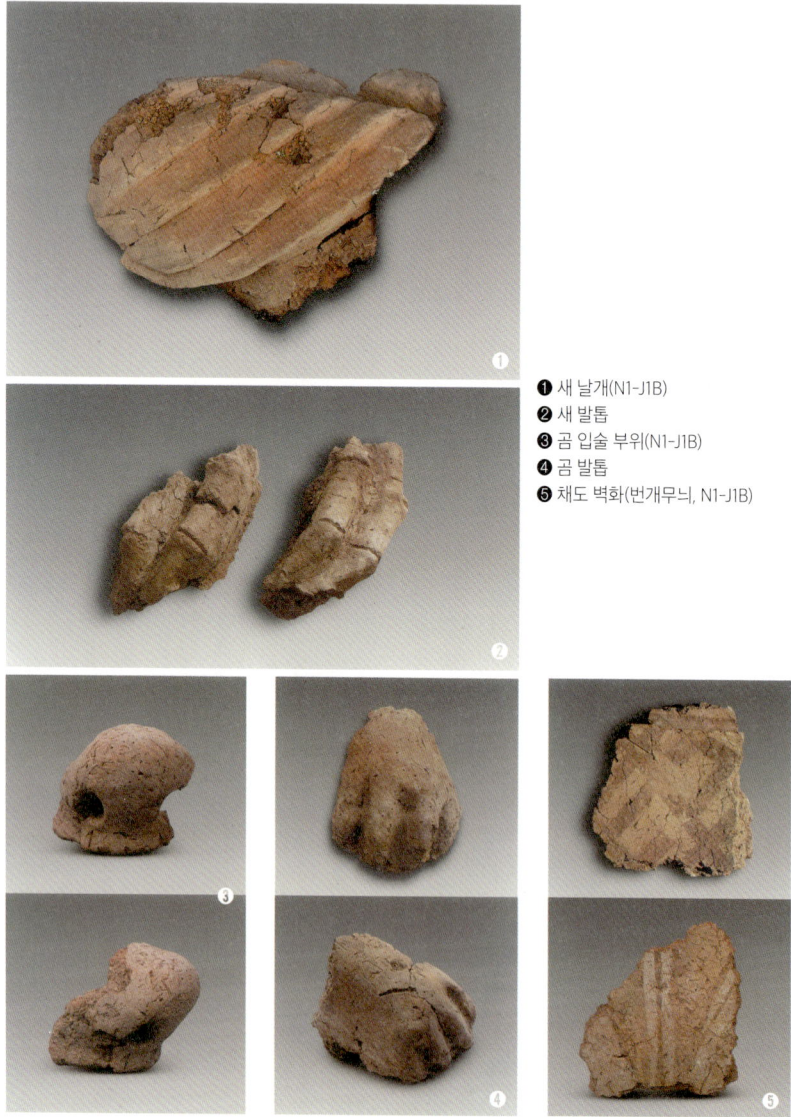

❶ 새 날개(N1-J1B)
❷ 새 발톱
❸ 곰 입술 부위(N1-J1B)
❹ 곰 발톱
❺ 채도 벽화(번개무늬, N1-J1B)

제1지점 여신묘에서 발굴된 도기류

❶ 훈로기 덮개(N1-J1B)
❷ 소형 두상(앞, 옆 N1-H3)
❸ 도분(陶盆, N1-J2)
❹ 통형기(筒形器, N1-J3)
❺ 큰 통형기(N1-J3)

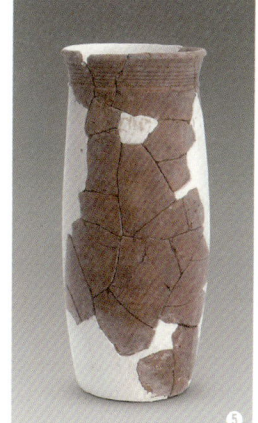

2 제2지점

제2지점(N2)은 우하량유적 지대의 중심 부위에 위치하고 있고, 많은 산등성이 중에서 중간 부분 두 번째 선 산등성이에 있다. 해발고도 627m이다. 동서로는 길이가 150m, 남북 넓이는 80m의 범위 내에서 모두 6개의 단원單元(6호총)이 설치되었고, 성질이 확실한 것은 5개 단원이다. 제2지점 현장에는 1호총부터 6호총까지 표지판이 서 있다. 두 번째 단원(즉 정방형의 2호총)과 세 번째 단원(즉 원형제단)은 산등성이 정중앙에 있다. 이를 통해 우하량인들의 방원方圓관념을 유추할 수 있다.

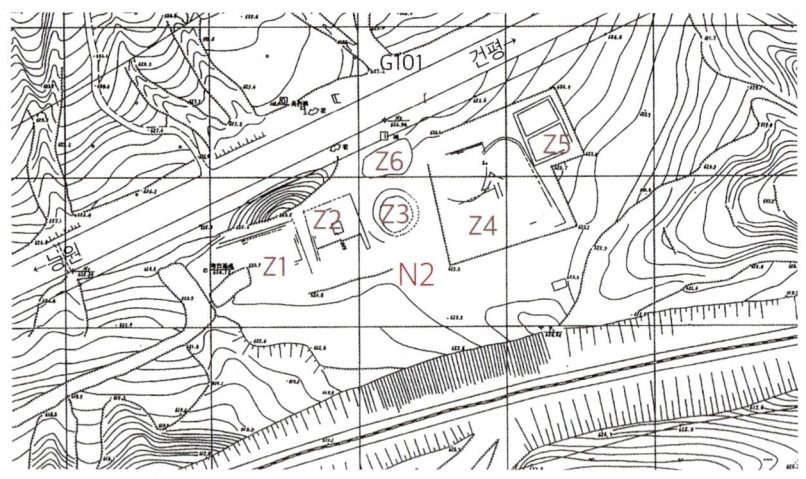

[지도 7] 우하량 제2지점(N2) 지형도 〈좌(서쪽)로부터 1호총(Z1), 2호총, 3호 천제단, 4호총, 5호총, 6호총(Z6)〉

○ 1호총(첫 번째 단원, Z1)은 우하량 적석총 중에서 고분이 가장 많이 발견된 무덤이고, 옥기도 많이 나왔다. 이 무덤 안에서 고분은 27개가 발굴되었다. 모두 석관石棺이다. 그중에 21호묘(N2-Z1-M21)는 1989년 10월에 발굴되었다. 규모가 가장 크고, 곰상(수면)옥기 등 가장 많은 부장 옥기(20개)

우하량 제2지점 말발굽 같은 상투형 옥고(玉箍)와 통형기(筒形器)

가 나왔다. 14호묘에서도 3개가 발굴되었다. 25, 26호묘는 계단이 있다. 24호묘는 남녀 합장이다. 7호묘는 길이가 93cm로 3인의 뼈만 수습된 곳이다. 이것은 다른 곳에서 옮긴 2차장二次葬을 의미한다. 대부분 시신의 방향(침향枕向)이 21, 14호(여성 묘)묘에서 보듯이 동서향東西向이다. 이는 태양숭배를 상징한다. 동서향은 남북향보다 옥기가 많이 나온다. 4호묘는 성년 남성의 무덤으로 옥고玉箍와 옥룡이 발견되었다. 23호 무덤에서는 용봉龍鳳옥패, 27호 무덤에서는 대형 옥패와 옥팔찌가 나왔다. 21호묘에서 보듯이, 많은 옥기들을 부장했다는 면에서 보면 이 우하량 일대가 최고의 권세집단을 형성했다는 것을 암시한다. 특히 옥고는 상투를 보완하므로 상투형 옥고 또는 천지와 소통한다는 의미로서 신령한 모자(신모神帽)라 할 수 있다. 옥고는 한국의 고유문화를 상징한다.

혁철족의 사만 신모(神帽)

제2지점 1호총(N2-Z1, 하서下西 상동上東)

❶ 통형기 오목 현문(弦紋, N2-Z1, 외부)
❷ 통형기(N2-Z1, 외부)
❸ 탑형기(塔) 입 부위(N2-Z1, 외부)
❹ 통형기(N2-Z1, 외부)
❺ 통형기 내부(N2-Z1, 외부)

제2지점 1호총 25번 무덤 묘실(N2-Z1-M25)

❶ 상투형 옥고(통형옥기, 옆면, 정면, N2-Z1-M25)
❷ 옥팔찌(N2-Z1-M25)
❸ 옥구슬(珠, N2-Z1-M25)
❹ 관상기(N2-Z1-M25)

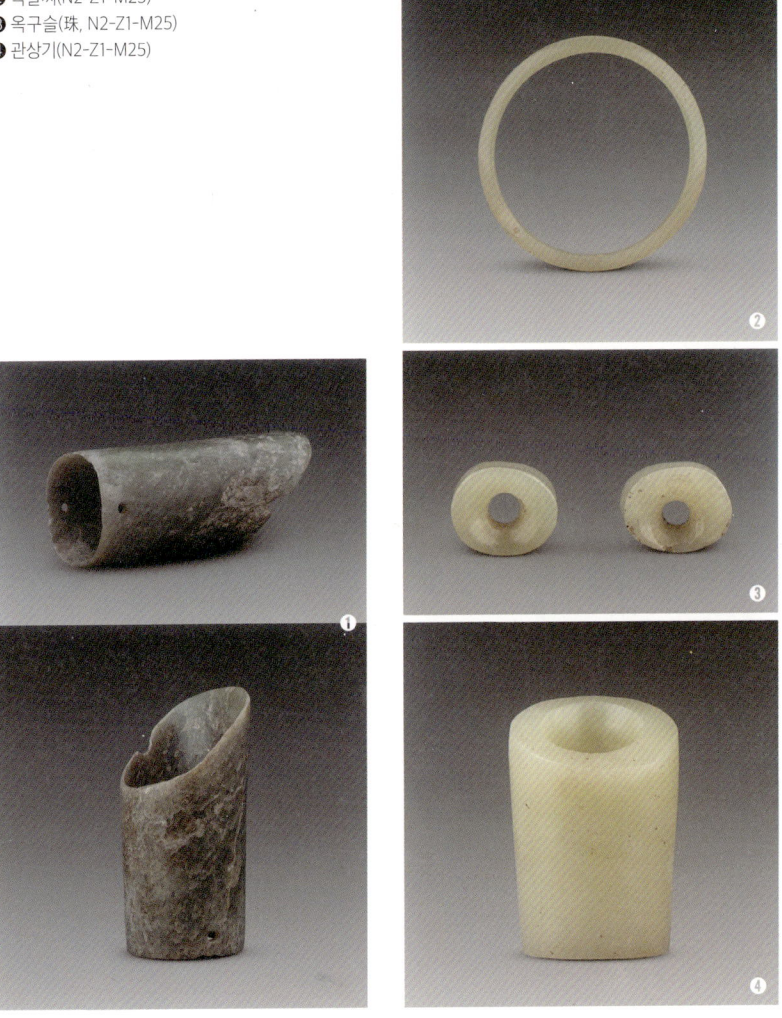

제2지점 1호총 26번 무덤(N2-Z1-M26) 외

❶ 관상옥기(N2-Z1-M26)
❷ 추식(墜飾, N2-Z1-M26)
❸ 옥팔찌(N2-Z1-M26)
❹ 쌍효수(부엉이 눈과 귀, N2-Z1-M26)
❺ 옥환(N2-Z1-M1)

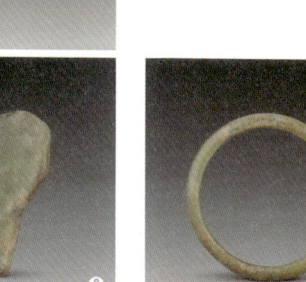

제2지점 1호총 4번 무덤(N2-Z1-M4, 左南右北)

❶ 상투형 옥고(18.6cm, N2-Z1-M4)
❷ 옥룡 1(옥조룡, N2-Z1-M4)
❸ 옥룡 2(옥조룡, N2-Z1-M4)

제2지점 1호총 7번 무덤(N2-Z1-M7) 외

❶ 두개의 옥벽(玉璧, N2-Z1-M7)
❷ 구운형옥기(N2-Z1-M9)
❸ 옥벽(玉璧, N2-Z1-M11)
❹ 용(蛹, N2-Z1-M11)
❺ 돌도끼(N2-Z1-M9)
❻ 옥환(N2-Z1-M11)

제2지점 1호총 14번 무덤 묘실(N2-Z1-M14) 외

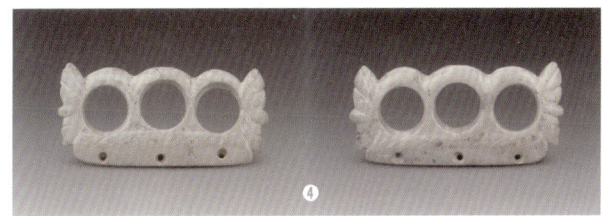

❶ 옥팔찌(N2-Z1-M14)
❷ 구운형옥기(N2-Z1-M14)
❸ 옥고, 옥팔찌, 옥벽(N2-Z1-M15)
❹ 쌍인두 삼원공기(雙人頭三圓孔器, 쌍인상, N2-Z1-M17)
❺ 옥봉황머리(玉鳳首, 앞뒤, N2-Z1-M17)

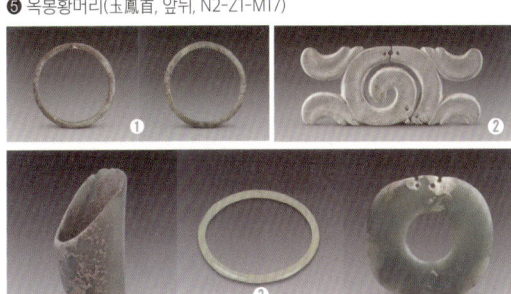

제2지점 1호총 21번 무덤 묘실(N2-Z1-M21) 외

❶ 상투형 옥고(N2-Z1-M21)
❷ 원통상식(圓筒狀飾, N2-Z1-M21)
❸ 옥구슬(N2-Z1-M21)
❹ 벽형식(璧形飾, N2-Z1-M21)
❺ 쌍련벽들(雙聯璧, N2-Z1-M21)

❻ 곰 얼굴 옥패(14.7cm, N2-Z1-M21)
❼ 구운형옥기(N2-Z1-M21)
❽ 옥거북이(N2-Z1-M21)
❾ 옥벽(14.7cm, N2-Z1-M21)
❿ 옥팔찌(N2-Z1-M21)
⓫ 구운형옥기(N2-Z1-M22)
⓬ 상투형 옥고(N2-Z1-M22)

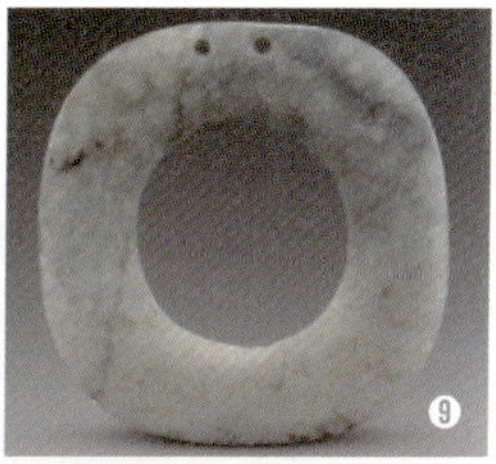

제2지점 1호총 23번 무덤(N2-Z1-M23)

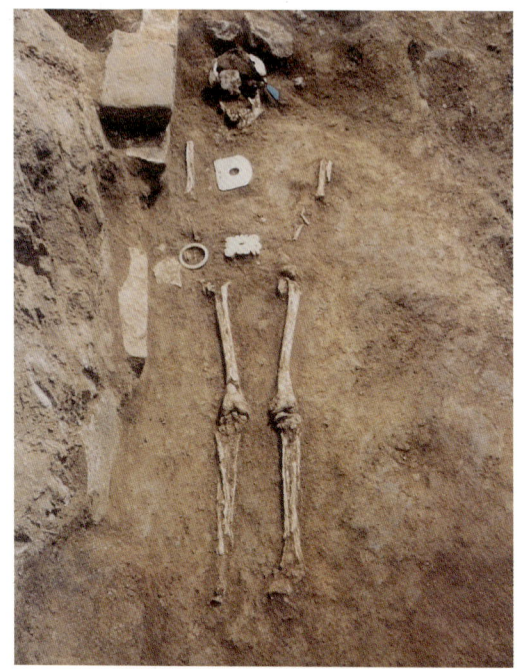

❶ 옥팔찌(N2-Z1-M23)
❷ 녹송석추(綠松石墜, N2-Z1-M23)
❸ 용봉(龍鳳) 옥패(N2-Z1-M23)
❹ 도끼형 옥벽(N2-Z1-M23)

98 홍산문화의 인류학적 조명

제2지점 1호총 24번 쌍묘 묘실(N2-Z1-M24)

❶ 옥팔찌(N2-Z1-M24)
❷ 구운형옥기(N2-Z1-M24)

제2지점 1호총 27번 합묘(N2-Z1-M27) 외

❶ 옥환(玉環, N2-Z1-M27)
❷ 쌍눈 구운형옥기(부엉이, N2-Z1-M27)

❶ 구운형옥기(N2-Z1C)
❷ 곧은배 항아리(陶直腹罐, N2-Z1, 외부)
❸ 옥패(N2-Z1C)

○ 2호총(제2단원 N2-Z2)은 1호총의 동쪽(우측) 2m 거리에 위치하고 있다. 동-서 측면의 가장 남단을 돌로 4층으로 쌓았다. 이 안에는 모두 4개의 무덤(M1~4)이 있고, 밖에 1개가 있다. 이 중에 중심대묘(N2-Z2-M1)가 가장 주목을 끈다. 중심대묘의 방대方臺 길이는 3.6m이고, 그 안에 대형 석관石棺을 지었고, 석관 내부 길이는 2.21m, 넓이는 0.85m이고 묘벽은 석판이 평평하게 깔려 있다. 석관 위에도 돌을 쌓아서 3층 돌계단을 만들었다. 중심대묘에는 인골 부스러기만 나오고 옥기가 나오지 않은 것으로 보아 이미 도굴된 것으로 추정된다. 동쪽에 원형제단이 있다. 이런 적석총을 통해 엄격한 조직과 숙련된 기술자들이 있었다는 것을 유추할 수 있다.[16]

제2지점 2호총 무덤 배치도(N2-Z2-M1~M5)와 M1 묘실 내부(하)

제2지점 2호총 전경(N2-Z2)

❶ 어룡(魚龍) 각문(N2-Z2)
❷ 도통형기(陶筒形器, N2-Z2-M2)
❸ 탑형기(塔形器, N2-Z?)
❹ 옥환(N2-Z2-M2)

---

16) 趙賓福 『中國東北新石器文化』 최무장 역, 집문당, 1996, 121쪽

○ 3호총(제3단원 N2-Z3)은 제단祭壇을 말한다. 제단은 정원형正圓形이고, 삼중원三重圓이 표석 경계를 이룬다. 동산취유적이 '1층 원형제단'이라면, 이곳은 '3층 원형제단'이다. 『우하량-발굴보고』에 의하면, 단상壇上의 퇴적은 3층으로 나눌 수 있는데, 제1층은 표토층으로 두께가 약 20cm이다. 제2층은 황회색으로 수성 파적토로 정결하다. 총의 동서 양측 낮은 곳에서만 퇴적되었는데 가장 두꺼운 깊이는 25cm이다. 제3층은 흑색토로 채색도기 조각, 자갈돌을 포함하고 있는데 단壇 꼭대기의 적석이 흩어져 떨어진 층이다. 최고 두께는 35cm이다. 이 퇴적 아래는 바로 돌 구조 단체壇體와 단 아래 점토로 돼 있다. 점토 아래는 생토이다. 3층단의 계단 매층은 모두 배열한 입석으로 석계(돌경계) 말뚝을 조성하였는데 외, 중, 내 총 3층 둘레의 동심원 상태로 석계말뚝원石界樁圈으로 3층 계단을 형성했다. 이들은 밖에서 안으로 점점 높아지는데 공동으로 제단의 기초와 윤곽을 구성하고 있다. 이를 외석계장권外石界樁圈, 중석계장권, 내석계장권으로 3분해 설명한다.[17]

바깥 직경은 22m, 중간은 15.6m, 작은 안쪽 원은 11m이다. 각층 기둥토대는 밖에서 안으로 향해 있고, 밖에서 안으로 0.3~0.5m 차이로 층층 높아지는 3층형이다. 직경 22m는 여신묘의 남북 길이와 일치하며, 2호총 중심대묘의 석관 내부 길이 2.21m의 10배이다. 그리고 22m, 15.6m, 11m는 뒤에서 상술하지만, 우하량 제16지점에서 나온 3개의 옥봉玉棒의 길이인 22.6cm, 15.5cm, 14.8cm와 어떤 연관성이 있는 것 같다. 어떤 기준인지 알 수 없으나 공통적으로 나타나는 22수는 향후 연구해볼 만하다. 여신상의 얼굴 크기도 22.5cm이다. 이곳 제단에서 원통형 토기 파편도 나

---

17) 遼寧省文物考古硏究所 編『牛河梁-發掘報告』(上) 文物出版社(北京), 2012, 132쪽

3호총 제단(下南上北)

왔다.

　삼중원三重圓(곽대순의 표현)의 직경인 단의 안층 꼭대기 면은 돌이 깔려 있고, 비교적 안정되어 있어서 하나의 완전한 원형圓形 단체單體가 형성되었다. 이 제단이 모든 묘지 중에서 지위가 높음을 뚜렷하게 보여주고 있다. 제단은 주요 무덤에 긴밀히 붙어 있다. 제단은 북쪽에서 남쪽을 바라보는 형국이다. 이는 남쪽 태양을 향해 경배를 했다고 볼 수 있다. 제단이 삼중원三重圓인 것은 사계절이 3개월씩 순환하는 이치를 담고 있다고 본다. 제단에서 계절마다 비치는 태양의 그림자 위치를 관찰해 춘분이나 추분, 하지나 동지를 알아낸 것이 아닌가 한다. 작은 안쪽 원의 돌무더기 중심이나 주변에는 입간측영立竿測影을 위해 막대기나 다른 표식을 세워 그림자를 관찰하였거나 초보적인 해시계가 있었을 것이다.

제2지점 3호총 원형제단(N2-Z3, 下北 上南)

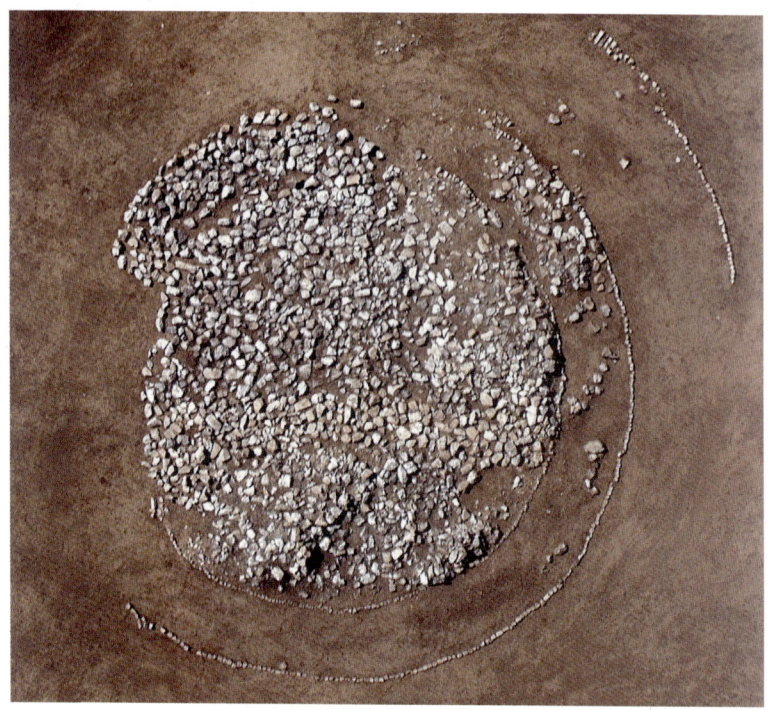

제2지점 3호총 원형제단 측면(N2-Z3, 下南西 上東北)

제2지점 3호총 원형제단 도해도(N2-Z3)

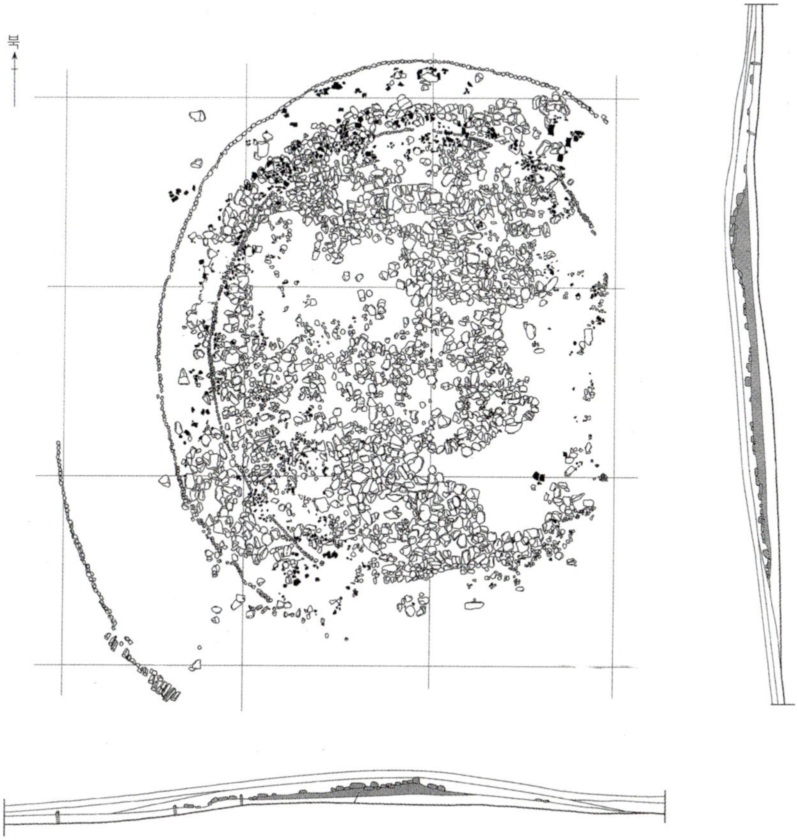

❶ 작은 통형기(N2-Z3)
❷ 통형기(N2-Z3)
❸ 옥찬심(N2-Z3)

○ 4호총(제4단원 N2-Z4)은 이 묘지군에서 면적이 가장 크고, 지상 건축 구조 역시 가장 복잡한 단원이다. 원형제단의 동쪽에 위치하고 있다. 이 무덤의 가장 중요한 곳은 하층 적석총과 상층 적석총을 구분할 수 있다는데 있다. 가장 바깥에 통형기가 있다고 하여 '통형기묘筒形器墓'라고 한다.

제2지점 4호총 현장(N2-Z4)

제2지점 4호총 무덤 배치도(N2-Z4-M2~M16)

제2지점 4호총 전방후원前方後圓 적석총(N2-Z4)

❶ 자귀형 옥기(N2-Z4-H1)
❷ 인장형 옥기(N2-Z4-H1)
❸ 통복관(筒腹罐, N2-Z4-H1)

제2지점 4호총 4무덤 묘실(N2-Z4-M4) 외

❶ 띠 있는 개채도옹(蓋彩陶瓮, 정면, N2-Z4-M5)
❷ 띠 있는 개채도옹(위에서 본 것, N2-Z4-M5)
❸ 도통형기(N2-Z4-M6)
❹ 덮개 있는 채도항아리(N2-Z4-M5)
❺ 녹송석추(綠松石墜, N2-Z4-M2)
❻ 띠 있는 개채도옹(N2-Z4-M6)
❼ 항아리(瓮, 罍, N2-Z4-M7)
❽ 묻혀 있는 통형기들(N2-Z4)

제2부 - 1. 우하량유적의 특징 111

제2지점 4호총 8무덤 묘실(N2-Z4-M8) 외

❶

❷

❶ 상투형 옥고(N2-Z4-M8)
❷ 개반(蓋盤, N2-Z4-M8)
❸ 상투형 옥고(N2-Z4-M9)
❹ 장조괴상옥석(長條塊狀玉石, N2-Z4-M15)
❺ 무면조(無面鳥, N2-Z4L)
❻ 점토층 석환(石環, N2-Z4)
❼ 옥환(N2-Z4-M15)
❽ 상투형 옥고(N2-Z4-M16)
❾ 상투형 옥고(N2-Z4-M15)

○ 5호총(제5단원, N2-Z5)은 4호총의 동북쪽에 있다. 장방형이고 남북은 길이가 15m이고, 동서는 10m이다. 무덤경계 내측에는 통형기筒形器들이 있다. 무덤의 남쪽에서는 인골이 발견되었다. 그 생김새가 날 일日자형과 흡사하다.

제2지점 5호총(N2-Z5)

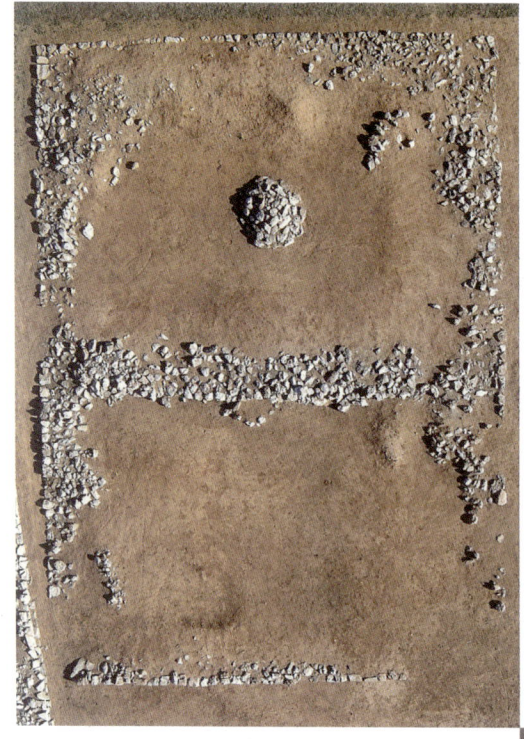

통형기(N2-Z5-H2)

○ 6호총(제6단원, N2-Z6)은 원형제단의 뒤편(정북 방향)에 한 조각 돌 쌓은 것으로 범위는 10m정도이다.

제2지점 6호총(N2-Z6) 잔존부분

탑형기 잔편(N2-Z6)

3 제3지점

제2지점의 정남향 산등성이 위에 있는 제3지점은 하나의 원형 단총 單塚이다. 곽대순은 이를 '단체 적석총單體積石塚'이라 부른다. 해발고도 629m이다. 원형 단총의 직경은 17m. 모두 석관묘이다. 비스듬한 통형옥기, 옥팔찌, 옥주玉珠, 옥비식玉臂飾 등의 옥기가 나왔다. 또 석구石球 등도 나왔다. 묘 경계를 둘러싼 환호(環壕, 環濠; 도랑의 시설물)가 한 개 있는 것이 특징이다. 제2지점의 부설무덤이라는 주장도 제기된다. G2에서 깨진 남자 얼굴상(잔편)도 나왔다.[18] 바닥에서는 전국戰國시기의 도기 조각도 보였다.

제3지점 전경(N3)

---

18) 遼寧省文物考古硏究所 編 『牛河梁-發掘報告』(下) 文物出版社(北京), 2012, 도판 195번

❶ 도소 인면(잔편, N3-G2)
❷ 옥환(N3-M3)
❸ 옥비식(玉臂飾, N3-M9)
❹ 상투형 옥고(N3-M7)
❺ 옥벽(N3-M3)
❻ 옥팔찌(N3-M3)

4 제5지점

제3지점에서 서쪽으로 882m의 산등성이에 제5지점(N5)이 자리한다. 해발고도 618.4m. 1, 2단원은 적석총이고, 3단원은 제단식 건물이다. 통형도기가 일렬로 배열된 흔적이 있다. 곽대순은 가운데 제단식 건물을 2호총으로 설명하고 있으나, 『우하량-발굴보고』(중)에는 좌측부터 2호총, 3호총, 1호총으로 구별하고 있다.[19]

- 1호총 1호묘에서 구름형옥기, 옥팔찌, 옥거북이 등이 나왔다.
- 2호총 2호묘에서는 옥팔찌, 채도관이 출토되었다.
- 가운데 3호총의 제단祭壇(N5-SC-Z3)은 직사각형의 장방형長方形이다.

보존이 비교적 완정完整했다. 방향은 148도이다. 단체壇體는 단층 석괴(돌덩어리)들로 깔아놓았다. 석괴들의 재료는 기본상 백색의 석회암질로 모든 단체는 비교적 순백색을 나타냈다. 규모는 가장 긴 곳이 동쪽으로 8.6m, 그다음 서쪽으로 7.6m, 북쪽으로 5.5m, 짧은 곳이 남쪽으로 5.3m이다. 단체 북쪽 중심처의 석괴 아래에 4구의 인골이 깔려 있었는데 남북향으로 일자형으로 놓여 있었고, 2차 매장인 것으로 보였다. 돌자귀 2건이 나왔다.[20]

아직 제사와 관계가 있는지 없는지 알 수 없으나, 좌우의 무덤을 거느리고 있다는 면에서 2지점의 원형제단에 비교되는 방형제단으로 보기에 충분하다고 생각한다. 2014년 출판된 『우하량』에는 방형제단方形祭壇이라고 명시했다.[21] 이 제5지점에서 보이는 산을 저산猪山 또는 웅산熊山이라고 한다.

---

19) 遼寧省文物考古硏究所 編 『牛河梁-發掘報告』(下) 文物出版社(北京), 2012, 도판 199번
20) 遼寧省文物考古硏究所 編 『牛河梁-發掘報告』(中) 文物出版社(北京), 2012, 333쪽
21) 朝陽市牛河梁遺址管理處 『牛河梁』 2014, 62쪽

제5지점 전경(N5, 左東南 右西北, 1998년 사진)

제5지점 M1 외 전경(N5-Z1-M1~M7)

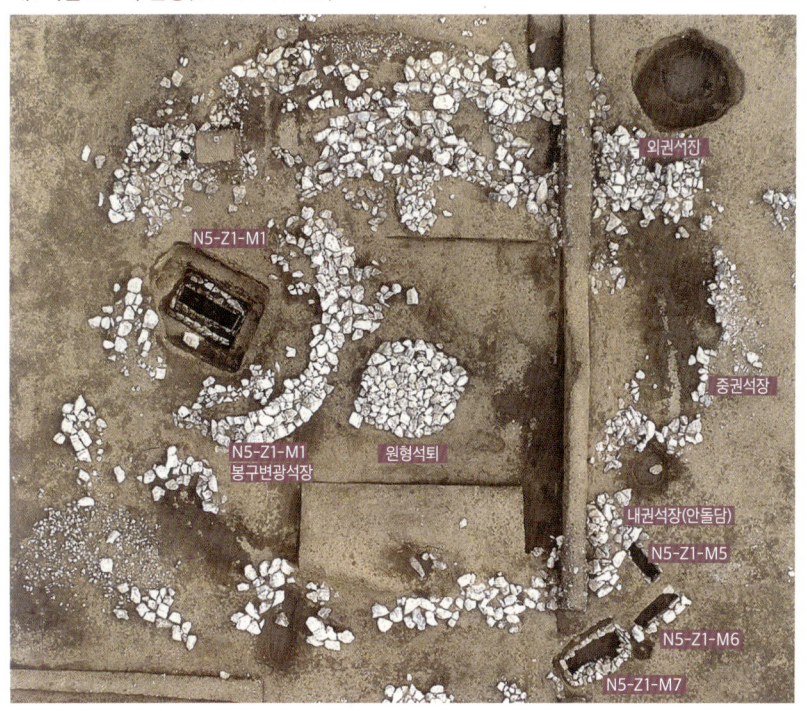

제5지점 1호총 1무덤 묘실(남성 인골, N5-Z1-M1)

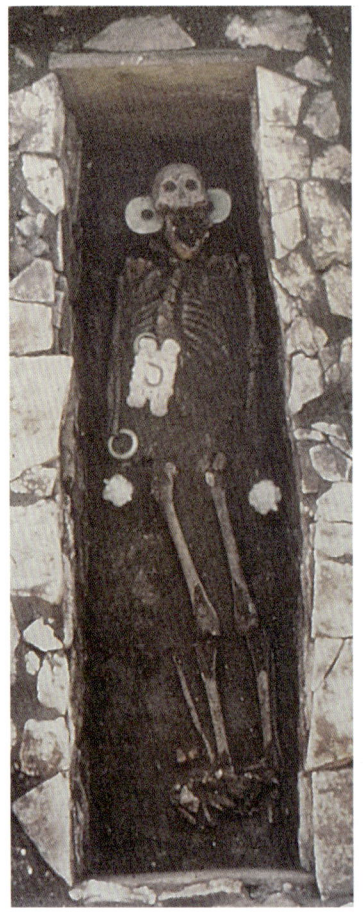
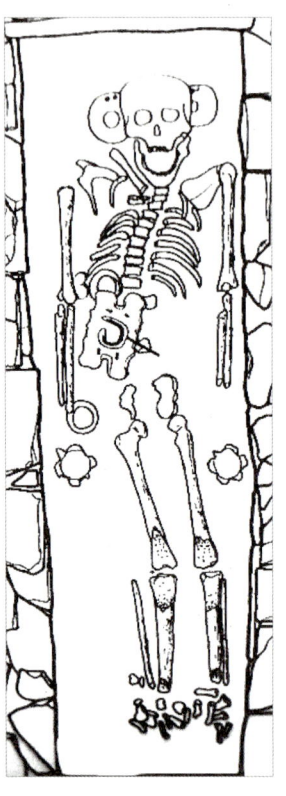

❶ 구운형옥기(N5-Z1-M1)
❷ 북모양 옥고(鼓形玉, N5-Z1-M1)
❸ 옥팔찌(N5-Z1-M1)
❹ 옥자라(N5-Z1-M1)
❺ 옥벽(N5-Z1-M1)
❻ 옥벽(N5-Z1-M1)
❼ 옥자라(N5-Z1-M1)

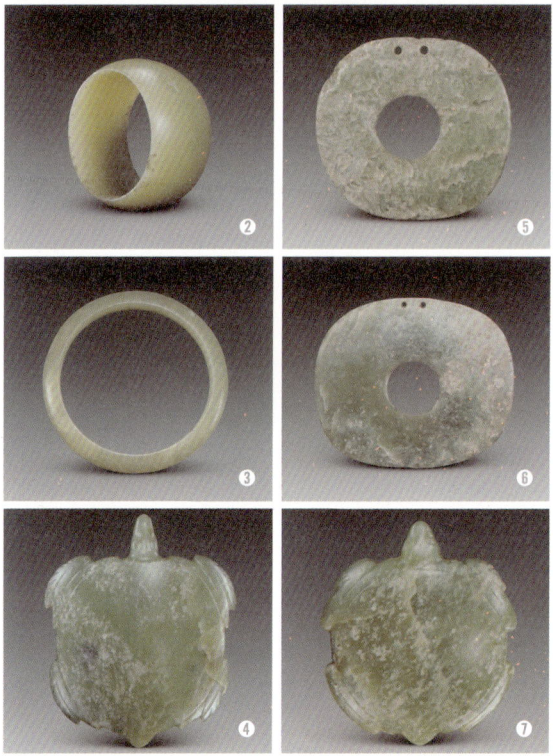

제2부 - 1. 우하량유적의 특징

제5지점 2호총(N5-Z2-M1~M3)

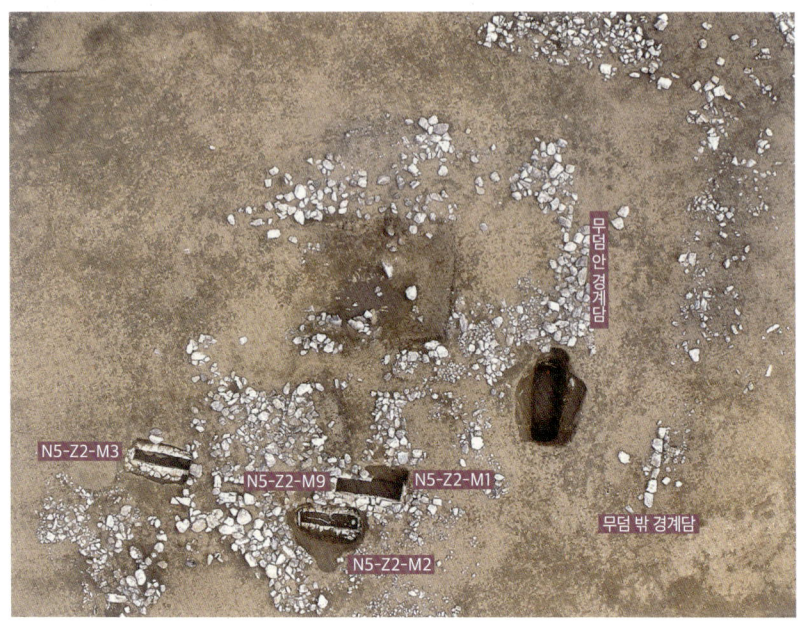

❶ 옥잠(N5-SCZ1, 지층)
❷ 장조판상기(長條板狀器, N5-SCZ1, 지층)
❸ 연벽(聯璧, N5-SCZ1, 지층)

제5지점 2호총 2무덤 묘실(N5-Z2-M2)

❶ 옥팔찌(N5-Z2-M2)
❷ 채도관(彩陶罐, N5-Z2-M2)
❸ 추식(墜飾, N5-Z2-M2)

제5지점 2호총 3무덤(N5-Z3) 외

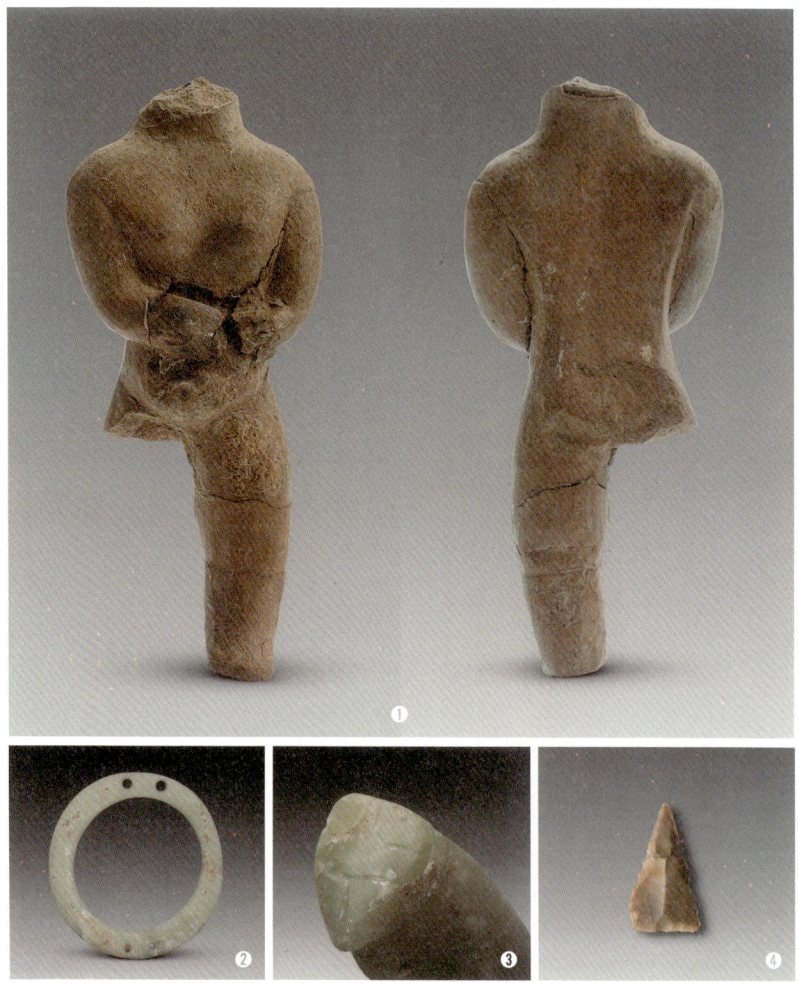

❶ 여성 소소상(小塑像, 앞, 뒤, N5-SC-Z2)
❷ 옥팔찌(N5-Z2-M3)
❸ 옥여치(N5-Z2-M9)
❹ 돌 화살촉(N5-SC-Z2)

제5지점 방형제단(N5-Z3)

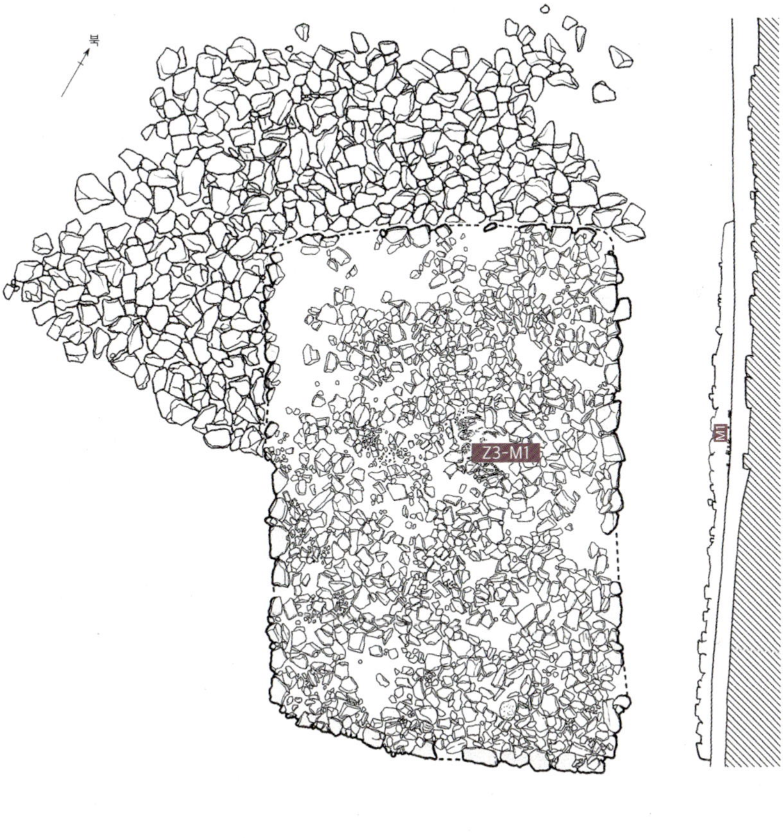

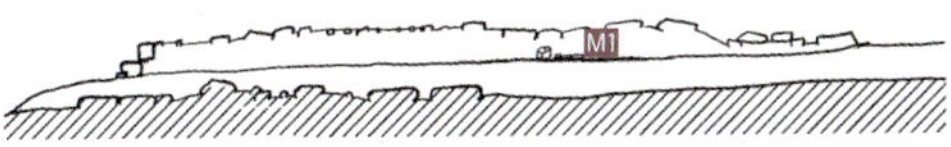

인골(N5-Z3-M1)

제2부 - 1. 우하량유적의 특징 125

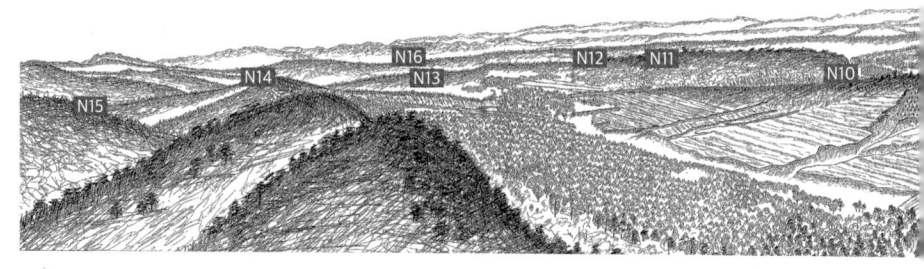

5 제13지점

제16지점에 가장 가까이 있는 제13지점은 독립된 토구土丘이다. 이곳을 전산자轉山子라 부른다. 이른바 동방의 피라미드가 있는 곳이다. 규모는 이집트 피라미드보다 작지만, 1000년이나 앞선다. 피라미드가 무너지지 않도록 견치석과 엇박자로 쌓는 방법은 홍산문화에서 하가점하층문화로 이어진다. 또 고구려의 적석총과 같은 계열로 분류된다.[22] 쌍소구기雙小口器의 도기 잔편이 출토되었다.

N13-T39

6 제16지점

조양시 능원현 삼관전자三官甸子 성자산城子山 유적이 제16지점이다. 1979년 6월 처음 발굴할 때는 '능원현 삼관전자 성자산유적'이라 칭했다. 위치는 우하량유적의 서부 산등성이에 있다. 해발고도는 560m이다. 홍

---

22) 이형구, 이기환 『코리안 루트를 찾아서』 성인당, 2009, 137쪽

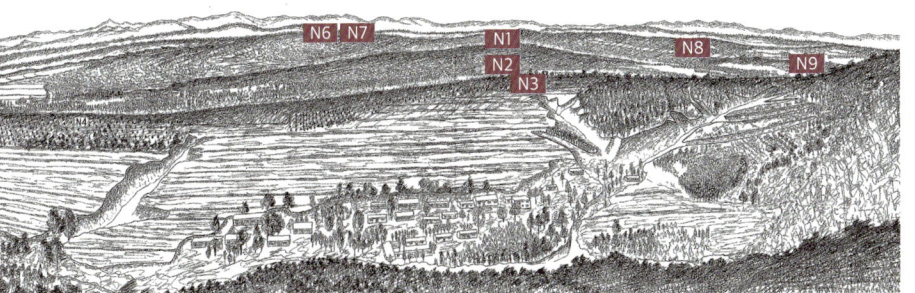

산문화와 하가점하층문화 두 개의 시기를 포함한 문화유적임이 알려졌다. 이곳은 집터유적 1좌(79F1), 고분은 모두 3개(79M1~M3)이다. 2호묘는 대형 고분이고, 1, 3호묘는 소형 묘이다. 2002년, 2호묘 북쪽으로 약 5m 자리에서 더 큰 묘를 발견하였다. 이것을 4호묘(M4)라고 한다. 이 묘는 남북 길이가 3.9m, 동서 넓이가 3.1m로 성인 남성 한 사람을 매장하고, 옥인玉人과 옥봉玉鳳 등 부장품 8개의 옥기가 나왔다.

또 1호묘에서 옥봉玉棒 3개와 쌍웅상雙熊像이 나왔고, 채색도기 통형기물이 출토되었다. 그리고 하가점하층문화 시기의 집터유적 1좌, 재구덩이 3개를 발견했고, 2002년도에는 하가점하층문화 퇴적이 홍산문화 퇴적위에 겹쌓여 눌린 지층관계를 발견하였으며, 홍산문화 퇴적은 위로부터 아래로 상층 적석총단계퇴적, 하층 적석총단계퇴적과 수직혈토광고분 세 부분으로 나눌 수 있다. 하가점하층문화 유존은 생활주거 유적의 형식으로 나타났는데, 총 8좌의 집터유적과 재구덩이 75개, 움혈 3개, 재골짜기 4개, 석채벽石砦墻(돌 울타리 담장) 2구간이 발견되었다.[23]

---

23) 遼寧省文物考古研究所 編『牛河梁-發掘報告』(中) 文物出版社(北京), 2012, 350쪽

제16지점(N16) 배치도

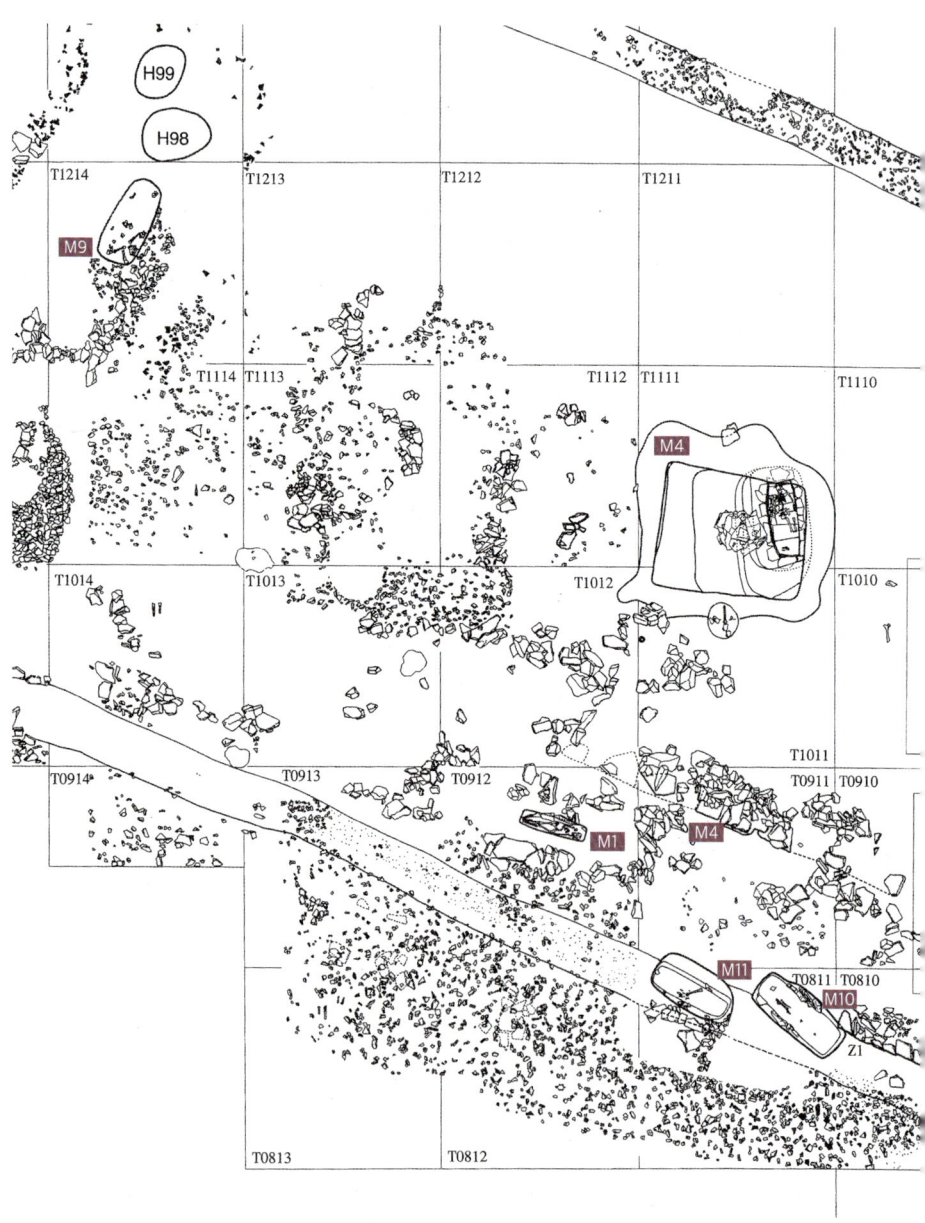

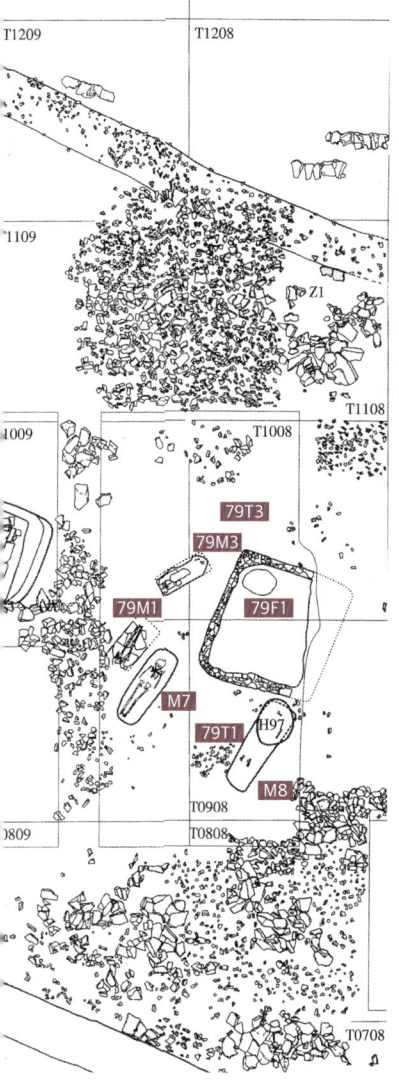

제16지점(N16)

*4호묘

제16지점 4무덤(M4)의 묘광과 제사갱

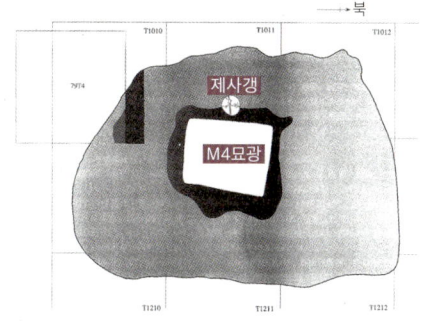

제2부 - 1. 우하량유적의 특징 129

제16지점 1호묘(N16-M1) 외

❶ 도소인상 손(잔괴, N16-Z1)
❷ 쌍련벽(N16-M1)
❸ 삼련벽(N16-M1)
❹ 옥벽(N16-M1)
❺ 옥환(N16-M1)
❻ 옥벽(N16-M11)
❼ 옥환(N16-M10)
❽ 상투형 옥고(N16-M10)
❾ 옥구각(N16-M13)
❿ 서측 묘 옥 자라(N16)
⓫ 서측 묘 옥식(N16)

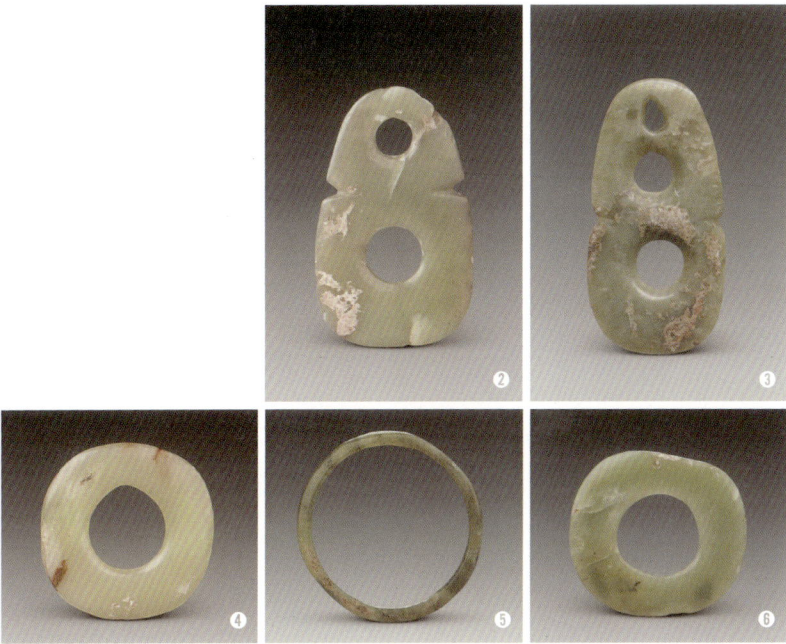

제16지점 4호묘(남성 인골, N16-M4)

❶ 옥인(앞, 뒤) 및 얼굴상
   (18.6cm, N16-M4)
❷ 옥봉(玉鳳, 19.5cm, N16-M4)
❸ 옥팔찌(N16-M4)
❹ 옥환(N16-M4)
❺ 녹송석추식(N16-M4)
❻ 상투형 옥고(N16-M4)
❼ 도소인체(陶塑人體, 잔괴, N16-M4)

제2부 - 1. 우하량유적의 특징

제16지점 14호묘(여성 인골, N16-M14)

N16-M12~15 배치도

①

②

③

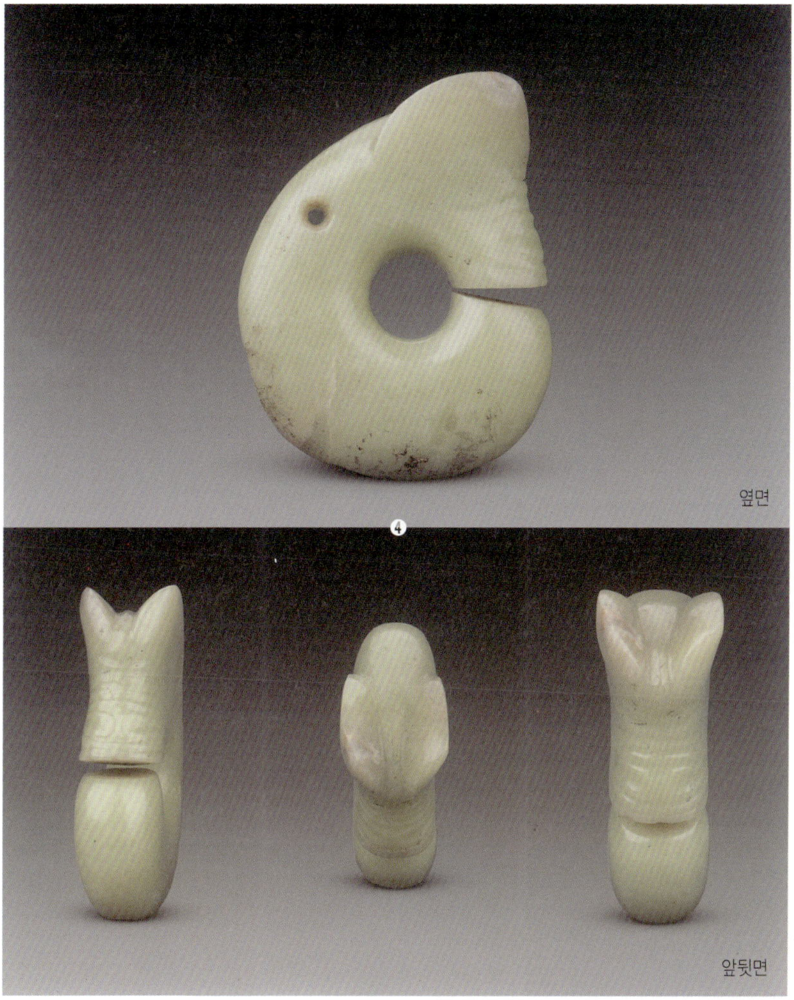

❹

❺

❻

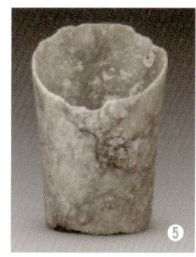

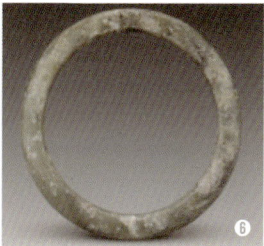

❶ 옥팔찌(N16-M14)
❷ 옥벽(N16-M14)
❸ 세석기 석도(石刀, N16-M14)
❹ 옥룡(N16-M14)
❺ 상투형 옥고(N16-M14)
❻ 옥환(N16-M14)

제16지점 15호묘(N16-M15)

❶ 구운형옥기(앞, 뒤, N16-M15)
❷ 옥귀걸이(玉玦, N16-M15)
❸ 옥환(N16-M15)

제16지점(N16-Z1) 외

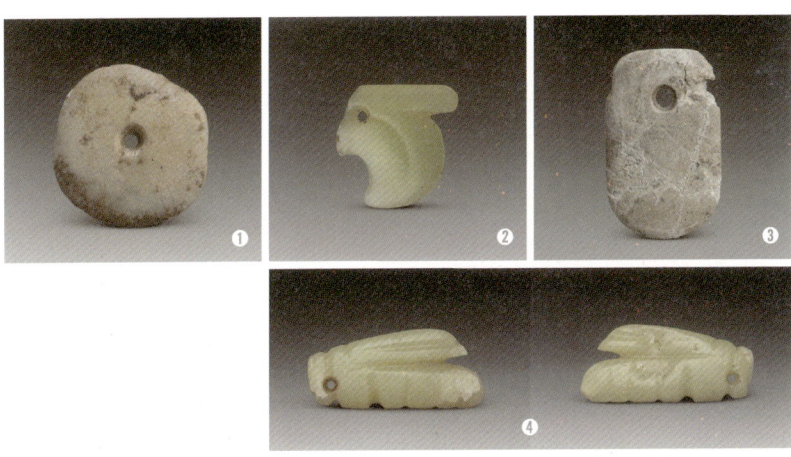

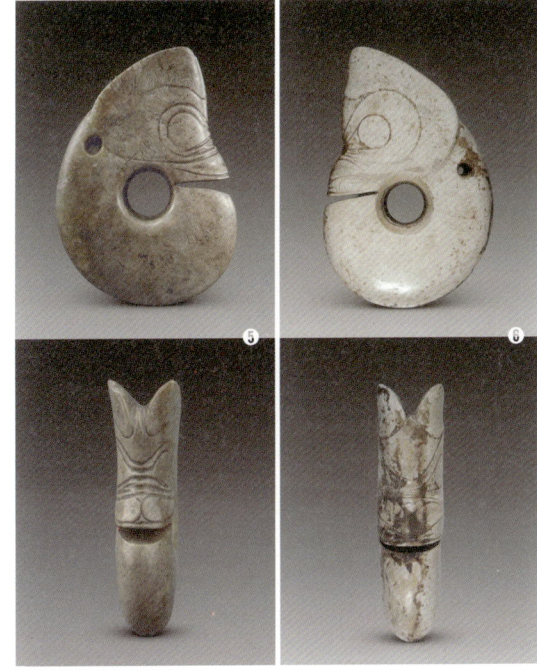

❶ 옥벽(N16-Z1)
❷ 구각(勾角, N16-Z1)
❸ 도끼(鉞, N16-Z1)
❹ 옥메뚜기(玉蝗, N16-Z1)
❺ 우하량유적 채집품(옥룡)
❻ 우하량유적 채집품(옥웅룡)

제16지점 79M2 무덤(N16-79M2)

❶ 상투형 옥고(15.5cm, N16-79M2)
❷ 구운형옥기(22.5cm, N16-79M2)
❸ 옥벽(N16-79M2)
❹ 옥팔찌(玉鐲, N16-79M2)
❺ 옥조(玉鳥, N16-79M2)
❻ 도통형기(잔편, N16-79M2)
❼ 관주(管珠, N16-79M2)

제16지점 79M1 무덤(남성 인골, N16-79M1)

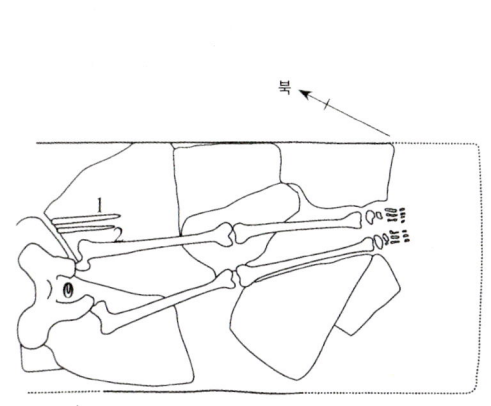

❶ 옥봉(玉棒, N16-79M1)

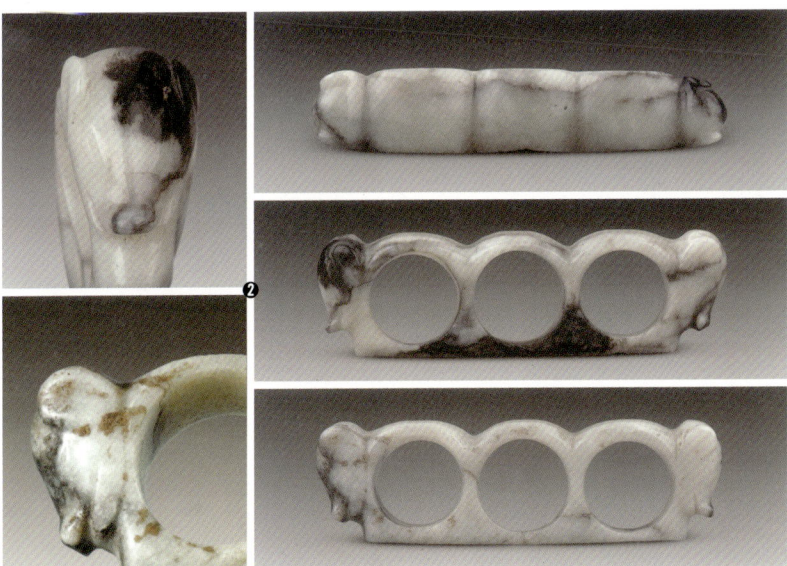

❷ 쌍웅삼원공(雙熊三圓孔, N16-79M1) 옥식 (앞, 뒤, 위)

제16지점 H88 등 하가점하층문화(N16-H88)

❶ 반상기(盤狀器, N16-H88)
❷ 골침(N16-H73)
❸ 석인면(石人面, N16-H95)

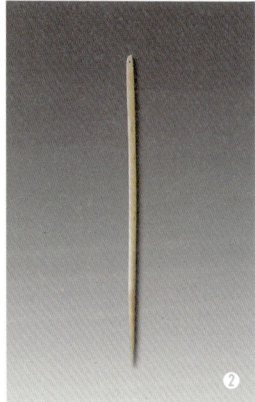

단군신화의 성지인 우하량 국가공원 앞에서 필자(2018. 5)

❹ 복골(卜骨, N16-F1)
❺ 석경(石磬, N16-F7)
❻ 석핵(石核, N16-F3)

제2부 - 1. 우하량유적의 특징　141

이상을 토대로 몇 가지 정리하고자 한다. 제16지점은 하가점하층문화 夏家店下層文化의 심한 소요를 받았기 때문에 무덤의 모든 구조는 이미 깨끗하지 못하다는 지적도 있다.[24] 이는 제16지점이 하가점하층문화와 겹친다는 것을 의미한다. 통형기, 팔찌, 기하형옥기, 새 등의 옥기를 비교한 바, 하가점하층문화의 옥기는 홍산문화의 옥기를 그대로 이어받고 있다는 시각도 참고할 수 있다.[25]

유국상은 소하연문화 다음에 등장한 하가점하층문화의 편년을 지금으로부터 3500~4000년 전으로 보았다.[26] 이때는 시기적으로 고조선문화와 겹친다. 하가점하층문화는 홍산문화에서 이어진 것으로 알려져 있는데, 홍산문화의 제단祭壇문화가 그대로 하가점하층문화로 이어지고 있다는 면에서 중요한 의미를 지닌다. 지금도 성자산城子山에는 돌로 만든 3개의 제단이 놓여 있다.

내몽고 적봉의 성자산은 하가점하층문화의 대표적인 유적지로서 성자산 정상에는 사각형의 넓은 제단 터가 남아 있다. 최근 연구에 의하면 성자산에서 보이는 제단의 흔적이 성자산 정남쪽에 위치한 압계산鴨鷄山에

성자산의 삼석(三石) 제단

성자산 산성 모형도(상생방송)

---

24) 郭大順 주편 『紅山文化』 이종숙 역, 동북아역사재단판, 106쪽
25) 복기대 「홍산문화와 하가점하층문화의 연관성에 관한 시론」 『문화사학』 27, 2007, 138쪽
26) 劉國祥 「西遼河流域新石器時代至 早期 銅時代考古學文化槪論」 『赤峰學院學報·紅山文化硏究專輯』 2006. 8, 赤峰學院, 赤峰市文化局, 71쪽

서 제례 의기와 함께 발견되어 성자산이 과거 제천의식의 장소로 사용되었을 것이라는 의견이 제시되었다. 또한 성자산 성터의 남쪽 바위에서 찾아낸 북두칠성 모양의 홈과 여섯 개의 성혈星穴이 별자리의 흔적이라고 해석했다. 돌을 쌓아 만든 산성의 중심은 주변보다 높게 직사각형 모양으로 돌판과 돌이 쌓여 있는데, 이곳의 방위를 측정한 결과 정남북(진남북) 방향으로 배열되어 있음을 확인하였다.

그리고 바위에 새겨진 별자리 모양의 성혈星穴은 축조 당시부터 이어진 것으로 보인다. 과거 산성 터를 조성할 때 막대기로 태양 그림자의 변화를 관찰하던 입간측영立竿測影 등을 통해 정남북 방향으로 배치했음을 짐작할 수 있다. 성자산 성터의 남북 배치 방향과 바위에 새겨진 별자리 홈은 홍산문화의 우하량과 동산취에 있는 제단의 남북 배치 방향과 입간측영 유적과 몇 가지 공통이 있다. 제단으로 알려졌던 홍산문화와 하가점하층문화 유적지에서도 모두 정확한 정남북 방향의 배치 구조가 드러났다. 즉 당시 천문관측은 남북 방향을 측정하고, 제단도 천문 방향에 따라 배치하는 체계적인 구조를 갖추고 있었다. 이들 제단 유적에서 천원지방天圓地方의 형태와 별자리 홈까지 발견되고 있어 제단이 단순 제례가 아닌 제천의식용으로 사용된 것으로 해석되고 있다.[27]

다음은 적석積石에 관한 것이다. 테두리 평면은 방형(우하량 제2지점 2호총), 장방형(제2지점 1호총), 원형(제3지점, 제5지점 1호묘), 전방후원前方後圓형(제2지점 4호총) 등이 있다. 또 제단은 동산취의 원형제단과 같은 것으로 제2지점 3호총은 3단의 원형제단이고, 제5지점은 무덤 사이에 있는 방형제단이다. 제16지점은 무덤만 있고 제단은 없다.

---

27) 양홍진 「중국 고고천문 유적의 지역 분포와 특성에 대해-홍산문화와 하가점하층문화 유적을 중심으로」, 『동아시아 고대학』 32, 2013, 353~354쪽

그런데 제2지점 1, 4, 5총에는 공통적으로 통형기筒形器들을 배열해놓았다. 통형기는 우리 고유어로는 '단지'이다. 통형기는 말 그대로 밑이 트여서 하늘과 땅의 기운이 소통하도록 했다. 옥종玉琮에 비유해 도종陶琮이라고 한다. 하늘과 땅의 기운이 소통하는 표본은 지천태괘地天泰卦이다. 하늘의 기운은 아래로 내려오고, 땅의 기운은 위로 올라가 중간에서 서로 교합하는 것을 의미한다. 통형기는 위와 밑이 터진 단지로서 통단지이다. 통단지이기 때문에 하늘과 땅의 기운이 자유로 소통할 수 있다. 우하량유적의 제2지점에 통단지가 놓여 있었던 것은 그곳이 단지와 유관함을 상징해주고 있다. 이 통단지가 무덤에서 가정으로 들어와서는 그 쓰임이 달라진다. 가정에서는 안방에 놓는 삼신단지, 부엌에 놓는 부루단지 등으로 달리 불린다. 필자는 단지의 근원은 무덤의 통단지로부터 나와 삼신단지, 부루단지가 되었다고 본다.

그러나 같은 단지이지만 삼신단지, 부루단지와 달리 무덤의 통단지는 그 이름을 잃어버리고 말았다. 통단지의 이름을 찾기 위해서는 단지의 본뜻을 찾으면 알 수 있을 것이다. 통단지는 죽은 사람이 하늘기운과 땅기운의 원활한 소통으로 하늘에 오르내리려는 염원을 상징했을 것이다. 아침저녁으로 하늘과 땅을 오르내리며 나라를 다스리는 것을 보고 세상 사람들은 해모수를 하늘에서 온 젊은 임금, 천왕랑天王郞이라 불렀던 것에서 알 수 있다.

다시 말해 단지는 하늘을 뜻하는 '단'과 땅을 뜻하는 '지'의 합성어로 본다. 단군의 단檀에 하늘의 뜻이 있음은 텡그리의 변천 과정에서도 알 수 있는 바와 같다.[28] 따라서 우하량인들이 무덤에 이 통형기를 설치할 때

---

28) 이찬구 「단(檀)과 홍익인간에 대한 철학적 이해」『선도문화』 23, 2017. 8, 84쪽

부터 '단지'라는 말이 '하늘과 땅의 기운을 담은 그릇'의 뜻으로 쓰였음을 짐작하기 어렵지 않다. 중국식 통형기가 아니라, 우리말 '단지', 또는 '통단지'라 부를 수 있을 것이다. 아울러 이때부터 단군檀君의 개념이 형성되기 시작한 것으로 추정할 수 있다. 따라서 단檀은 '밝달나무 단'에서 한 걸음 나아가 '밝은 하늘 단'이라고 보는 것이다.

도통형기(N2-Z4-M6)

3) 우하량유적의 새숭배

다음은 우하량유적에서 출토된 옥기에 대해 알아보고자 한다. 동물형 옥기의 제재는 매우 풍부하고 구조와 스타일이 다양하며 조형이 독특한데 구상具象, 추상, 구상과 추상의 결합 등 여러 가지 표현 형식을 띤다. 이런 동물형 옥기 중에 구상적·사실적 조형의 옥기는 두 가지 표현수법이 있다. 하나는 동물의 정체적整體的 형태를 조각(전신 조각)한 것으로 옥조玉鳥, 옥거북이, 옥조개, 옥잠, 옥여치, 옥메뚜기 등이다. 다른 하나는 동물의 특정한 국부局部를 조각한 것인데, 동물의 머리 부분을 표현한 수면獸面형 옥기와 옥봉수玉鳳首가 있으며, 누움 자세 형태를 나타내는 옥봉玉鳳이 있다. 구상적·사실적 조형의 옥기는 입체조각을 위주로 했는데 조형이 간결하고 세련되었으며 각기 특색을 갖고 있다.[29]

다음은 최암근崔岩勤이 제시한 우하량유적의 동물형 옥기 도형들이다. 동물형 옥기의 조각 공예는 입체조각, 편각(片雕), 섭새김(鏤雕:양각), 가슴파내기, 무늬장식각화, 구멍뚫기, 광택내기 등이 있다. 입체조각 옥기는 동물의 몸태를 삼유입체三維立體 형식으로 표현했다. 우하량유적에서 출토된 동물형 옥기는 옥룡(그림 2:8-9), 쌍저수삼공옥기(그림2:10), 옥거북이(그림1:2-3), 옥잠(그림1:5-6), 옥여치(그림1:7), 옥메뚜기(그림1:8) 등으로 옥기의 조형은 생동하며, 동물의 머리 부분에 간략한 무늬 장식을 새겼다.[30]

이 무늬 장식의 하나가 그물망무늬인지도 모르겠다. 특히 수면형獸面形 옥기(그림 1:11)는 귀가 서 있기 때문에 곰상으로 보이는데,[31] 돼지상이라고도 한다.[32] 이 곰상의 옥패식은 망자亡者의 하단전 위에 올려 있었다. 옥여

---

29) 崔岩勤「牛河梁紅山文化遺址出土動物形玉器探析」『赤峰學院學報(漢文哲學社會科學版)』38권, 2017. 05, 2쪽
30) 崔岩勤「牛河梁紅山文化遺址出土動物形玉器探析」『赤峰學院學報(漢文哲學社會科學版)』38권, 2017. 05, 5쪽
31) 한영우『다시 찾는 우리 역사』 경세원, 2015, 2쪽(화보); 姜華『牛河梁遺址女神廟』 吉林文史出版社, 2017, 75쪽
32) 趙春靑 秦文生『圖說 中國文明史』(1), 創元社(東京), 2006, 157쪽

치(그림1:7)는 호형虎形으로 잘못 알려지기 쉽다. 또 소위 쌍저수삼공옥기(그림2:10)도 돼지(猪)상이 아니라 곰상의 쌍웅상雙熊像으로 보는 것이 맞다고

우하량유적 출토 동물형 옥기 1 (崔岩勤의 분류)

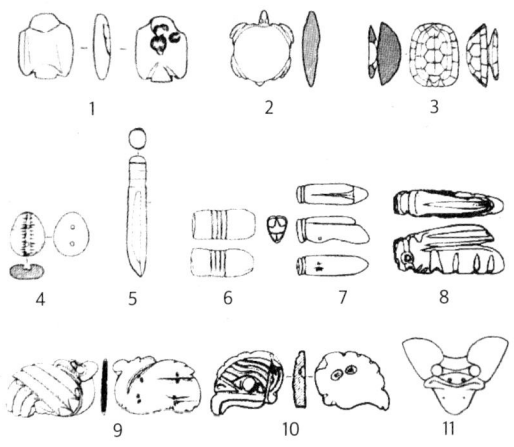

1. 옥조(玉鳥, N16-79M2 : 9)
2. A형 옥거북이(玉龜, N5-Z1-M1:6)
3. B형 옥거북껍질
   (玉龜殼, N2-Z1-M21 : 10)
4. 옥조개(玉貝, N2-Z1C : 4)
5. A형 옥잠(玉蠶, N2-Z1-M11 : 3)
6. B형 옥잠(玉蠶, N5-SCZ1 : 3)
7. 옥여치(N5-Z2-M9 : 1)
8. 옥메뚜기(玉蝗, N16-Z1① : 47)
9. 옥봉(玉鳳, N16-M4:1)
10. 옥봉수(玉鳳首, N2-Z1 : C8)
11. 수면(곰)형기(N2-Z1-M21 : 14)

(머리나 꼬리의 형태 등을 중심으로 A, B로 나눔)

우하량유적 출토 동물형 옥기 2 (崔岩勤의 분류)

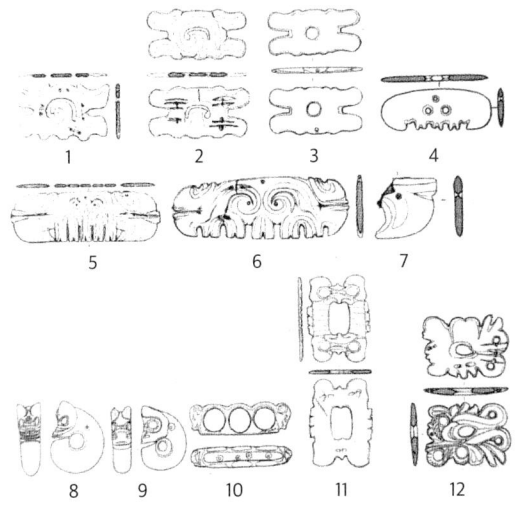

1. Aa형 구운형옥기(N2-Z1-M24 : 3)
2. Ab형 구운형옥기(N1-679M2 : 1)
3. B형 구운형옥기(N2-Z1-M21 : 3)
4. A형 대치류 수면형기
   (帶齒類獸面形器, N2-Z1-M9 : 2)
5. B형 대치류 수면형기
   (N2-Z1-M27 : 2)
6. B형 대치류 수면형기
   (N16-M15 : 3)
7. B형 대치류 수면형기 잔건
   (N16-M13.1-1)
8. A형 옥룡(N2-Z1-M4 : 2)
9. B형 옥룡(N2-Z1-M4 : 3)
10. 쌍수삼공기(N16-79M1 : 4)
11. 쌍수형기(N2-Z1-M26 : 2)
12. 용봉형기(N2-Z1-M23 : 3)

제2부 - 1. 우하량유적의 특징 147

본다.

  홍산문화 중에 우하량유적은 소하서문화, 흥륭와문화, 사해문화, 부하문화, 조보구문화를 계승 발전시켜온 것으로 평가받고 있다. 다시 유적지별로 보면, 우하량 제1지점에서는 여신상이 있는 여신묘가 발굴되었다. 이곳에서 곰뼈, 곰 발바닥이 함께 나왔다. 적석총군과 원형제단이 발굴된 제2지점에서는 돼지 또는 곰 같은 옥웅용(또는 옥저룡),

우하량 옥조(제16지점)

옥고, 옥환, 옥벽, 쌍련벽, 고籠형기, 능菱형기 등이 발굴되었다. 조鳥 형상으로는 우하량 제2지점에서 효(부엉이)형옥패, 조소문옥패, 쌍효수 옥패, 옥봉수玉鳳首 등이 발굴되었고, 수면獸面(곰)옥기도 나왔다.[33]

우하량 봉황(제16지점 4호묘)

우하량 무면조(無面鳥, 제2지점)

또 제16지점(성자산 삼관순자 유적)에서는 옥인玉人, 옥봉玉鳳, 옥조玉鳥(무면조), 효鴞형옥패 등이 발굴되었다.[34] 돼지는 다리에 점이 있다고 하여 북두칠성과 관련해 민간에서 소중하게 여겼다. 그러나 가축으로 사육되면서 토템의 의미가 퇴색되어 갔다.

  이 중에서 관심을 끄는 것은 우하량

---

33) 『牛河梁』朝陽市牛河梁遺址管理處, 2014, 94~97쪽
34) 『牛河梁』朝陽市牛河梁遺址管理處, 2014, 106~108쪽
35) 陳逸民 외 『紅山玉器圖鑑』上海文化出版社, 2006, 83쪽

제16지점 4호묘에서 나온 봉황35)이다. 새 모양으로는 3선의 날개가 절정을 이룬 것 같다. 그리고 제2지점에서 나온 얼굴 없는 새를 필자가 임의로 무면조無面鳥라고 이름을 지었다. 한 개의 직선과 두 개의 사선斜線으로 고도의 예술성을 발휘해 새의 날아가는 형상을 만든 것으로 보인다. 이처럼 옥기의 모양은 재료와 공예 수준에 따라 다르다.

우하량유적에서 나온 옥기 중에 발굴 보고서에 등재된 옥기는 모두 183건이다. 이 중에 제2지점에서 98건, 제3지점 9건, 제5지점 23건, 제16지점이 53건 발굴되었다. 종류별로는 인형人形, 동물형, 옥벽 등으로 구별된다. 이 중에 동물형 19건 중에 용 3건, 새 6건, 수면獸面 2건, 거북 4건, 누에 2건 등이다.36)

우하량유적을 포함한 홍산문화의 동물형 옥 중에 중요한 것으로 옥조 玉鳥가 있다. 이에 대해 곽대순은 전조형全鳥形과 비전조형으로 나누어 자세히 설명한다.

하나는 온전한 새 모양의 전조형이다. 가장 많이 보인다. 비교적 전형적인 것으로는 호두구 1호묘에서 3개가 출토되었고, 삼관전자(우하량 제16지점) 1호묘에서 1개가 출토되었으며, 부신현 복흥지에서 1개, 내몽고 파림우기 나사대유적에서 2개가 출토되었다. 이들은 모두 새가 정면으로 날개를 펼친 형태이며 세세한 부분은 대부분 개략적으로 표현하였고 치켜 올린 꼬리에 새겨진 무늬는 깃털을 표현했다. 오관은 뚜렷하고 귀가 서 있어서 '부엉이'라 할 수 있는데 눈, 입 부분은 어렴풋하게 볼 수 있을 뿐이다. 우하량 제16지점의 옥봉은 상세하나, 다른 옥조(무면조)는 새 모양의 윤곽만 지니고 있다.

---

36) 遼寧省文物考古研究所 編『牛河梁-發掘報告』(中) 文物出版社(北京), 2012, 473~475쪽. 앞의 강화(姜華)는 이 봉황을 고니(天鵝천아)와 연결해서 설명하기도 한다.

다른 하나는 새 머리만 표현한 것으로 우하량유적 제2지점 1호총 제17호묘에서 출토(옥봉수)되었다. 부리는 굽은 갈고리 모양이고 머리 위에 관이 있으며 신臣 자 모양의 눈을 가지고 있어 마땅히 매 종류(또는 부엉이)라 할 수 있다. 또 다른 하나는 우하량유적에서만 보이는데 용봉龍鳳 문양의 패옥(제2지점 1호총 23호묘)으로, 그 속의 새 머리 형상은 옥조의 머리와 비슷하다. 부리는 큰 갈고리이고 둥근 눈을 갖고 있어 역시 매 종류이다.37) 그 외 상하합체의 쌍효수는 기하학적으로 부엉이의 눈과 귀를 잘 표현하였다.

우하량 매 형상의 옥봉수(제2지점)

우하량의 용봉패옥(제2지점)

이처럼 우하량의 무덤에서 다양한 옥조가 발견되는 것은 삼한시대의 사람들이 장례를 지낼 때 큰 새의 깃털을 묻어준 것과 맥을 같이한다고 할 수 있다.38)

한편으로 김선자는 비판적인 시각에서 중국인들이 용龍이나 용봉龍鳳이라는 말을 남발하는 것은 북방 샤머니즘과의 연계를 꺼리는 데서 그 이유를 찾고 있다.39)

부엉이 귀의 백미인 우하량 쌍효수(雙鴞首) 옥식(제2지점 1호총 26호묘)

---

37) 郭大順 주편 『紅山文化』 이종숙 외 역, 동북아역사재단, 169쪽
38) "以大鳥羽送死 其意欲使死者飛揚"(『삼국지』 위서, 동이전, 변진); 또는 《通典》 卷185, 「邊防 － 東夷 上 辰韓」 편에도 나온다.
39) 김선자 「홍산문화의 황제영역설에 대한 비판-곰신화를 중심으로」, 『동북아 곰신화와 중화주의 신화론 비판』 동북아역사재단, 2009, 224쪽

4) 우하량유적의 번개무늬와 태양

지금으로부터 5000~5500년 전, 능가탄凌家灘(안휘성)문화에서 나온 태양을 상징하는 또 하나의 유물이 있다. 바로 양조陽鳥[40]이다. 이는 힘차게 비상하는 매가 좌우의 돼지를 안고 태양(팔각 별모양)으로 날아가는 모습으로 조일(鳥-日) 일체적 인식을 표상하고 있다. 그러면 홍산문화에서는 어떠한가.

능가탄 태양문양

이보다 앞서 홍산문화 석기 중에도 팔각형 모형의 '태양석'이 나왔고,[41] 벽옥다두기碧玉多頭器라는 낯선 이름으로 오한기敖漢旗의 태양옥도 있다.[42] 이는 예산에서 나온 팔주령(청동방울, 국보 255-1호)처럼 여덟 갈래의 빛에너지를 발산하고 있다. 자세히 살펴보면, 이 청동방울은 +자 문양과 각 변이 안으로 휘어든 팔릉형八稜形 도

벽옥다두기 오한기 칠도만자유지 출토
(오한기 박물관 소장)

충남 예산 청동방울(국보 255-1호)

상으로 추상화된다. +자 문양은 중심축을 상징하며, 빛을 우주의 중심에 두는 관념을 직관적으로 드러낸다.[43] 팔주령의 중심부(+)는 태양의 상징 문양이라고 할 수 있다.

필자는 우하량 여신묘에서 발견된 한 벽화 그림[44]에 주목한다. 이 그림

---

40) 張緒球「長江河游史前玉器的神靈化和禮器化過程」『中國玉文化玉學論叢』4편 上, 紫禁城出版社, 2006, 87쪽
41) 田廣林, 劉國祥 주편『紅山文化論著粹編』遼寧師大學出版部, 2015, 화보 4쪽
42) http://bbs.chinajade.cn/announce/announce.asp?boardid=101&id=1089327
43) 김성환「한국 고대선교의 빛의 상징에 관한 연구(상)」『도교문화연구』31집, 2009, 38쪽

이 기하학적 느낌을 갖게 하는데, 자세히 보면 십+자가 상하로 가운데에 길게 늘어서 있고, 좌우에는 절卍자가 거꾸로 합친 모양이다. 이는 태양문양과 흡사하다. 구체적으로 번개무늬로 볼 수 있다.

우하량 여신묘 벽화의 번개문양

프레이저는 고대인들이 번개가 나무를 타고 내려오면, 하늘과 나무의 신과 번개의 섬광을 동일시한다고 설명한다.[45] 고대인들에게 이 번개는 하늘의 자취였고, 번개무늬는 그것을 그린 것이기 때문이다. 다시 말해 번개의 근원은 태양으로부터 내려온 것이다. 그런데 우하량의 유적을 어느 토템의 단독 문화로 보기 어려운 이유 중의 하나가 이 번개무늬 때문이다. 번개무늬는 태양토템을 표현하고 있다. 훗날 조양현朝陽縣 십이대영자十二台營子에서 출토된 동경에도 이와 유사한 번개무늬가 나타난다.

우하량 여신묘 벽화의 번개문양(모사본)

조양 십이대영자 출토 동경의 번개무늬
(요녕성 박물관 소장)

그리고 우하량 제2지점의 원형제단과 방형적석총은 하늘과 땅의 우주 모형을 상징하며, 원형제단을 둘러싼 옅은 붉은색 돌은 태양의 빛이 주변

---

44) 遼寧省文物考古硏究所 朝陽市文化局 編 『牛河梁遺址』 學苑出版社(北京), 2004, 15쪽
　　遼寧省文物考古硏究所 編 『牛河梁-發掘報告』(下) 文物出版社(北京), 2012, 도판 24
　　遼寧省文物考古硏究所 編 『牛河梁-發掘報告』(上) 文物出版社(北京), 2012, 33쪽
45) 제임스 조지 프레이저 『황금가지』 이용대 역, 한겨레출판(주), 2003, 895쪽
46) 陸思賢·李迪 『천문고고통론』 양홍진, 신월선, 복기대 옮김. 주류성, 2017, 101~102쪽

으로 퍼지는 모습처럼 보인다.[46] 아울러 우하량 제2지점 무덤 중에 21호, 14호묘에서 보듯이 침향枕向이 동향東向인 것은 태양숭배를 상징한다.

그렇다면 이 우하량유적은 곰토템과 새토템과 함께 태양토템도 나타나는데, 태양토템은 본래 새토템도 함께하기 때문에 결국 우하량유적은 곰과 새의 '연합聯合'으로 보아야 할 이유가 되는 것이다. 앞에서 '연합토템'에 대해 설명한 바 있다. 연합토템은 한 종족이 두 가지 토템을 동시에 섬기는 경우를 의미한다. 새토템족이 태양토템도 섬기는 경우이다. 이럴 경우는 '공동토템' 또는 '이중토템'이라는 말이 적당할 것이다. 반면에 종족이 다른 종족 간에 토템 결합이 이루어질 수 있다. 이럴 경우에는 연합토템이라는 말보다는 '토템연합'으로 사용하는 것이 그 의미에 부합될 것이다. 따라서 '토템연합'은 두 종족 간의 '공존토템共存'을 의미하는 것이며, 두 토템의 공동체 구성과도 직결되는 것으로 본다. 이제 우하량유적에서 새토템과 곰토템이 서로 토템연합(210쪽 참조)을 이루고 있다는 것을 알게 될 것이다.

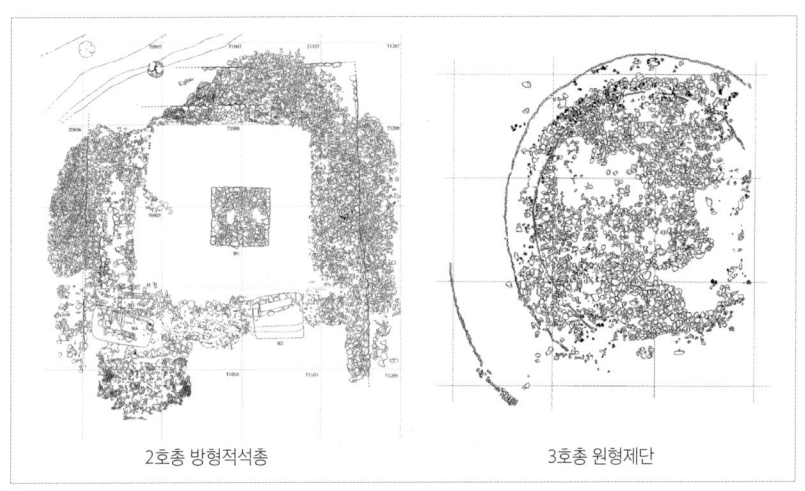

2호총 방형적석총   3호총 원형제단

땅과 하늘을 상징화한 우하량 제2지점 2호총(서쪽)과 3호총 원형제단(동쪽)

제2부

2. 우하량인의 DNA

2. 우하량인의 DNA

1) 우하량인의 유골 분석과 편두
2) mtDNA로 본 유전자 분석
3) 우하량인과 고대 조선사람과의 비교

2. 우하량인의 DNA

1) 우하량인의 유골 분석과 편두

우하량의 여신상은 그 지역 문화주체의 족원族源을 밝히는 데 중요한 단서가 되고 있다. 이 여신상이 그 시기 표준이 되는 인물의 얼굴 모습을 실제 크기로 빚었을 것으로 추정할 수 있기 때문이다. 손수도孫守道는 이 여신 두상에 대해, 고대 중화 인종학과 민족사를 연구하는 전형적인 표본으로 보았다. 또 염황炎黃 자손들로 하여금 5000년 전에 처음으로 황토黃土로 조각한 조상의 형상을 볼 수 있게 했는데, 이 흙으로 빚은 '황토의 신黃土之神'이 바로 중국 민족의 신이라고 말할 수 있다고 장담했다.[1] 우하량의 여신상을 중화민족의 신으로 규정하고 있는 것이다.

우선 복원된 여신상의 크기에 대해서는 앞에서 설명한 바와 같다. 이마 위에서 턱 아랫부분까지의 높이는 22.5cm, 얼굴 넓이는 16.5cm이며, 양쪽 귀의 가장자리를 연결하는 폭은 23.5cm 등이다. 다음은 머리 초상에 대한 초보적인 분석에 대한 설명이다.

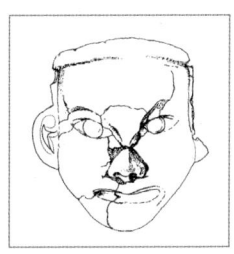

여신상 모사본

첫째, 이들 조각상은 중요하게 입체조각 수법을 사용하였다. 어떤 조각품들은 뒷 면에 벽 혹은 기타 구조재의 단열면斷裂面에 붙인 흔적이 보이는데 일반적인 돋을새김(양각) 또는 고부조高浮彫 조각법과 다

---

[1] 孫守道, 郭大順「牛河梁紅山文化女神頭像的發現與研究」『紅山文化論著粹編』遼寧師範大學出版部, 2015, 395쪽

르다.

둘째, 이미 중국 전통 조각 소조의 기본 공예 제조 절차가 구비되었다. 셋째, 조각 소조 기술은 이미 일정한 규범화 특점을 형성하였으며 전업專業 장인의 손에서 나왔을 것이다.[2]

이제 손수도가 본 인물의 특징에 대한 설명을 소개하려고 한다.

얼굴 부위는 인종 특징을 확정하는 주요 근거이다. 이 머리두상의 얼굴 형태와 눈, 코 등 부위는 형상이 핍진하고 특징이 선명한 바 그 소속인종을 감정하는 데 근거를 제공한다.

- 얼굴은 방원형 납작얼굴로 관골이 선명하게 돌기되었는데 이는 몽고인종 특유의 주요한 특징이다.
- 눈은 세로로 세워졌는데 '치켜뜬 눈'으로 윗 눈꺼풀 특히 눈 안쪽 모서리에 비교적 발달한 오피(敖皮 몽고주름)가 있다. 눈두덩은 선명하지 않고 눈구멍이 얕은데 이는 전형적인 몽고인종의 눈 형태이다.
- 코에서 특별히 돌출한 것은 콧등이 낮으면서 짧으며 코끝과 콧방울이 둥근 머리 형태를 나타내며, 코 아래는 편평하고 콧구멍은 좀 위로 들렸으며 코걸이가 없는데 몽고 인종 코 형태 특징을 구비하였다.
- 입부분은 윗입술이 비교적 길고 얇은데 역시 몽고인종의 특징에 속한다. 이로부터 이 머리 초상의 면부에 표현된 몽고인종의 특징은 명확하다는 것을 알 수 있다.[3]

---

2) 孫守道, 郭大順「牛河梁紅山文化女神頭像的發現與硏究」『紅山文化論著粹編』遼寧師範大學出版部, 2015, 391쪽
3) 孫守道, 郭大順「牛河梁紅山文化女神頭像的發現與硏究」『紅山文化論著粹編』遼寧師範大學出版部, 2015, 391쪽

중국인이 스스로 밝힌 이런 연구 결과는 '몽고인종'이라는 단순한 결론으로 끝을 맺고 있다. 이에 대해 이형구는 "넓은 의미의 동방인을 뜻하는 것으로 결코 지금의 몽고인을 지칭하는 것은 아니다"[4]라고 했다. 동방의 황인종에 대한 일반적 지칭이라는 말이다. 또 임찬경은 "몽고인종이란 대분류 아래에 좀 더 세분화된 소분류의 일종으로 홍산문화 건설 주체의 독특성을 부각시키지 못하는 어떤 모종의 학술적 사정이 당시에 존재했던 것은 아닐까 하는 추정도 가능"[5]하다고 보았다. 이는 이 연구 결과가 외부적 요인에 의해 제약된 것일 수 있다는 암시로 볼 수 있다.

다음으로 우하량유적에서 출토한 홍산문화 시기의 인골人骨에 대한 종합적인 연구를 통해 아래와 같은 몇 가지 수확도 있었다.[6]

> 전체 유적 인골의 성별, 연령 감정 분석을 통해 남성 개체 총 31례例를 감정했는데 총수의 42.47%를 점했으며, 여성 개체는 27례로 총수의 36.99%를 점했다.
>
> 미성년 개체는 2례로 총수의 2.74%밖에 점하지 않았으며, 남녀 성별비례는 1.15 : 1정도였다. 이 유적의 인골 사망연령 분석 결과를 살펴보면 기본상에서 영아기, 유아기 및 소년기의 개체는 출토되지 않았으며 청년기와 장년기의 개체 비례도 비교적 낮다. 남녀 양성의 사망고조는 중년기에 집중되었고, 노년기의 개체는 매우 적었다.
>
> 이 유적군은 성년 개체를 위주로 매장했는데 아마 이 묘지에는 미성년 개체를 매장하지 못하게 한 것 같다. 평균 사망연령의 감정 결과

---

4) 이형구 『한국 고대문화의 비밀』 김영사, 2004, 125쪽
5) 임찬경 「여신상을 통한 홍산문화 건설 주체 비정」 『국학연구』 15, 2011, 12쪽
6) 遼寧省文物考古研究所 編 『牛河梁-發掘報告』 (中) 文物出版社(北京), 2012, 503쪽

를 보면 남성 평균 사망연령은 약 34.85세이고, 여성 평균 사망연령은 30.24세이며, 남녀 양성의 평균 사망연령은 32.70세이다. 만약 이곳 묘지에 매장하지 않은 어린 사망 개체를 고려한다면 그들의 평균 수명은 이보다 더욱 낮을 것이다.

두개골 형태의 특징 관찰을 통해 알 수 있는 사실은 우하량조組 홍산문화 주민의 체질 특징이다. 이들은 대체로 높은 두개골형이며 이마는 좁은 편이다. 넓고 편평한 이마 면부面部를 가졌으며 상면上面 형태는 높은 축이고, 넓은 광대뼈 절대치는 비교적 크며 넓은 구개, 중형턱, 중형눈확, 좁은 코 경향 등을 보인다.

대비 분석을 통해 알 수 있는 사실은, 우하량조 홍산문화 주민은 마땅히 아시아주 몽고인종蒙古人種에 속하며 두개골 얼굴 특징상 현대 아시아주 몽고인종, 북아시아 유형과 가장 비슷하며 다음은 동아시아 유형이다. 각 근대 조組와의 대비에서는 그 형태 거리가 가장 가까운 것은 몽고 조組이며 다음은 에스키모 조組이다. 인근 지역 고대 각 조와 비교하면 대전자大甸子 3분 조組와 두개골 얼굴 특징상에서 더욱 많은 유사성을 표현하고 있는데 가히 동일체질 유형으로 볼 수 있다. 두개골 얼굴 특징은 두개골형이 비교적 높고 얼굴형이 비교적 넓으면서도 편평扁平한 '고동북古東北 유형' 주민과 가장 비슷하다. 우하량조 홍산문화 원시주민은 마땅히 동북지역 원고遠古 시기의 토착주민이며 적어도 이 지역에서 가장 주요한 토착주민 중 하나이다.

우하량유적에서 출토된 인골에 대한 병리학 관찰 분석을 통해 알 수 있는 바 우하량 원시주민들 중에는 치주염, 이뿌리끝 농종과 치조(이틀)농종 등 구강질환이 많이 존재하였으며 충치 발병은 상대적으로 적었다. 보존 상황의 영향으로 다만 소량의 퇴행성 관절 질병을 발견했다. 두개골 침부枕部의 인공 변형은 우하량 홍산문화 원시주민들 중에서 비교적 보편적으로 나타났다.

회귀방정식 계산을 통해 우하량조 홍산문화 남성 주민의 평균 키 높이는 약 165.64cm이고, 여성 주민의 평균 키 높이는 약 161.93cm라는 것을 알 수 있다. 또 계산을 통해 우하량조 남성 주민의 평균 뇌용량은 약 1631.02ml이고, 여성 주민 평균 뇌용량은 약 1479.51ml라는 것을 알 수 있다.

이상을 통해 우리는 우하량 남녀의 생물학적 특징을 부분적으로나마 알 수 있게 되었다. 현 인류의 뇌용량이 1500~1800ml인 것을 감안하면 별 차이가 없다고 본다.

이 가운데 홍산인의 보편적 현상이었던 두개골 침부, 즉 편두에 대해 추가적인 설명이 필요하다. 편두褊頭는 돌과 같은 외압에 의해 인공적으로 변형된 두개골을 말한다. 일반적으로 '납작머리'라고 하는데, 대개 유목민들에게 나타나는 풍습이다. "어린아이가 출생하면 곧 돌로 머리를 눌러서 납작하게 만들려 하기 때문에 지금 진한辰韓 사람의 머리는 모두 납작하다"[7]고 했다. 실제로 김해 예안리 85호분 피장자 인골에서 편두가 확인되었는데, 김해는 변진弁辰(또는 변진한) 12국 중의 구야국狗邪國으로 볼 수 있다.[8]

문정창은 진한은 고조선의 진眞조선계로, 변한은 번番조선계로 보았다.[9] 그리고 편두(두개변형)의 분포권과 동이문화권을 비교한 결과 두개변

---

7) "兒生 便以石壓其頭 欲其褊 今辰韓人皆褊頭"(『삼국지』 권 제30, 42장 「오환선비동이전」 진한)
8) 김정학『한국상고사연구』범우사, 1990, 327쪽; 이종호『한국 7대 불가사의』역사의 아침, 2007, 95쪽
9) 문정창『고조선사 연구』백문당, 1969, 109쪽
10) 김인희「두개변형(頭蓋變形)과 巫의 통천의식」『동아시아 고대학』15, 2007, 422~423쪽

형은 동이문화의 확산과 함께 주변 지역으로 전파되었는데, 특히 서쪽으로는 중국의 하북성, 동쪽으로는 한국의 남부, 일본에서 발견된다고 말하고, 편두의 특징을 다음과 같이 요약하고 있다.[10]

- 동이족의 신인인 복희 치우 전욱 후직은 모두 두개변형頭蓋變形을 하였다.
- 한국의 시조모인 유화와 알영 그리고 신라의 왕들에서도 두개변형이 발견된다.
- 문헌과 유물을 통해 발견되는 우인羽人들, 즉 복희 치우 전욱 후직 우인 환두 신라토우상의 우인 유화 알영은 모두 새의 모습으로 변장한 무당이며 동시에 신이다.
- 동이문화의 새숭배는 태양조 숭배라는 특징을 갖는다.
- 두개변형을 한 이유는 어둠에 대한 공포증을 이기기 위한 것으로 새의 영혼을 빙의함으로써 태양신과 신인합일神人合一할 수 있었다.
- 편두(두개변형)는 새=태양=신=무巫=두개변형의 관계로 나타낼 수 있다.

이와 같이 편두는 산동의 동이족과 같이 홍산의 새토템족이 새머리를 닮아 태양과 합일하려는 공통적 풍습이었음을 알 수 있다. 우하량, 대문구, 김해의 삼각관계에 대한 연구가 따른다면 편두에 대한 이해의 폭이 넓어질 것이다.

---

11) 정형진 『한반도는 진인의 땅이었다』 알에이치코리아, 2014, 203쪽
12) 정형진 『한반도는 진인의 땅이었다』 알에이치코리아, 2014, 205~206쪽
13) 손성태 『우리 민족의 대이동(멕시코편)』 코리, 2014, 146쪽

우실하의 전언에 따르면 홍산문화 유지에서 발굴된 두개골 17개 중에 13개가 편두라는 중국학계의 소식을 알려줬다.[11] 또 정형진은 고조선의 경우 편두(두개골이 길게 늘어난 것)를 한 정치공동체를 진인辰人집단으로 보고, 진인에 속하는 숙신, 진번, 진국辰國, 진한, 변진 사람들이 해당된다고 하였으며, 나머지 고조선 사람들은 편두를 하지 않았다고 분석했고, 훈족에서도 편두가 발견된다고 했다.[12] 멕시코 고대문명, 마야문명, 페루 잉카문명도 편두를 했다.[13] 우리말에 '새머리 같다'는 말은 오래도록 전래되어 온 옛 습속을 표현한 말이며, 오늘날에는 머리가 작은 사람이나 속이 좁은 사람을 빗대는 속어로 변했다. 앞에서 장벽파가 북추이=고古진국이라고 했으므로 편두를 한 우하량인들은 북추이=새토템족=고조선의 진국=새머리라는 관계가 성립된다. 다시 말해 우하량인들의 편두 풍습은 동이의 전통을 그대로 간직한 것이며, 고조선 시기에는 진국辰國 등을 통해 전승되었음을 알 수 있다. 진辰은 본래 새벽 진辰 자 훗날 새벽 신晨으로 구체화되었음을 알 수 있다. 새벽의 '새'가 새(鳥)를 의미하고, 새벽이라는 말 속에는 '닭'의 뜻도 들어 있다. 한편 편두형 옥인이 그 시대상을 잘 말해주고 있다.[14]

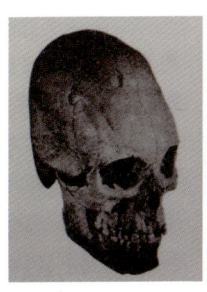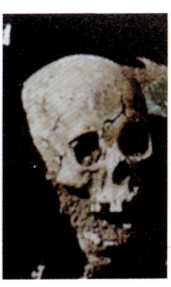

훈족의 편두(좌), 우하량 인골(중), 편두형 홍산 옥인(우)

---

14) 張雪秋, 張東中『紅山文化玉器』黑龍江大學出版社, 2010, 380번

2) mtDNA로 본 유전적 분석

중국에서 나온 조흔趙欣의 분자고고학 논문[15]을 중심으로 설명하고자 한다. 다만, 각종 수치가 고르지 못할 수 있고, 필자가 전문성을 갖추지

우하량 홍산문화 적석총 샘플 HVR-I 반수체형유군 귀속
Haplogroup attribution and HVR-I motifs for each sample that is successfully analyzed

Type	Sample number	HVR-I (16038-16391) 16000+	SNPs	Haplogroup
T1	N1	184-223-298-319	10400T	M8a
T2	N2, N15, N18, N22, N25, N26, N27	172-223-257A-261-311	10400C$_2$ 5417A	N9a
T3	N3, N4, N16, N19, N24, N31	182C-183C-189-223-360-362	10400T$_2$ 5178A	D5
T4	N5	183C-189	10400C$_2$ COII-tRNA^{Lys} 9-bp deletion	B
T5	N6, N8	129-213-223-290-319	10400C$_2$ 663G	A
T6	N7	223-234-293-316	10400T	M9a
T7	N9	111-140-182C-183C-189-234-243	10400C$_2$ COII-tRNA^{Lys} 9-bp deletion	B5b
T8	N10	114G-290-319-362	10400C$_2$ 663G	A4
T9	N11, N12	129-223-335-362	10400T$_2$ 5178A	D4
T10	N13	179-185-223-260-298	10400T	M8Z
T11	N14	136-183C-189	10400C$_2$ COII-tRNA^{Lys} 9-bp deletion	B4b
T12	N20	172-223-257A-261-270-311	10400C$_2$ 5417A	N9a
T13	N21	223-257A-261-294-311	10400C$_2$ 5417A	N9a
T14	N29	172-223-257A-261-294-311	10400C$_2$ 5417A	N9a
T15	N30	294-304	10400C$_2$ 3970T	F

15) 趙欣『遼西地區先秦時期居民的體質人類學與分子考古學硏究』吉林大學, 2009, 박사논문

우하량 홍산문화 적석총 샘플 반수체형유군 빈도 분포
Haplogroup frequencies distribution(%) in Niuheliang

Population	Sample Size	Haplogroup frequencies(%)							
		A	B	D	F	M8a	M9Z	M9a	N9a
우하량홍산	28	10.71	10.71	28.57	3.57	3.57	3.57	3.57	35.71

못했기 때문에 지금 단계에서는 참고 자료로만 활용할 수 있도록 재구성한 김욱의 자료에 의한 비교표를 제공하는 데 목적을 둔다. 중국의 조흔은 자신의 논문에 대해 다음과 같이 적고 있다.

> 본문은 요서遼西지역 선진시기의 인골자료를 연구대상으로 체질인류학과 분자고고학 두 방면으로부터 착수해 고고학, 고 기후학의 연구성과를 결합하고 인간 본신으로부터 출발해 요서지역 선진시기 주민들의 종속, 유전구조에 대해 비교적 전면적인 고찰을 진행하였으며 아울러 그 연원, 유향流向, 발전, 이동, 주변 주민들과의 상호관계 등에 대해 탐색하였는바, 요서지역 나아가 중국 북방 장성지대 선진시기 고고학문화 계보 등 문제의 탐구를 위해 풍부한 인종학과 유전학 자료를 제공하였다.
>
> 본문의 연구결과가 표명하는 바 신석기시대의 요서지역에서 '고古동북 유형' 주민은 마땅히 이곳의 가장 원시적인 토족土族으로 그들의 유전자는 비교적 단일하며 마땅히 상대적으로 독립적 환경에서 발전해왔을 것이다. 이어 청동기시대에 진입한 후 생산력 수준의 제고, 인적 유동성의 증강, 군체群體 간의 유전자 교류의 증가로 요서 주변 지역 '고古화북 유형' 주민의 한 지파가 요서에 진입하였으며 점차적으로 '고古동북 유형'을 대체해 이곳의 주체 군체가 되었다. 청동기시

대의 말기에 이르러 유동성과 이동성이 비교적 강하며 형태 특징이 '고古몽고 고원 유형'에 속하는 한 지파가 남하해 요서지역에 진입하였는데, 요서지역 인종 조성과 유전자 다양한 형태성을 위해 새로운 인소를 주입하였다. 이 시기 요서지역 고대주민 인종 유형은 교착분포의 상태를 나타내고 있다. 최종적으로 요서지역 선진시기 주민종족계통 성분은 복잡하고 다원성을 가지고 있다.[16]

우하량 홍산문화의 주민은 '아시아주 계보의 동아시아 분파에 위치하고 그 유전자 거리가 가장 가까운 것은 중국 남방 한족漢族 군체(0.03961)이며, 그다음은 중국 북방한족北方漢族 군체(0.04212), 일본인 군체(0.05158)이다. 계통의 발육나무로부터 우리는 가히 분명하게 알아낼 수 있는 바, 우하량 홍산문화 주민과 동아시아인 군체, 특히는 중국 한족漢族 군체와는 가장 가까운 유전거리가 있으며, 양자 간에는 가장 가까운 모계母系 유전관계가 있다. 우하량 홍산문화 주민 중 N9a 빈도는 상대적으로 높은데, 중국 한족 군체와 비교할 때 중국 남방 한족 군체와 더욱 접근한다'[17]고 자신의 연구결과를 적고 있다.

그러나 필자가 앞의 표에 나온 것 A는 A, A4/ B는 B, B4b, B5b/ D는 D4, D5 그리고 F는 F 등을 기준으로 다시 김욱의 상세자료[18]에서 일일이 찾아 나라별(중국조선족, 몽고인, 만주족, 북경한족, 일본인, 한국인)로 비교 분류한 결과 다음표와 같은 결론이 나온다. (조흔이 A라 한 것을 김욱은 A, A4 등으로 세분하였음)

---

16) 趙欣『遼西地區先秦時期居民的體質人類學與分子考古學硏究』吉林大學, 2009, 박사논문, 內容提要편
17) 趙欣『遼西地區先秦時期居民的體質人類學與分子考古學硏究』吉林大學, 2009, 박사논문, 50쪽
18) 김욱「미토콘드리아 DNA변이와 한국인의 기원」『미토콘드리아 DNA변이와 한국인집단의 기원에 관한 연구』 고구려연구재단, 2005, 37~38쪽. 이 책의 176쪽 종합자료 참조.

필자가 작성한 우하량인과 동아시아 집단의 mtDNA 하플로그룹
빈도 분포 비교 (김욱 자료 부분 인용, %)

하플로그룹	우하량	중국조선족	몽고인	만주족	북경한족	일본인	한국인
A(A, A4)	10.71	7.8	4.3	10.0	5.0	3.8	4.8
B(B, B4b, B5b)	10.71	5.9	2.1	0	10.0	1.9	1.1
D(D4, D5)	28.57	25.5	10.6	22.5	20.0	40.2	27.0
F	3.57	2.0	0	7.5	7.5	0	0
M8a	3.57	0	2.1	2.5	0	0.5	1.1
M8z	3.57	-	-	-	-	-	-
M9a	3.57	2.0	0	2.5	0	0	1.6
N9a	35.71	9.8	4.3	5.0	7.5	1.9	6.5

※ 위 표의 우하량 빈도는 앞의 조흔의 자료이고, 나머지는 김욱의 자료임

위 비교표에서 보면, D에서 우하량인(28.57)과 비교할 때, 한국인(27.0)과 조선족(25.5)이 가장 근접하다는 것을 알 수 있다. 이 D계통은 동북아시아에서 주로 나타나는 특징을 가지고 있다. 한국인 집단에서 가장 높은 빈도를 나타내는 모계기원의 mTDNA 하플로그룹은 D4이다.(김욱의 앞의 자료, 46쪽) 그래서 D계통을 중심으로 살펴본 것이다. 참고로 북방계열의 하플로그룹은 D, A, G 등이고 남방계열의 하플로그룹은 B, F, N9 등이다. 다만 연구에 사용한 표본 개체수가 적을 경우 의외의 결과가 나올 수 있기 때문에 주의가 필요하다.

또 조흔은 적봉시 동북쪽 합랍해구묘 소하연문화 유적을 대상으로 다음과 같이 조사하였다.[19]

---

19) 趙欣『遼西地區先秦時期居民的體質人類學與分子考古學 究』吉林大學, 2009, 박사논문, 74쪽

합랍해구 묘지 샘플 HVR-I 반수체형유군 귀속

Haplogroup attribution and HVR-I motifs for each sample that is successfully analyzed

Type	Sample number	HVR-I (16038-16391) 16000+	SNPs	Haplogroup
T1	S1, S5, S8, S30	182C-183C-189-223-360-362	10400T$_2$ 5178A	D5
T2	S2, S13	172-223-257A-261-311	10400C$_2$ 5417A	N9a
T3	S3	182C-183C-189-311	10400C$_2$ 12705C	R11
T4	S4	093-223-290-319-362	10400C$_2$ 663G	A4
T5	S6, S14	218-223-295-360-362	10400T$_2$ 5178A	D4
T6	S7	111-140-182C-183C-189-234-243	10400C$_2$ COII-tRNA^{Lys} 9-bp deletion	B5b
T7	S9, S33	223-278-362	10400T$_2$ 4833G	G2a
T8	S10	093-223-227-278-362	10400T$_2$ 4833G	G2a
T9	S11, S15, S29	093-223-362	10400T$_2$ 5178A	D4
T10	S12	148-223-274-298-327-357	10400T$_2$ 14318C	C
T11	S16, S19, S22, S24	223-362	10400T$_2$ 5178A	D4
T12	S17	218-223-295-362	10400T$_2$ 5178A	D4
T13	S18	093-114A-223-362	10400T$_2$ 4833G	G3
T14	S20	182C-183C-189-197-223-360-362	10400T$_2$ 5178A	D5
T15	S21, S34	223-290-319-362	10400C$_2$ 663G	A4
T16	S23	111-140-183C-189-234-243	10400C$_2$ COII-tRNA^{Lys} 9-bp deletion	B5b
T17	S25	072-223-298-327	10400T$_2$ 14318C	C
T18	S26	148-172-223-228-257A-261-311	10400C$_2$ 5417A	N9a
T19	S27	223-319-362	10400T$_2$ 5178A	D4
T20	S28, S37	223-311-362	10400T$_2$ 5178A	D4
T21	S31	182C-183C-189-232A-249-304-311	10400C$_2$ 3970T	F1b
T22	S32	140-183C-189-243	10400C$_2$ COII-tRNA^{Lys} 9-bp deletion	B5b

T23	S35	136-183C-189-217	10400C$_2$ COII-tRNA^{Lys} 9-bp deletion	B4b
T24	S36	183C-189-223-290-362	10400T$_2$ 4833G	G

합랍해구 묘지 샘플 반수체형유군 빈도 분포
Haplogroup frequencies distribution(%) in Halahaigou

Population	Sample Size	Haplogroup frequencies(%)							
		A	B	C	D	F	G	N9a	R11
합랍해구소하연	36	8.33	11.11	5.56	47.22	2.78	13.89	8.33	2.78

이에 대해 조흔은 "반수체형 빈도 분포를 보면 D형 빈도가 가장 높은데 47.22%에 달하며 다음은 B형과 G형이다. 기타 반수체형 유형군체 A, C, F, N9a, R11의 분포 빈도는 상대적으로 낮다. 합랍해구 주민 중에서 일정한 수량의 동아시아 특유의 반수체형 유형군체(B, F, N9a, R11)가 출현하였고, 북아시아인 군체에서는 극히 적거나 심지어 결핍으로 나타났다.

필자가 작성한 합랍해구인과 동아시아 집단의 mtDNA 하플로그룹 빈도 분포 비교(김욱 자료 부분 인용, %)

하플로그룹	합랍해구	중국조선족	몽고인	만주족	북경한족	일본인	한국인
A(A, A4)	8.33	7.8	4.3	2.5	2.5	0	3.2
B(B4b, B5b)	11.11	5.9	2.1	0	5.0	1.9	1.1
C	5.56	2.0	17.0	2.5	0	0.9	1.6
D(D4, D5)	47.22	25.5	10.6	22.5	20.0	40.2	27.0
F(F1b)	2.78	2.0	6.4	5.0	5.0	4.3	4.3
G(G, G2a, G3)	13.89	2.0	17.0	2.5	7.5	3.3	5.9
N9a	8.33	9.8	4.3	5.0	7.5	1.9	6.5
R11	2.78	2.0	0	0	0	0	0

※ 위 표의 합랍해구 빈도는 조흔의 자료이고, 나머지는 김욱의 자료임

이 방면을 통해 가히 판단할 수 있는 것은, 합랍해구 고대주민과 동아시아인 군체가 비교적 접근한 것으로 보인다. 동시에 그 중 반수체형 유형군체 B와 F의 아시아주의 분포는 남쪽에서 북쪽으로 점점 감소되는 추세인데, 이들이 합랍해구 고대 주민 중에서의 비례는 남방 한족중의 비례보다 낮으며 동북아지역의 북방한족, 일본인, 한국인 등과 더욱 비슷하다. 전체적으로 반수체형의 조성을 보면 합랍해구 고대주민은 동북아 지역의 몽고인종 동아시아 유형인 군체와 접근한다"[20]고 분석했다. (하플로그룹 Haplogroup이라는 말을 중국에서는 단배형유군이라고 하나, 여기서는 반수체로 고쳤다)

하지만 필자가 앞에 제시한 비교표에 의하면, 소하연문화의 합랍해구 주민은 한국인과 일본인에 근접하다는 해석이다. 합랍해구 고대주민의 D, A, G 계열의 합수는 72.22%인데, 한국인 집단에서 높은 빈도로 나타나는 D, A, G 계열의 합수는 61.1%이고, 일본인은 62.6%이다. 북방한족은 50%로 낮다.

이어 조흔은 조양시 북쪽에 있는 대전자大甸子묘지(하가점하층문화:夏下하)도 조사하였다.[21]

대전자묘지 샘플 HVR-I 반수체형유군 귀속
Haplogroup attribution and HVR-I motifs for each sample that is successfully analyzed

Type	Sample number	HVR-I (16038-16391) 16000+	SNPs	Haplogroup
T1	P1	129-192-223-362	10400T_2 5178A	D4
T2	P2	223-290-362	10400T_2 5178A	D4
T3	P3	189-223-362	10400T_2 5178A	D5
T4	P4, P12	223-362	10400T_2 5178A	D4
T5	P5	223-256-278-295	10400T_2 6455T	M7c
T6	P6	187-223-291-311	10400T_2 8793C	M10

20) 趙欣『遼西地區先秦時期居民的體質人類學與分子考古學研究』吉林大學, 2009, 박사논문, 74~75쪽
21) 趙欣『遼西地區先秦時期居民的體質人類學與分子考古學研究』吉林大學, 2009, 박사논문, 133쪽

T7	P7	223-278-362	10400T$_2$ 5178A	D4
T8	P8	223-295	10400T$_2$ 6455T	M7c
T9	P9	232A-249-304-311	10400C$_2$ 3970T	F
T10	P10	223-290-319-362	10400C$_2$ 663G	A4
T11	P11	223-325-362	10400T$_2$ 4833G	G
T12	P13	185-209-223-260-298	10400T	M8Z
T13	P14	223-234-316-362	10400T	M9a

대전자묘지 샘플 반수체형유군 빈도 분포
Haplogroup frequencies distribution(%) in Dadianzi

Population	Sample Size	Haplogroup frequencies(%)							
		A	B	C	D	F	G	N9a	R11
대전자하하	14	7.14	42.86	7.14	7.14	14.29	7.14	7.14	7.14

다음은 조흔의 분석 결과이다.

반수체형 유형군체 M7c와 M10은 요서지역 신석기시대 주민(앞에서 논술한 우하량 홍산문화와 합랍해구 소하연문화 주민) 중에서는 보이지 않으며, 기타 각 반수체형 유형군체는 모두 이미 출현했었다. 반수체형 빈도분포로부터 보면 D형 분포빈도가 가장 높고(42.86%) A, F, G, M7c, M8Z, M9a, M10이 각각 소량 분포되어 있다. 군체의 반수체형 빈도 분포도표와 비교해보면 F, M7c, M8Z, M9a와 M10이 동아시아인 군체 중에서 분포빈도가 가장 높고, 북아시아인 군체 중에서 결핍하거나 분포빈도가 극히 낮다. A형은 동아시아, 북아시아인 군체 중에서 분포빈도가 비슷하며, D와 G는 동아시아지역과 북아시아지역 중에 광범히 분포되어 있는데, 북아시아인 군체 중에서의 분포빈도는 중국 한족漢族인들보다 높으나, 동아시아인 군체 중의 일본인과 한국인중의 분포는 북아시아인 군체와 근사하다. 대전자大甸子 고대인 군체의 D형 빈도가 비교적 높아 북아시아인 군체와 비슷하지만, 기타 반수체형 유형 군체분포와 종합해 보면 그 반수체형 빈도분포와 동아시아인 군체의 일본인, 한국인 및 중국 북방 한족과 비교적 접근하며, 남방한족과는 일정한 거리가 있으나 북아시아인 군체, 중아시아인 군체와는 거리가 비교적 멀다.[22]

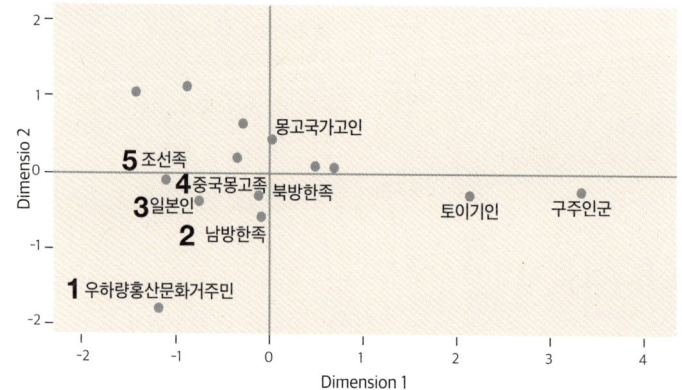

우하량(홍산문화) 거주민과 나라별 현대인 분석도(1번을 기준으로)
Two-dimensional MDS plot of Niuheliang and modern populations based on Fst values

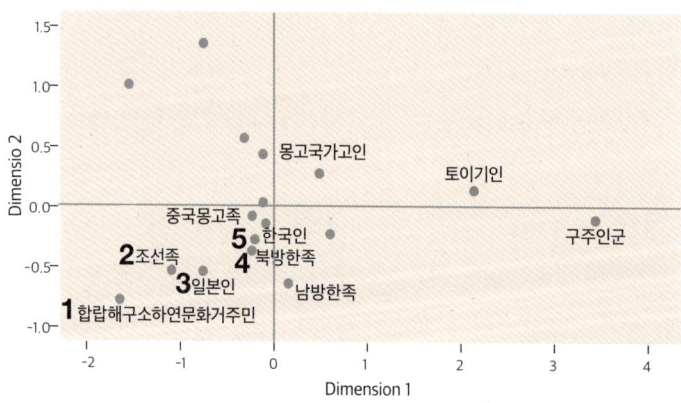

합랍해구(소하연문화) 거주민과 나라별 현대인 분석도(1번을 기준으로)
Two-dimensional MDS plot of Halahaigou and modern populations based on Fst values

필자가 작성한 대전자묘 주민과 동아시아 집단의 mtDNA 하플로그룹 빈도 분포 비교(김욱 자료 부분 인용, %)

하플로그룹	대전자묘	중국 조선족	몽고인	만주족	북경한족	일본인	한국인
A(A4)	7.14	7.8	4.3	2.5	2.5	0	3.2
D(D4,D5)	42.86	25.5	10.6	22.5	20.0	40.2	27.0
F	7.14	2.0	0	7.5	7.5	0	0
G	7.14	0	4.3	0	2.5	0.5	0.5
M7c	14.29	0	2.1	2.5	0	0	0.5
M8z	7.14	-	-	-	-	-	-
M9a	7.14	2	0	2.5	0	0	1.6
M10	7.14	3.9	0	0	0	1.4	0.5

※ 위 표의 대전자묘 빈도는 조흔의 자료이고, 나머지는 김욱의 자료임

이상에 제시한 대전자묘 주민에 대한 비교해석은 생략하고 우하량인 이하의 모든 사료를 종합적으로 비교 정리하면 다음과 같다.

㉠ 우하량 홍산문화 유적 출토 고古인골(1)에서 추출한 mtDNA로 상호 거리를 비교한 결과, 현대 일본인(3), 현대 조선족(5)이 비교적 가깝고 그다음으로 현대 중국 남방한족(2)이 가까운 집단으로 나온다.
㉡ 합랍해구 묘지에서 출토된 소하연문화 유적 출토 고인골(1)에서 추출한 mtDNA로 상호 거리를 비교한 결과, 현대 조선족(2)이 가장 가깝고, 그다음이 현대 일본인(3), 북방한족(4), 한국인(5) 순으로 나온다.
㉢ 위 표 자체만으로 보자면 적어도 모계(mtDNA)로 따졌을 때 홍산-소

22) 趙欣『遼西地區先秦時期居民的體質人類學與分子考古學研究』吉林大學, 2009, 박사논문, 133~134쪽

하연문화 영위 고대 종족과 가장 가까운 집단이 현대 조선족이고, 그다음이 일본인, 그리고 일부 유적의 경우 현대 한국인과도 관련이 있을 가능성을 보여준다. 결론이 그렇다는 것이 아니고 위 표만으로 해석하자면 그렇게 볼 수 있을 뿐이다. 다만, 한국과 일본이 부계(Y-염색체)로는 뚜렷한 차이가 나지만 모계는 거의 유사하다는 점을 생각했을 때 조선족과 일본인, 한국인이 비슷한 거리로 나타나는 것은 이상한 것이 아니다.

㉣ 그러나 문제는 위 표에서 조선족과 현대 한국인의 거리가 상당히 멀다는 점이다. 조선족이 대부분 근세 이후에 이주한 집단이고, 대일 항쟁기 이후에는 한반도 남부지역에서 대규모로 만주로 이주해 조선족화되었다는 점에서 조선족과 현대 한국인의 거리가 이렇게 크게 나오는 것은 의문이 생길 수밖에 없다. 심지어 일본인, 한족과의 차이보다 조선족과 한국인의 차이가 더 큰 경우도 있다는 점은 위 논문의 신뢰성에 상당히 의문을 품게 만든다. 이는 아무래도 지나치게 작은 표본을 사용한 데 따른 왜곡현상으로 짐작된다.

㉤ 이처럼 연구에 사용한 개체수가 너무 적다는 문제점 외에도 무엇보다 동북아시아 지역에서 mtDNA(모계)에 따른 지역별 차이보다는 Y-염색체(부계)에 따른 지역별 차이가 더 뚜렷하다는 점에서 모계에 한정해서 접근한 이같은 연구들은 근본적으로 한계가 있으나, 우하량유적이 소하연문화를 통해 보면, N9a가 홍산문화 유적지에서 대다수를 점하는 집단으로 발굴되었다는 것은 Y-DNA 데이타에 비해 분산적인 mtDNA 분포상 얼마간 획기적인 것이라 할 수 있다. 더군다나 이 N9a의 16172[23)]의 하위 하플로 유형의 절대 다수 변이들이 한국과 일본 지역에서 나타난다는 것은 거의 의심할 여지없이 현대

한국인과 일본인이 홍산문화 창조의 주역이었던 종족의 후손이라고 말할 수 있다.[24]

ⓑ 또 다른 최근 자료로 박소형이 논문에서 밝힌 하플로그룹 분포 구성으로 대비한 것을 보면[25] 북방 계열인 D와 동북아시아 계열인 A, G 계열 중에서 D, A를 합하면, 39.28 : 38.71로 매우 근접하게 나타나고 있으나, 정확도라는 면에서는 차이가 있을 수 있다. 한국인의 빈도에서 김욱은 D계열을 27%, N9a를 6.5%, 박소형은 각각 27.96%, 5.91%로 적고 있다. 이는 표본의 차이에서 온 것이다.

하플로그룹	우하량	한국인
A	10.71	10.75
B	10.71	10.75
D	28.57	27.96
F	3.57	8.60
G1a1	-	10.22
M8a	3.57	-
M9a	3.57	9.14
N9a	35.71	5.91

ⓢ 김욱의 자료에 의하면, 한국인(모계)의 북방계열인 mtDNA 하플로그룹(D, A, G계열)은 60%이고, 남방계열인 하플로그룹(B, F, N9 등)은 40%라고 했다.[26] 그런데 우하량인들의 빈도 분포(165쪽 참조)를 보면, 북방계열이 39.28(A+D)이고, 남방계열이 49.99(B+F+N9a)이다. 이런 결과는 현재의 한국인과 다른 면이 있다. 이는 모계를 중심으로 조사한 것이다. 이에 대한 연구는 추후를 기약하지 않을 수 없다.

---

23) N9a는 3만 6천년 전에 베트남 북부나 중국 남부에서 출현하였고, 2만 3천년 전에 다시 16129계열과 16172계열로 나뉘었다. 이 중 16172는 중국, 한국, 일본 등에서만 나타난다.
24) chojae 자료 부분 인용(http://egloos.zum.com/lyuen/v/5480480#type=comment&page=1)
25) 박소형 「차세대 염기서열분석 기법을 이용한 한국인의 미토콘드리아 전체 염기서열 분석」 서울대학교 대학원, 2017. 8, 94쪽
26) 김욱 「미토콘드리아 DNA변이와 한국인의 기원」 『미토콘드리아 DNA변이와 한국인집단의 기원에 관한 연구』 고구려연구재단, 2005, 48~49쪽. 이 책의 176쪽 종합자료 참조.

동아시아인 9개 집단에서 조사된 mtDNA 하플로그룹 빈도 분포 비교(김욱 종합자료 예시)

Haplo group	Korean-Chinese	Mongolian	Manchurian	Beijing-Han Chinese	Guangdong-Han Chinese	Vietamese	Thai	Japanese	Korean
A	0(0.000)	0(0.000)	3(0.075)	1(0.025)	0(0.000)	0(0.000)	0(0.000)	8(0.038)	3(0.016)
A4	4(0.078)	2(0.043)	1(0.025)	1(0.025)	0(0.000)	1(0.024)	0(0.000)	0(0.000)	6(0.032)
A5	1(0.020)	0(0.000)	0(0.000)	0(0.000)	0(0.000)	1(0.024)	0(0.000)	11(0.052)	5(0.027)
A5a	0(0.000)	0(0.000)	0(0.000)	0(0.000)	0(0.000)	0(0.000)	0(0.000)	0(0.000)	1(0.005)
B	0(0.000)	0(0.000)	0(0.000)	2(0.050)	0(0.000)	0(0.000)	1(0.025)	0(0.000)	0(0.000)
B4	0(0.000)	2(0.043)	2(0.050)	0(0.000)	6(0.087)	3(0.071)	0(0.000)	1(0.005)	7(0.038)
B4a	2(0.039)	1(0.021)	1(0.025)	0(0.000)	10(0.145)	1(0.024)	0(0.000)	1(0.005)	11(0.059)
B4b1	0(0.000)	0(0.000)	0(0.000)	0(0.000)	0(0.000)	0(0.000)	0(0.000)	14(0.066)	4(0.022)
B5a	1(0.020)	0(0.000)	0(0.000)	0(0.000)	0(0.000)	1(0.024)	3(0.075)	2(0.009)	2(0.011)
B5b	1(0.020)	1(0.021)	0(0.000)	0(0.000)	1(0.014)	0(0.000)	0(0.000)	4(0.019)	2(0.011)
D4	11(0.216)	5(0.106)	8(0.200)	5(0.125)	5(0.072)	7(0.167)	1(0.025)	75(0.355)	44(0.238)
G2	1(0.020)	0(0.000)	0(0.000)	1(0.025)	1(0.014)	0(0.000)	0(0.000)	1(0.005)	7(0.038)
N9a	5(0.098)	2(0.043)	2(0.050)	3(0.075)	1(0.014)	3(0.071)	1(0.025)	4(0.019)	12(0.065)

3) 우하량인과 고대 조선사람과의 비교

우하량인과 고대 조선사람과의 인류학적 접근을 위해 다음과 같은 선행 두 가지 머리뼈 계측치를 소개하고 비교해 설명하려고 한다.

먼저 우하량사람들의 머리뼈(점골) 비교표이다.[27]

우하량사람들의 머리뼈(점골) 비교표 (단위 : mm)

馬丁號	항목	우하량組	현대 북아시아 유형	현대 동북아 유형	현대 동아 유형	하가점 대전자 大甸子, 全組
1	점장 (머리뼈 길이)	171.00	174.90~192.70	180.70~192.40	175.00~182.00	176.89
8	점관 (머리뼈 너비)	160.00	144.40~151.50	134.30~142.60	137.60~143.90	143.22
8:1	점지수 (머리뼈 지수)	93.38	75.40~85.90	69.80~79.00	76.90~81.50	81.04
17	점고 (머리뼈 높이)	142.00	127.10~132.40	132.90~141.10	135.30~140.20	141.22
17:1	점장고지수 (머리뼈 길이높이 지수)	83.17	67.40~73.50	72.60~75.20	74.30~80.10	80.83
17:8	점관고지수 (머리뼈 너비높이 지수)	89.04	85.20~91.70	93.30~102.80	94.40~100.30	98.24
52:51	광지수 (눈확, 눈구멍 지수)	77.93	79.30~85.70	81.40~84.90	80.70~85.00	77.64

우하량인의 머리뼈(점골) 비교표의 인골 자료는 우하량유적 제2지점의 인골 37개(그중에 남녀 비율 17:16, 나머지 미상), 3지점의 인골 5개(남녀 3:2), 5지점의 인골 10개(남녀 2:0, 나머지 미상), 제16지점의 인골 11개(남녀 5:3, 나머지 미상) 등 63개체와 기타 10개체를 기본으로 삼은 것이다. 위 표에 의하면 우

---

27) 遼寧省文物考古硏究所 編『牛河梁-發掘報告』(中) 文物出版社(北京), 2012, 495~498쪽

하량인들은 현대 북아시아사람의 유형과 가장 흡사하다. 물론 머리뼈 높이, 머리뼈 높이길이 지수에서는 우하량인들이 하가점하층문화의 대전자 전조小組와 매우 흡사하다는 것을 알 수 있다. 특히 눈확(눈구멍) 지수는 일치하는 것으로 간주할 수 있다.

다음은 최근 북한에서 나온 머리뼈 계측값이다.[28] 이 머리뼈 자료는 모두 35개체로 남자가 18개체이고, 여자가 17개체이다. 지역별로 보면, 함북 길주군의 고대 무덤에서 남자 12개체, 여자 13개체, 평남 덕천시 승리산유적에서 나온 남자 1개체, 여자 4개체, 요녕성 정가와자유적에서 나온 남자 2개체, 길림시 서단산유적의 남자 2개체, 길림성 농안현 형가점유적에서 나온 남자 머리뼈 1개체 등이다.

고대 조선사람의 머리뼈 계측값 (단위 : mm)

M	징표	남자(18)	여자(17)	우하량組	하가점 대전자 大甸子, 全組
1	머리뼈 길이	177.5	173.3	171.00	176.89
8	머리뼈 너비	142.6	136.8	160.00	143.22
8:1	머리뼈 지수	80.0	79.0	93.38	81.04
17	머리뼈 높이(Ba)	139.9	134.0	142.00	141.22
17:1	머리뼈 길이높이 지수	78.4	78.1	83.17	80.83
17:8	머리뼈 너비높이 지수	98.7	97.3	89.04	98.24
52:51	눈확, 눈구멍 지수	85.0	85.6	77.93	77.64

---

[28] 김성일, 백성권 「머리뼈 계측값을 통해 본 고대조선사람의 인류학적 특징」 『조선고고연구』 사회과학원 고고학연구소, 2016,3호, 14~17쪽

아시아 옛 주민들은 일반적으로 머리뼈 길이와 너비가 약간 길고 넓은 편이다. 표준 통계치가 185.6±6.81mm이다. 이에 비하면 고대 조선사람은 머리뼈 길이가 177.5와 173.3으로 짧은 편이다. 이런 수치는 우하량(171)과 하가점(176.89)과 거의 같다.

　고대 조선사람의 머리뼈 너비도 우하량(160)보다 작으나 하가점(143.22)과는 남자의 경우 매우 가깝다. 또 머리뼈 지수가 남자 80.0, 여자 79.0인데, 80 이상부터 머리뼈 형태를 단두형이라고 하는데, 남자는 단두형에 속한다. 머리뼈 밑점Basion에서부터 재는 머리뼈 높이는 남자가 139.9로 이는 아시아 옛사람들의 평균 통계치보다 높은 크기이다.

　머리통 뼈의 크기를 나타내는 대표적인 징표는 그 길이와 너비와 높이인데, 고대 조선사람의 경우 가장 특징적인 것은 '높이'이다. 고대 조선사람은 그 길이나 너비보다 높이가 상대적으로 매우 크다. 따라서 고대 조선사람을 특징짓는 '머리뼈 높이'의 경우, 우하량 142, 하가점 141.22, 고대 조선사람 139.9로 이는 현대 동북아 유형과 현대 동아 유형과도 거의 일치하고 있으며, 북아시아나 동북아와는 차이가 난다. 더불어 '머리뼈 길이높이 지수'도 우하량 83.17, 하가점 80.83, 고대 조선사람 78.4로 시대별로 점점 작아지고 있다는 것을 알 수 있다. 머리뼈를 기준으로 단순 비교하는 것은 문제가 있으나, 뼈의 변형은 그 속도가 느린만큼 참고할 가치가 있다고 본다.

제2부

3. 우하량유적의 새토템과 곰토템

3. 우하량유적의 새토템과 곰토템
_____

1) 나사대유적의 새토템과 곰토템
2) 우하량유적에 나타난 새토템과 곰토템의 정체성
3) 우하량신전의 새토템족과 곰토템족의 '토템연합'

3. 우하량유적의 새토템과 곰토템

1) 나사대유적의 새토템과 곰토템

1980년 가을에 발현한 내몽고 파림우기 巴林右旗 파언한향巴彦漢鄉 나사대那斯臺(那日斯 台나일사대)유적은 홍산문화에 해당한다. 이 유적은 대청산大靑山의 동쪽과 적봉의 북쪽 에 있는데, 동서 1,500m, 남북 1,000m, 총 면적 150만㎡로 광범위한 유적이다. 1987 년 조사 보고 결과 '나사대유적은 마땅히 홍산문화에 속한다'고 인정하였다.

[지도 8] 파림우기 나사대유적

이곳에서는 빗살무늬(之자형)와 그물망무 늬가 새겨진 도기들이 출토되었고, 새 모양 의 조형석결鳥形石玦이 나왔다. 이 석결의 몸 체는 구부린 납작 기둥형으로 수미首尾는 가 깝고, 뾰족한 부리는 눈에 띄게 분명하며 이 마는 융기되었고, 동그란 눈은 돋을새김으 로 새겼으며, 날개 끝은 밖으로 튀어나왔다. 꼬리끝 부분은 둥근 활처럼 원호圓弧 모양 이며, 어깨 부분에는 구멍이 있고, 몸뚱이는 흰색에 무늬가 없는데 조각은 신중하고 온 후하며 간결하고 소박하다. 몸 전체의 높이 는 5.5cm이고 몸체의 두께는 1.1cm이다.[1]

새 모양 조형석결(파림우기 박물관)

나사대 부엉이(옥효玉鴞, 파림우기 박물관)

나사대 부엉이

조형장식

조형석결에 이어 또 옥효玉鴞 2개가 있다. 하나는 삼각형의 긴 부리가 아래로 솟아 있고, 양 날개와 꼬리 부분까지 3선이 드리워 있다. 다른 하나는 머리 위에 두 개가 밖으로 볼록 나와 귀가 원호圓弧 모양이며, 배가 약간 나온 것이다.[2] 그리고 또 하나의 '조형鳥形장식'이 있는데, 부채형 꽁지는 오목 볼록 무늬로 표시하였고, 복부에는 또 하나의 조각달 모양의 음각이 있다.[3]

그리고 나사대에서 나온 돌도끼(石斧)의 총체적 형체는 비교적 짧은데 조보구유적과 소산小山유적에서 출토한 도끼형 기물과 형상구조가 같다.[4]

그런데 이 유지에서 곰의 형상과 흡사한 석수石獸[5]가 발견되었다. 앞면에서 보면 곰이 확실하다. 홍산문화(B.C. 4500년)에 속하는 나사대유적에서 새와 곰 모양의 도기들이 서로 혼재 또는 공존해 있는 것을 볼 때, 어떤 의미에서는 우하량유적보다 시기적으로 500~1000년 정도 더 이른 곳일 수도 있다. 특히 남녀

나사대 석수(石獸)-곰상

---

1) 巴林右旗博物館「內蒙古巴林右旗那斯台遺址調査」『中國考古集成』(東北 4권), 北京出版社, 1997, 541쪽
2) 巴林右旗博物館「內蒙古巴林右旗那斯台遺址調査」『中國考古集成』(東北 4권), 北京出版社, 1997, 542, 543쪽
3) 巴林右旗博物館「內蒙古巴林右旗那斯台遺址調査」『中國考古集成』(東北 4권), 北京出版社, 1997, 542, 544쪽
4) 索秀芬, 李少兵「那斯台遺址再認識」『紅山文化論著粹編』遼寧師範大學出版部, 2015, 264쪽
5) 巴林右旗博物館「內蒙古巴林右旗那斯台遺址調査」『中國考古集成』(東北 4권), 北京出版社, 1997, 543쪽

로 추정되는 석조신상石彫神像[6](또는 石人)이 발굴된 것은 여신 중심의 우하량과 다른 면모를 보여주고 있다는 점이 대조를 이룬다. 물론 뚜렷이 구별하기는 힘들지만, 남신상과 여신상으로 추정해 설명하고자 한다. 우리의 일반적인 관념상 머리에 무엇인가를 이고 있는

나사대 남신상(좌), 떡 세 개를 올린 여신상(우)

상을 여신상으로 보려고 한다. 여신상은 속칭 '떡 세 개'를 이고 있는 것 같다. 오늘날의 표현으로 보면 '삼단 올림머리'[7]라고 할 수 있다.

파림우기 박물관 측의 자료에 따르면, 여신상은 높이가 19.4cm로 몸 전체를 광채를 내기 위해 마광磨光하였다. 머리 꼭대기에는 삼 층으로 된 상륜相輪형 장식이 있으며 윗부분은 평평하다. 얼굴 부분은 마름모꼴 능형菱形에 가까우며 눈과 눈두덩은 아래로 기울었고, 돋을새김은 '팔八'자형으로 되었으며, 입 부분은 뚜렷한 새김흔적이 없다. 두 팔은 가슴 앞에서 합장하는 상태이며, 허리는 졸라맸고 꿇어 앉은 자세이다. 나체에 맨발이며 성별 특점이 없다.[8]

다른 한 건은 남신상으로 보이는데, 35.5cm 높이에 쭈그리고 앉은 상태를 나타내는데 화강암으로 만들어졌다. 출토할 때 트랙터 삽에 부딪쳐 몸과 머리가 단절되었고 복부, 앞가슴, 눈 등 여러 곳에 모두 손상을 입었다. 석인의 머리 꼭대기에는 눈두덩에서 시작해 앞이마를 따라 위로 약간

---

6) 田廣林 외 『紅山文化論著粹編』遼寧師範大學出版部, 2015, 화보 14쪽
7) http://chicnews.mk.co.kr/article.php?aid=1463887780109390009 (배우 설리)
8) 巴林右旗博物館 『內蒙古巴林右旗那斯台遺址調査』『中國考古集成』(東北 4권), 北京出版社, 1997, 541쪽

씩 두드러진 등 마루 같은 것이
있는데 머리 꼭대기 정중앙에 두
개의 젖꼭지(乳釘) 모양을 이루고
있다. 이곳도 약간 손상을 입었
으므로 원상태가 이러한지 알 수
없다. 눈두덩이 융기되고 두 눈
은 오목하게 꺼져 들어갔으며 눈

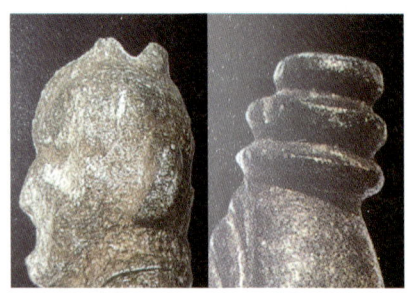

남녀 신상의 머리(확대)

알이 없다. 입안은 오목하게 벌린 상태이며 아랫입술이 뚜렷하다. 두 팔은 구부려 배 앞으로 나왔는데 복부가 손상을 입었으므로 두 손은 불분명하다. 두 다리는 구부렸고 엉덩이와 발바닥은 모두 단단했다.[9]

　남녀의 기이한 형상-두 개의 젖꼭지 같은 뿔, 세 개의 둥근 떡. 문자가 없던 시대는 이런 기이한 형상으로써 의사를 전달하고자 했을 것이다. 남신상 머리에 있는 두 개의 뿔은 두 개의 솟아오르는 불꽃을 상징한 것처럼 보인다. 핵심은 '불'이다. 또 여신상의 세 개의 떡은 곧 밥을 상징하는 것 같다. 따라서 뿔은 '불'을 의미하고, 떡은 생명의 밥(조)을 의미한다.

　또 한편 여신상은 고리 모양의 '똬리'(또애) 세 개를 머리에 올린 형상으로도 해석할 수 있다. 옛날 어머니들이 물동이를 일 때는 머리 위에 새끼줄로 만든 원형의 똬리를 올리고 무거운 물동이를 지탱했다. 이 똬리는 요즘의 도넛같이 생긴 것인데, '고리'를 상징한다. 새끼줄이나 왕골로 엮은 것으로 입에 물 정도의 길이로 끈을 달아놓는다. '새끼'라는 말은 짐승의 어린것을 뜻하나, '내 새끼'라고 할 때는 사람에게도 적용되었음을 알 수 있다. 신생아가 태어났을 때 대문에 새끼줄을 치는 것도 새끼(아기)가 태어

---

9) 巴林右旗博物館「內蒙古巴林右旗那斯台遺址調查」『中國考古集成』(東北 4권), 북경출판사, 1997, 541쪽. 혹자는 이 석인상을 흑피옥인(黑皮玉人)이라고도 한다.

났다는 생명과 연관된 것으로 이해할 수 있다.

특히 똬리와 입에 무는 가느다란 새끼줄은 탯줄을 연상시킨다. 새끼줄의 '줄'이나 '뱀'의 형상은 생명의 원형을 이해할 수 있는 통로가 된다. 이런 의미에서 떡 세 개를 '세 가닥의 탯줄'[10]로 비유하여 설명할 수 있다.

속칭 이 떡 세 개는 고리(環) 개념으로 연결되면서 역사에 나타난 탁리국槖離國, 고리국稾離國, 고례高禮 등과 관련 있지 않을까 추정해볼 수 있다.[11] 1세기경의 책인 『논형』의 「길험담」에 '북이北夷 탁리국왕槖離國王'이 나오는데, 위치상 북이北夷인 점을 고려하면, 고稾와 탁槖이 유사해 혼동할 수도 있겠다. 물론 탁리국이라는 국명은 텡그리와 단군으로 연결된다는 주장도 있다.[12]

다음으로 이 떡 세 개는 삼신三神신앙과 관계있다고 본다. 옛 민속에 주머니 속에 깨끗한 쌀을 담아 박달나무로 나무못을 만들어 그것을 벽에 걸어놓고 공손히 모시는 것을 일러 '삼신제석'이라고 했다.[13] 「단군고기」에도 삼신신앙과 관련된 이야기들이 있다. 이은봉은 풍백, 우사, 운사를 삼신이라고 하고, 이 삼신은 고조선뿐만 아니라 동이족의 종교문화였다고 밝혔다.[14] 이 삼신신앙의 수용 여부가 자기 토템의 정체성을 결정하는 기준이 되었을 것이다. 이를 삼백三伯 조직으로 설명하기도 한다.(뒤에서 상술)

나사대 사람들에게 삼신은 농경신으로서 가장 중요한 경배의 대상이었을 것이다. 삼신으로서의 떡 세 개는 유목이나 수렵시대가 끝나고 농경시대로 들어선 것을 의미하는 풍백, 우사, 운사의 농경신을 수용한 징표라

---

10) 김영균 「탯줄과 숫자3연구」, 『비교민속학』 44, 2011. 4, 153쪽
11) 손성태는 예족을 고리족이라 칭했다. 고리족은 만주대평원과 아무르강 일대에 살았다.(손성태 『우리 민족의 대이동(멕시코편)』 코리, 2014, 277쪽) 이에 대하여는 더 많은 연구가 요청된다.
12) 김정민 『단군의 나라 카자흐스탄』 글로벌콘텐츠, 2016, 257쪽
13) 김교헌 『신단실기』 이민수 옮김, 한뿌리, 1986, 42쪽
14) 이은봉 「단군신화를 통해 본 천신의 구조」 『단군신화연구』 온누리, 1986, 181쪽

고 보는 것이다. 농경사회에서 바람, 비, 구름의 절대적 중요성이 강조된다.15)

또 흥륭구 제2지점에서 출토된 도소삼인상 陶塑三人像16)을 세 명의 여신이 하나가 되어 얽혀 있는 삼여신상三女神像으로 보고, 우리의 삼신할머니의 원형으로 추정하기도 한다.17) 삼신과 관련해 참고할 만하다. 모양으로 보면 여신상이지만, 남녀의 구별은 큰 의미가 없을 것이다. 삼신신앙의 삼三은 '셋'이고, '세'가 되고, '세'는 '새'와 소리가 유사하니, 그 근원은 새신앙에 통한다고 할 수 있다.

흥륭구유지 출토 도소삼인상
(陶塑三人像)

이상으로 볼 때, 나사대유적은 지금 서랍목륜하 이북에서 발견한 규모가 비교적 큰 원시문화 유물 중의 하나이다. 이곳은 수토가 비옥해 고대인들의 농경과 어업 생산의 발전을 위해 극히 좋은 자연조건을 제공해 주었다. 유적 중에서는 수량이 비교적 많은 생산도구가 출토되었는데, 이는 당시 서랍목륜하 이북의 원시농업이 이미 일정한 수준으로 발전했다는 것을 설명한다. 돌화살촉은 제작이 정교하고 세밀하며 형체가 다양한데 이는 수렵용이나 작살용으로도 사용되어 어업 생산에 영향을 미쳤다는 것을 반영한다.

특히 옥기와 돌조각의 발견은 나사대유적의 문화 내용을 더욱 풍부하게 하였다. 이런 옥석玉石 제품은 대체적으로 재료가 같고 탁마풍격이 비

---

15) 최남선 『단군론』 경인문화사, 2013, 287쪽
16) 邵國田 『敖漢文物精華』 內蒙古文化出版社, 2004, 20쪽
17) 우실하 『3수분화의 세계관』 소나무, 2012, 203쪽

숫해 동일 시기 또는 동일문화 계통의 유물이라는 것을 설명한다. 비록 아직까지도 지층자료만으로는 그 연대를 직접 증명하지 못하지만, 비교적 많은 홍산문화 유물과 공동으로 존재하므로 이들 옥석 제품들이 홍산문화에 속할 가능성을 배제할 이유가 없다. 요녕성 객좌현 동산취와 능원현 삼관전자三官甸子 등 홍산문화 유적에서 출토된 옥조, 옥효, 삼련벽, 구운형옥기 등 장식품들은 동류 옥기 시대 구분을 하는 데 참고로 삼을 수 있다.

여기에 나사대유적은 부지면적의 크기나 범위의 광범함, 또한 일부 옥기의 발견에서 일반적인 원시문화유적을 훨씬 초월하고 있다. 이곳에는 밀집한 집터유적과 움유적들이 있을 뿐만 아니라 참호 등 방위시설도 있다. 이는 씨족사회의 번영상을 나타내고 있으며 하나의 중요한 취락유적이다. 이미 발견된 여러 곳의 홍산문화 유적과 연계시켜 볼 때 서랍목륜하 이북 역시 홍산문화 분포의 중요한 지역 중의 하나라는 것을 긍정할 수 있다.[18] 특별히 새와 곰토템 간의 공존을 통해 홍산문화를 발전시켰다는 점과 빗살무늬(之자형) 도기들이 출토되었다는 점에서 이곳 일대도 신시神市문화권으로 추정해 볼 수 있다. 이에 대해서는 뒤의 우하량유적(208쪽 참조)과 부엉이 분포도(256쪽)를 참고할 수 있다.

여기서 통칭 C자형 옥룡(C자룡)에 대해 재해석을 시도하고자 한다. 갈기와 C자형 등 두 가지 측면에서 살펴보겠다. 이 옥룡은 1971년 나사대유적에서 남쪽으로 가까운 옹우특기 삼성타랍촌三星他拉村에서 농부에 의해 발견되었다. 처음에는 옥저룡玉猪龍(손수도)[19]이라고 불렸다. 손수도는 C자룡의 출현 과정에 대해 "저룡猪龍 또는 홍산문화의 수형옥기가 변해 옥룡

---

18) 巴林右旗博物館「內蒙古巴林右旗那斯台遺址調査」『中國考古集成』(東北 4권), 北京出版社, 1997, 543쪽
19) 郭大順, 洪殿旭『紅山文化玉器鉴赏』文物出版社, 2010, 28쪽 5번

이 나왔다"고 본다.[20] 그러나 옥룡의 이름에 대한 의문은 이미 제기된 바와 같다.[21] 특히 두 몸이 한 몸(二體合身)처럼 된 것이 신비성을 더하고 있다. 필자가 보기에 소위 C자룡의 특징은 '긴 입'과 '둥근 C형', '말아 올린 갈기'에 중점을 두고 제작한 것이다.

먼저 등에 있는 갈기[22]는 물고기의 지느러미거나,[23] 매미의 성충에서 나오는 우화羽化[24]이거나 아니면 곰의 갈기라고 본다. 갈기는 말이나 멧돼지에도 있으나 곰에도 나타난다. 특히 곰은 동면冬眠에서 깨어나기 때문에 부활을 상징하기도 한다. 갈기와 몸의 이체합신二體合身은 곰의 불사不死를 상징한 것으로 본다. 또 2개의 눈과 5개의 이빨 등을 표현한 구운형옥기(N2-Z1-M27)[25]에도, 상단 좌우에 '갈기'가 표현된 것이 아닌가 한다.

곰의 상징은 이빨과 입이다. 곰은 나무 뿌리를 뽑아내는 괴력의 입을 가지고 있다.

곰 등의 갈기와 서 있는 곰(자유인 블로그)

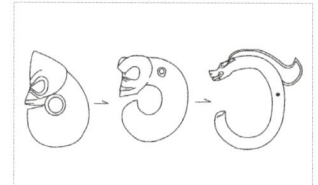

C자룡의 변화 과정(손수도)

---

20) 孫守道: 三星他拉紅山文化玉龍考『孫守道考古文集』遼寧人民出版社, 2017, 182쪽
21) 복기대 「시론 홍산문화 原始龍에 대한 재검토- 孫守道의 '猪龍'에 대한 비판적 검토를 중심으로」『백산학보』77, 2007
22) 곽대순은 이를 척식권체(脊飾捲體 : 등에 붙은 말아올린 몸)라고 했다. (곽대순 주편『홍산문화』화보설명)
23) 복기대 「시론 홍산문화 原始龍에 대한 재검토- 孫守道의 '猪龍'에 대한 비판적 검토를 중심으로」『백산학보』77, 2007, 62쪽
24) 매미의 우화에 대하여는 제3부 1장(238쪽)에서 상술함.
25) 郭大順, 洪殿旭『紅山文化玉器鑒賞』文物出版社, 2010, 73쪽 41번

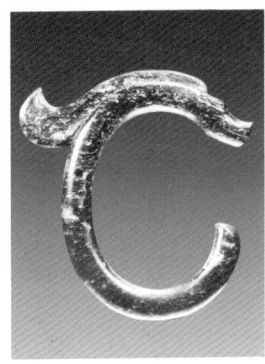

옹우특기 삼성타랍의 옥조룡(높이 26cm x 21cm)

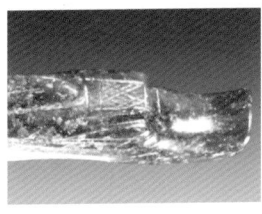

옥웅신

서양의 큰곰별자리(한국천문연구원)

실제 곰과 범이 싸울 때 마지막에 지쳐 도망가는 것은 범이다.[26] 곰의 주둥이 힘을 당하지 못하기 때문이다. 그래서 입을 강조해 길게 만들었다고 본다.[27]

그러면 왜 C자형인가?

그 모양이 둥근 C자형인 것은 깨지지 않게 하는 면도 있고, 또 원형圓形은 신령神靈한 것을 상징한 점이 있다.[28] 앞발을 자유자재로 구사하는 곰의 특징을 그린 것으로도 볼 수 있다. 또한 C자형은 돼지나 뱀장어의 모습 같기도 하며,[29] 서양 별자리의 큰곰자리별과도 유사한 점이 있고, 천수天水가 모여 있는 북두칠성에 비유할 수 있다. 또 남근숭배의 관점에서 보면, C자형은 남근의 힘을 형상화한 것으로도 볼 수 있다.[30]

---

26) 유투브에는 곰과 호랑이와 대결을 보여주는 동영상들이 많이 있다. 그 정도로 둘의 싸움은 초미의 관심사다. 호랑이가 이기기도 하고 곰이 이기기도 한다.
27) 이에 관해서 이우영 선생에게서 얻은 정보에 기초한 것이다(2018. 5. 8.)
28) "圓而神 方以知(둥글어서 신령스럽고, 모나서 지혜롭다)"(『계사』 상, 11장)
29) 복기대 「시론 홍산문화 原始龍에 대한 재검토- 孫守道의 '猪龍'에 대한 비판적 검토를 중심으로」, 『백산학보』 77, 2007, 62쪽
30) 참고로 『북경일보』 2018. 5. 18. 20면에는 흑피옥(黑皮玉)이 소개되었다. 삼성타랍의 C자룡과 같은 모양의 '흑피옥 C자룡'이 있다. C자룡 안에 여근을 드러낸 나부상 모습이 특징적이다. C자룡에는 알 수 없는 문자 형상이 나타나고 있다.

2) 우하량유적에 나타난 새토템과 곰토템의 정체성

우하량유적의 옥기는 대부분 대형무덤에서 나왔기 때문에 그 무덤의 주인이 중요하다. 정교하고 아름다운 옥기를 소유하고 있는 무덤 주인들은 신에게 제사 지내는 활동에 종사하는 제사장, 즉 신령神靈과 소통하는 대무당이었다는 견해가 있다. 2002년 우하량 제16지점 4호묘에서 또 중대한 발견이 있었는데 옥인玉人, 옥봉玉鳳 등 중요 기물이 출토되어 무덤 주인의 신분을 궁금하게 만들고 있다.[31] 필자가 보기에 옥봉의 무덤은 그 주인(남성 인골)이 새토템족으로 무덤 주인의 높은 신분을 상징하며, 옥봉과 옥인이 함께 출토된 것은 옥인도 새토템족과 관계되는 상징물임을 알 수 있다.

우하량 제16지점 4호묘 옥인(玉人)

진일민陳逸民은 옥봉玉鳳이 길이 19.5cm, 판상, 누운 자세, 구분 목, 돌린 머리, 높은 관, 둥근 눈 등이 가히 진귀한 국보라고 극찬했다.[32] 또 옥인玉人이 누구냐에 대해서도 이설이 있는데, 무사巫師, 부락의 수령首領, 제사장 등으로 보는데 진일민은 무사巫師(제사장)로 보는 이유를 다음과 같이 설명한다. 다만 이런 소형 인형 또는 신상의 경부(목부위)에는 모두 양쪽으로 뚫은 구멍이 있었는데 이것들은 숭배의 대상으로 제작되기보다는 모두 가슴에 거는 작은 장식물의 용도로 쓰였다

우하량 제16지점 4호묘의 옥봉(玉鳳, 모사본)

---
31) 朱成杰「從玉神物說來理解紅山文化玉器的本質內涵」『中國玉文化玉學論叢』(3편 상), 紫禁城出版社, 2005, 23쪽
32) 陳逸民 외『紅山玉器圖鑑』上海文化出版社, 2006, 83쪽

는 것을 말해준다. 부장용 옥기는 대부분 패용으로 사용되었던 것들이다.

> 무사가 술법을 행할 때 가슴에 다는 이런 옥기는 부락의 조상 또는 토템이 무사의 몸에 부착되었다는 것을 대표하는바 무사가 노래하고 춤추며 술법을 행할 때 신들린 상태에 처하게 하며 그가 말하는 모든 것과 하는 모든 짓들은 모두 이 작디작은 옥기가 대표하는 조상 또는 토템이 지휘하는 것이라고 믿게 한다.[33]

하지만 옥인玉人은 무덤 피장자의 신분을 표시한 패용으로 본다. 이 옥인은 살아서 하늘(神)과 옥玉과 함께 삼위일체를 이루어 제사지내는 특권을 갖고, 천지를 관통하는 능력을 보이면서 신권神權의 지도자로 군림한 것을 상징하고 있다.[34] 이런 의미에서 보면 옥인의 주인은 일반적 의미의 무사巫師가 아니라 제사장이나 천군天君이라고 보아야 할 것이다. 옥인의 인당에 제3의 눈(상단전)이 있는 것은 신인이나 천군의 역할을 했다는 깃을 의미한다. 옥인이 옥봉과 함께 출토된 것에서도 알 수 있다.

특히 옥인의 출현은 이미 동물이 아닌 사람을 대상으로 한 원시종교적 의례가 있었다는 것을 의미한다고 본다. 다시 말해 조상의례가 표면화되기 시작했을 것이다. 게다가 여신묘에서의 여러 군신群神숭배는 당시에 이전과 달리 조상숭배가 고급 단계에 들어갔다[35]는 주장도 참고할 수 있다. 조상

제3의 눈(상단전)을 상징하는 옥인(모사본)

---

33) 陳逸民 외 『紅山玉器圖鑑』 上海文化出版社, 2006, 74쪽
34) 정건재 「흑피옥문화와 半人半獸 神像」 『세계환단학회지』 2권 1호, 2015. 6, 213쪽

숭배는 자연히 부계혈통을 강화시키는 계기가 된다. 프레이저도 "모계근친제가 모권통치권을 수반하는 것은 아니다"[36]라고 했다.

여기서 우하량 제16지점의 쌍웅상雙熊像(139쪽 참조)을 자세히 볼 필요가 있다. 이 쌍웅상의 정식 명칭은 쌍웅수삼공옥식雙熊首三孔玉飾[37]이다. 이 삼공기三孔器는 대개 무구巫具나 조상 제사용 예기로 알려져 있다. 이것을 종전에 돼지라고도 했지만 귀가 강조된 점에서 곰의 머리가 분명하다. 이와 같이 옥인玉人, 쌍웅雙熊, 옥조玉鳥는 우하량 제16지점의 삼신물三神物이다. 앞의 제1지점 여신묘 구역처럼 여기 제16지점에서도 곰토템과 새토템은 함께 공존하고 있다.

또 이와 유사하게 양면에 사람의 머리를 새긴 것을 쌍인상雙人像(95쪽 참조)이라고 한다. 이 쌍인상은 우하량 제2지점 1호총에서 출토된 것이다. 이렇게 우하량에서 곰과 사람을 새긴 삼공기가 두 개 있다는 것은 '곰이 곧 사람'이라는 웅즉인熊則人을 상징한 것으로 해석할 수 있다.

이와 같이 두 개의 삼공기는 곧 세 개의 빈 원인 같은 삼원공三圓孔이다. 이를 환일幻日현상에서 나타나는 세 개의 태양으로 보기도 한다.[38] 그런데 태양이 세 개라는 의식은 원시인의 원초적 우주관에서 나온 것이다. 울치족 신화에 의하면 본래 하늘의 해는 세 개였다. 어느 날 너무 더워 움막도 타고, 물고기도 타 죽게 되자, 어느 사내가 해 두 개에 돌을 차례로 던져 죽였다는 이야기다.[39]

따라서 태양 세 개를 표현한 이 삼원공三圓孔은 인간의 원초적 죄의식

---

35) 郭大順 주편 『紅山文化』 이종숙 번역, 동북아역사재단판, 140쪽
36) 제임스 조지 프레이저 『황금가지』 이용대 역, 한겨레출판(주), 2003, 468~469쪽
37) 遼寧省文物考古硏究所, 朝陽市文化局 編 『牛河梁遺址』 學苑出版社(北京), 2004, 75쪽
38) 우실하 「홍산문화 옥저룡, 쌍수수황형기, 쌍수수삼공기의 상징적 의미와 '환일(幻日: Sundog)' 현상」 『동아시아 고대학』 24집, 2011, 102쪽
39) 곽진석 『시베리아 만주-퉁구스족 신화』 제이앤씨, 2009, 72쪽

을 스스로 고백하는 것을 상징한다고 본다. 이를 반복적으로 행함으로써 죄를 씻고 다시 본연의 인간으로 태어나는 것이다. 이런 반복적 행위는 자기를 무無로 돌아가게 하는 무화無化의식이다. 이 무화의례無化儀禮가 본래적 무巫의 의미였다고 생각할 수 있다. 무無로 돌아가면 본래 3이다. 『천부경』의 석삼극析三極이란 말이 무無로 돌아가면 본래가 삼극三極이란 뜻이다.[40)]

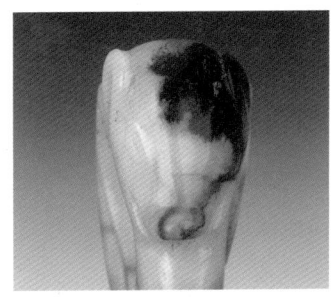
우하량 제16지점 1호묘 쌍웅상(雙熊像)의 앞면

태양은 눈에 보이는 태양을 뜻하기도 하지만, 실질은 내면의 빛을 상징한다. 3개의 내면의 빛 가운데 인간은 두 개를 죽였다. 스스로 죽인 것이지 누가 누구를 죽인 것이 아니다. 3은 완전수인데, 둘을 거세한 인간이 불안하게 하나로만 살아가고 있을 뿐이다. 예를 들어 천지인도 셋이요, 아기의 탯줄도 세 가닥인데,[41)] 이 세상에 태어나는 순간에 탯줄을 자를 수밖에 없는 모순에 빠진 것과 같다.

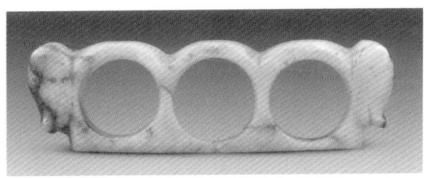
우하량 제16지점 삼원공(三圓孔)의 쌍웅상(雙熊像)

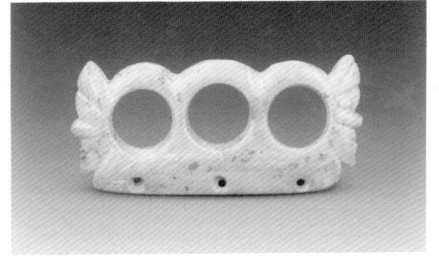
우하량 제2지점 삼원공(三圓孔)의 쌍인상(雙人像)

따라서 필자는 삼원공三圓孔을 잠정적으로 천지인 3태극의

---

40) 이찬구 『天符經』 상생출판, 2014, 58~59쪽
41) 김영균 「탯줄과 숫자 3연구」『비교민속학』 44, 2011. 4, 153쪽

3태양으로 해석하고자 한다. 다시 말해 천태양, 지태양, 인태양이라고 할 수 있다. 『천부경』의 다른 구절인 '본심본태양앙명本心本太陽昻明'과 같은 맥락에서 이해할 수 있다고 생각한다. 이런 의미에서 이 쌍웅상은 『천부경』으로 표현된 한국인의 3수[42]사상의 원형과 근원에서 만날 수 있다고 보는 것이다. 즉 1이 곧 3이고, 3이 곧 1이 되는 이치다.

이와 같이 우하량의 대표적인 동물 조형의 수장품은 옥효와 옥봉과 쌍웅상이다. 즉 새와 곰의 형상이다. 그러면 이 새와 곰의 형상이 갖는 의미는 무엇인가? 이를 알기 위해 우하량유적의 출토 옥기를 재분류해보고자 한다.

우하량 옥기 부장품으로 본 토템 구별

지점-총	무덤 번호	새(鳥)	곰(熊)	사람(人)
N1(제1지점)		새날개	곰발톱	여신상
N2-Z1(제2지점 1호총)	M12			쌍인상(雙人像)
	M17	옥봉수(봉황)		
	M21		곰(수면)패식	
	M23	용봉옥패(봉황)		
	M26	쌍효수(부엉이)		
	M27	구운형옥기(부엉이)		
N2-Z4(제2지점 4호총)		조형옥추(무면조)		
N3G2				남성상(잔편)
N5SCZ2				여성상
N16(제16지점)	M4	옥봉(봉황)		옥인(玉人)
	79M1		쌍웅상(곰)	
	79M2	옥조(새)		
	H95(하가점)			석인(石人)

---

42) 우실하 『3수분화의 세계관』 소나무, 2012 참조

이 자료는 제2지점(N2) 98건, 제3지점(N3) 9건, 제5지점(N5) 23건, 제16지점(N16) 53건 등 우하량에서 나온 모두 183건의 옥기를 새 형상과 곰 형상, 사람 형상으로 구분해 발췌한 것이다. 우하량에서 출토된 183개의 옥기는 극히 일부라는 주장도 있다. 부장품으로서의 옥기는 묘실 안에도 있지만, 묘실 밖에도 놓는다고 현지 전문가들은 말한다. 그들에 의하면 무덤 밖의 머리 쪽에 1개 구덩이, 발 쪽에 6개의 구덩이를 파서 옥기를 부장한다는 것이다. 무덤 안보다도 밖에 더 많다는 말이 된다.[43]

앞의 표에서 특히 새와 곰은 여신묘 신전을 제외하고, 같은 무덤 안에서 같이 나오지 않았다는 점이다. 그것은 분명히 다른 두 토템의 개별적 존재, 즉 새토템과 곰토템이 개별적이되 이웃으로 공존했다는 것을 의미한다. 무덤 안에 각각 같은 토템이 중복되지 않는 것은 각각의 무덤 주인이 자기 토템의 소속성을 분명히 한 것으로 볼 수 있다. 이처럼 부장품의

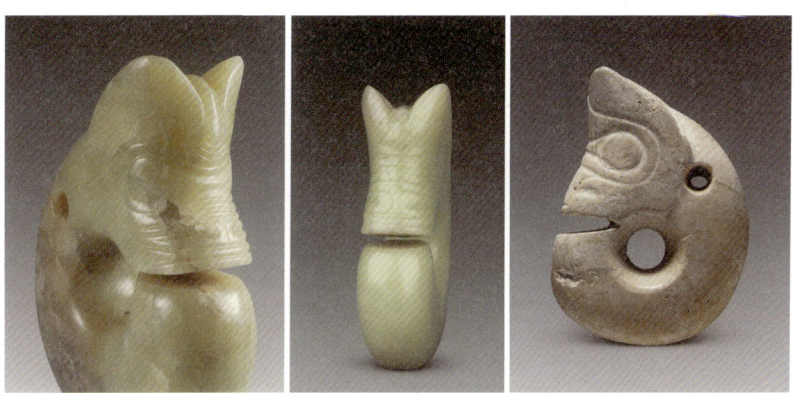

N2-Z1-M4 옥저룡(좌), N16-M14 옥저룡(중), 우하량유적 채집 옥웅룡(흰색, 우)

---

43) 또한 중국 현지인들에 따르면 적석총(무덤) 밖에는 더 많은 옥기가 매장될 수 있고, 그 중에 상당수가 민간 수집가의 손에 들어갔다는 소문도 있다.이런 의미에서 보면 박물관 소장 옥기 못지않게 민간 수집가들의 옥기도 선별하여 그 가치를 인정해주어야 한다. 옥기는 같은 옥기이기 때문이다.

동물 형상은 각각 자기 정체성을 상징하며, 그 무덤 주인의 소속 토템을 반영하되 이웃으로서의 토템공존을 방해하지는 않은 것 같다.

한편 지금까지 옥룡玉龍, 옥저룡玉猪龍, 옥웅룡玉熊龍, 옥조룡玉彫龍 등으로 알려진 우하량의 옥기에 대해 새로운 해석이 필요한 것 같다. 필자는 옥룡의 귀는 부엉이(鴞), 입은 돼지(猪)를 표현한 기물로 연결해보려고 한다. 만약 온전하게 돼지 형상(玉猪龍)이라면 코와 입이 강조될 것인데, 귀가 크게 강조된 것에 의문이 간다. 돼지는 귀가 약하기 때문이다.

반면에 부엉이는 숲에서 살지만 사람이 사는 집 안에도 서식해 사람과 가장 가까운 관계를 맺고 있다. 뿐만 아니라 귀뿔깃이 큰 것이 특징인 부엉이는 쌍효수(N2-Z1-M26)와 같이 눈도 강조한다. 그래서 부엉이 얼굴은 'ㅂ' 자형이고 귀뿔깃이 없는 올빼미는 'ㅇ' 자형이라는 말도 한다.

특히 구운형옥기 중에 두 눈 형상을 하고 있는 것을 '효형鴞形 구운형옥기'라 하여 부엉이 형상으로 보기도 한다.44) 그렇다면 제2지점의 여러 구운형옥기 중에 두 눈이 분명한 옥기를 '쌍눈 구운형옥기'(N2-Z1-M27)라 부를 수 있다. 필자는 이 쌍눈이 부엉이의 두 눈을 기하학적으로 강조한 점에서 부엉이상을 잘 표현한 것으로 본다. 거북이와 함께 부엉이는 우주관을 표현하는 동물로 보기도 한다.

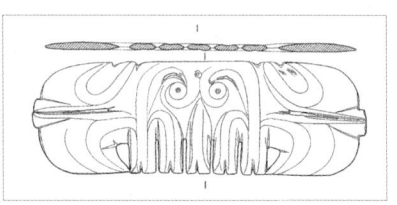

부엉이의 백미인 쌍눈 구운형옥기 모사본
(제2지점)

---

44) 李新偉「紅山文化玉器與原始宇宙觀」『紅山文化硏究』文物出版社, 2006, 349쪽

여신묘의 여신 두상(22.5cm)

3) 우하량신전의 새토템족과 곰토템족의 '토템연합'

1983년부터 발굴을 시작한 우하량유적에 세계의 이목이 집중된 것은 1984년 10월 31일, 우하량 1지점에서 5000~5500년 전에 만들어진 여신상女神像의 출현이었다. 높이 22.5cm 두께 16.5cm. 서측실과 주실 사이에서 발굴되었다. 이 발굴을 담당하던 요녕성 문물고고연구소 연구원 곽대순은 홍분을 감추지 못하고 "진흙덩어리가 하나 떨어졌는데 거기에서 사람 머리의 윤곽이 보이기 시작했어요. 그래서 흙을 조심스럽게 치워보니 마치 살아 움직일 것 같은 이마와 눈이 드러났습니다"[45]라고 벅찬 감격을 쉴 사이 없이 토로했다고 전한다. 이 소식은 1986년 7월 말에야 비로소 중국 언론을 통해 공개되었다. 여신 두상頭像의 크기와 형태는 다음과 같다.

여신상의 머리 두상은 비록 머리 꼭대기 상부 주요 부분이 상해 없어졌고 왼쪽 귀가 끊어져 모자라며, 아랫입술이 탈락되었고, 왼쪽 볼과 코 부분에 금이 갔지만 얼굴(안면) 전체는 온전하게 보존되었다. 머리 두상의 현존 높이는 22.5cm이고, 얼굴 넓이는 16.5cm이며, 두 귀 사이의 거리는 23.5cm, 눈자위 길이 6.2cm, 두 눈 간격 3cm, 코 길이 4.5cm, 코 넓이 4cm, 귀 길이 7.5cm, 귀 넓이 3.5cm, 입 길이 8.5cm, 입술 높이 2~2.5cm이다.
조각한 흙은 황토질로 비교적 점성이 컸으며, 풀이나 벼짚(조짚) 같은 것을 섞었고 불에 굽지 않았다. 속태의 흙질은 비교적 거칠며 빚어진 각 부위는 보드라운 흙질이다. 표면은 갈아서 윤을 냈는데 출토시 선홍색을 띠었고, 눈구멍(눈확), 볼이 유달리 현저했으며 입술 부

---
45) 양대언「요하문명론과 홍산문화의 고찰」,「국학연구론총」 5, 택민국학연구원, 2010. 6, 226쪽

분은 붉은색을 칠했다. 머리의 후반 부분은 끊어져 없으나 비교적 편평했는데, 조각한 후 벽에 붙이려 했던 것인지는 더 연구해야 할 일이다. 머리 뒤 단열면 중부에서 하나의 세워진 나무기둥 흔적을 볼 수 있는데 직경은 약 4cm이고, 목 아래로부터 머리꼭대기까지 곧추 통해 올라갔으며 기둥에는 짚이나 풀을 싸맸던 흔적이 있다.[46]

서측실 앞에서 출토된 두상(여신상, 상), 복원된 여신상(좌)

여신상과 유사한 옥신면(玉神面, 19cm)

　이 여신상은 후에 복원되었다. 복원된 여신상을 보며 5500년 전 여신의 본모습을 상상할 수 있게 되었다. 그 모습은 반가부좌를 하고 두 손은 하단전에 모으고 종교적 수행 모습을 잘 보여주고 있다.[47] 다만, 우하량 여신 두상의 정수리 부분이 약간 잘려나간 것처럼 보여 유감이다. 분명히 머리 위에 무엇인가 징표와 같은 것이 올려져 있었을 것이다. 이 여신상과 유사한 옥기를 찾은 결과 머리 위에 원반처럼 생긴 것을 올려놓은 것 같은 옥신면玉神面을 발견할 수 있었다.[48]
　손수도孫守道는 이 여신 두상에 대해 원시종교의 여신 숭배로 평가했다.

　고대사회에서 여신은 생육을 상징하고 대지를 상징하며 수확을 상징하는바 한 개 민족의 생명력의 체현으로 광범위한 숭배를 받았다. 여성 조각형상은 구석기시대 말기에서부터 청동시대 초기에 이르기까지 유라시아 대륙으로부터 중앙아메리카에 이르는 고대 유적과 고분 중에서 비교적 많이 보인다. 중국에서 여성 조각상의 명확한 발견은 1979년에 발굴한 객좌현 동산취 홍산문화유적에서 처음이었는데, 학술계의 보편적인 주의를 일으켰다. 동산취유적에서 발견된 도기조각상은 모두 중소형에 속해 자료가 완정하지 못했다. 이번에 동산취에서 멀지않고 같은 홍산문화에 속하는 우하량에서 규모

---

46) 孫守道 郭大順「牛河梁紅山文化女神頭像的發現與研究」『紅山文化論著粹編』遼寧師範大學出版部, 2015, 390쪽
47) 안경전 역주『환단고기』(보급판) 상생출판, 2016, 108쪽
48) 徐强『紅山文化 古玉精華』藍天出版社, 2004, 283번

가 더욱 큰 제사 유적군을 발견하였으며 더욱이 이미 출토된 것은 하나의 조각수준이 비교적 높고 조형造型이 준확准確하며 형상이 생동적인 대형 여성 두상 조각상인데 이는 확실한 고고자료로서 여신에 대한 숭배는 우리나라(중국) 원시종교 의식 형태 중에서 역시 주도적 지위를 차지한다는 것을 실증했다.49)

여신묘에서 나온 대형 곰 발톱

또 우하량은 여신묘 뿐만 아니라, 여신묘 인근에서 돌로 쌓은 무덤인 적석총이 조사됐다. 거기서 옥으로 만든 돼지 형상의 용, 즉 옥저룡玉猪龍이 발굴됐는데, 돼지는 대개 곡물 정령의 화신으로 알려져 있지만50) 곰과는 구별할 필요가 있다. 특히 송곳니가 아래위로 교차된 것은 곰의 형상인 옥웅룡玉熊龍이

여신묘에서 나온 대형 곰 아래턱 이빨

라고 주장하기도 한다.51) 본래 이 옥룡은 옥결玉玦에 해당 동물의 이목구비를 상징적으로 표현한 것들이다. 또 용봉龍鳳 형상의 옥패玉佩도 발견되

---

49) 孫守道 郭大順「牛河梁紅山文化女神頭像的發現與硏究」『紅山文化論著粹編』遼寧師大學出版部, 2015, 393쪽; 孫守道「牛河梁紅山文化女神頭像的發現與硏究」『孫守道考古文集』遼寧人民出版社, 2017, 188쪽
50) 제임스 조지 프레이저『황금가지』이용대 역, 한겨레출판(주), 2003, 562쪽
51) 우실하『동북공정 너머 요하문명론』소나무, 2007, 324쪽; 遼寧省文物考古研究所 編『牛河梁-發掘報告』(下) 文物出版社(北京), 2012, 도판319

었다.[52]

그런데 우리는 한 가지 고민에 빠지지 않을 수 없다. 이렇게 여신묘 내외에서 나온 많은 동물 옥기 형상 중에 어느 것을 토템으로 볼 것이냐는 문제이다. 무덤 속에 있는 수많은 동물상이 다 토템은 아닐 것이다. 부족토템에 대해 프로이트는 "상호간의 공동의무와 토템에 대한 공동신앙을 통해 굳게 결속되어 있다"[53]고 보았다.

그러면 어느 동물상이 진정한 토템동물일까? 우리가 태극기에는 경

여신묘에서 나온 대형 새 발톱(상)과 새 날개상(하)

례를 하지만, 무궁화에는 경례를 하지 않는다는 점을 유념하면 여신묘에 주목하지 않을 수 없다. 사람 신상도 하나만이 아니고, 주실主室에서는 사람 세 배 크기의 신상과 함께 실제 사람 크기의 신상이 발굴되었고, 서측실西側室에서는 실제 사람 두 배 크기의 신상 등이 발굴되었다. 손가락 크기가 다른 신상의 발견에서 이를 입증할 수 있다. 아亞 자 모양에 따라 주실主室을 비롯해 북실北室과 남실南室, 동측실, 장방형실 등의 7개의 방마다 신상이 봉안되었다면 모두 7인의 신상이 있게 된다. 각 실의 이름들은 학자마다 다른데, 필자가 배치도의 의미를 살려 붙인 것이다. 문제의 여신상은 이 도면에서 보면 서측실 앞(★)에서 발굴한 것이다.

이런 의미에서 이 여신상 및 함께 출토된 다른 조각상들은 마땅히 조

---

52) 遼寧省文物考古硏究所 編 『牛河梁-發掘報告』(下) 文物出版社(北京), 2012, 도판96; 모사본은 상권, 107쪽
53) 지그문트 프로이트 『토템과 타부』 김종엽 옮김, 문예마당, 1995, 154쪽

필자가 붙인 여신묘 각실 명칭(★는 여신상 발굴지)

상숭배와 관계가 있는 우상일 것이다. 이것을 하나의 "주신主神과 중신衆神을 둘러싼 병렬된 다실多室 구성의 신전神殿 유적"54)이라고 본 손수도는, 원시사회의 종교숭배는 대부분 자연숭배, 토템숭배와 조상숭배 등 이 세 형식의 변화를 거친다고 말하고, 홍산 우하량 여신묘의 제사 대상을 보면, 신격화된 사람들의 조각상도 있고, 신격화된 동물들의 조각상도 있다고 했다.55)

우하량의 여신상은 황토로 빚어 만든 소조塑造상이었는데 얼굴에는 선홍색 안료가 칠해져 있었고, 깊은 눈에는 청록색 구슬이 눈동자처럼 자리해 있었다. 여신상은 눈에 둥근 옥이 박혀 있어 연대 측정이 가능했다. 학계에선 그 연대를 기원전 3500년에서 기원전 3000년 정도로 본다. 또한 귀고리를 한 흔적이 있다.

그리고 동물상으로는 곰 아래턱(泥塑熊下顎), 곰 발톱(泥塑熊爪)이 대표적

---

54) 孫守道, 郭大順「牛河梁紅山文化女神頭像的發現與研究」『紅山文化論著粹編』遼寧師範大學出版部, 2015, 394쪽; 孫守道「牛河梁紅山文化女神頭像的發現與研究」『孫守道考古文集』遼寧人民出版社, 2017, 190쪽
55) 孫守道, 郭大順「牛河梁紅山文化女神頭像的發現與研究」『紅山文化論著粹編』遼寧師範大學出版部, 2015, 393쪽; 孫守道「牛河梁紅山文化女神頭像的發現與研究」『孫守道考古文集』遼寧人民出版社, 2017, 188쪽

이다.56) 한국학자 중에도 이 파편이 곰인지 아닌지 의문을 제기한 사람이 있지만,57) 곰으로 인식하는 것이 대세다. 일반적으로 말하면 곰숭배는 마땅히 토템신앙과 조상숭배와 관계가 있다. 곰의 체구는 가슴과 복부가 풍만하고 뒷다리로 버티며 사람 걸음을 할 수 있다. 앞뒤 발은 안으로 돌릴 수 있으며, 앞발은 마치 사람 손바닥 같은데 물건을 쥘 수 있고, 먹이를 입에 가져다 넣을 수 있으며, 빛과 눈을 가리고 멀리 바라볼 수 있으며, 그 생식기와 어미 곰의 두 젖은 모두 사람과 같으며, 힘으로 나무를 뽑을 수 있어 사람들로 하여금 두려워하게 한다.

손가락 크기가 다른 신상(일부)들

북방 일부 민족들 중에서 곰을 신으로 여기고 있는데(視熊如神), 여러 가지 전설, 신화가 산생되었으며 곰과 사람은 친연관계가 있다고 인정한다. 인웅합일人熊合一의 위력은 무궁한 것으로, 일체 동물에 대한 숭배를 초월하며 곰을 경외하고 곰을 존상하며 곰에 제사지내고 조상으로 인정하기도 한다.58)

또 하나 동물상으로는 진흙으로 만든 새(매) 발톱과 날개상(泥塑鳥翅)도 있다.59) 모두 대형 곰과 짝이 되는 새 형상이라는 점에서 두 동물상은 다른 동물 옥기와 차별성을 갖는다. 이는 무덤 속에서 발견한 작은 옥기 속의 새나 곰이 아니라, 신전神殿에서 발견된 대형 신상神像이라는 면에서 새

---

56) 遼寧省文物考古硏究所 朝陽市文化局 編『牛河梁遺址』學苑出版社(北京), 2004, 21쪽
57) 김정열「홍산문화의 이해」『우리시대의 한국고대사』(1), 주류성, 2017, 184쪽
58) 孫守道「紅山文化 玉熊神 考」『孫守道考古文集』遼寧人民出版社, 2017, 216쪽
59) 遼寧省文物考古硏究所 朝陽市文化局 編『牛河梁遺址』學苑出版社(北京), 2004, 20~21쪽

와 곰은 신격화된 신상이라고 본
다. 우하량유적의 부장품 속에도
새와 곰의 형상은 여러개 나온다.
새의 형상으로는 용봉, 쌍효수,
옥봉 등이 나오고 곰의 형상으로
는 쌍웅상이 나온다. 그런 면에서
신전에서 나온 대형 곰발톱(泥塑熊

필자가 카자흐스탄에서 촬영한 독수리상

爪)과 새 날개상(泥塑鳥翅)은 다른 무덤 속 부장품의 동물 조형造型들보다 특별한 의미를 지니기 때문에 이 신전에서 나온 새와 곰을 비로소 새토템, 곰토템이라고 할 수 있다.60) 양대언도 주실의 곰 조각상과 북실의 거대한 새 조각상을 우하량인들이 숭배했던 곰토템과 새토템으로 보았다.61) 필자가 카자흐스탄에서 목격한 성인 키 크기의 대형 독수리상62)은 우하량 새토템상이 어떻게 생겼는지를 암시해주기에 족할 것이다. 이런 독수리 신상은 중국 신강 위그르자치구 타지크족에게는 민족의 수호신이다.63) 프레이저에 의하면 독수리나 올빼미 등은 동물의 친구(자기 외재적 영혼 위탁동물)가 되는 경우가 있다고 했으나,64) 여기서는 친구가 되어 개인적인 영혼동맹을 맺는 차원이 아니라, 신전의 대상이라는 점에서 토템이라 할 수 있을 것이다.

그런데 어떻게 무덤 안에서는 별개로 존재하던 토템이 한 신전 안에

---

60) 여기서 새는 부엉이나 독수리로 추정된다. 부엉이도 큰 새는 날개가 2m나 된다. 새토템에 대해서 박문원 홍산학술문화원장도 동감한 바 있다.(2018. 3. 18.)
61) 梁大彦「요하문명론과 홍산문화의 고찰」『국학연구론총』5, 택민국학연구원, 2010. 6, 228쪽
62) 필자가 2018. 4. 13. 카자흐스탄 알마티에서 동쪽으로 버스로 2시간 이동 중에 들른 휴게소 입구에는 성인 크기의 대형 독수리 석고상(石膏像)이 받침대 위에 있었다. 시멘트로 작업한 것으로 보면, 얼마되지 않은 것이나, 이 마을에 이런 풍속이 전해왔기 때문에 복원했을 것이다. 카자흐스탄 국기에도 독수리가 들어 있다.
63) 김규현『파미르고원의 역사와 문화산책』글로벌 콘텐츠, 2015, 391쪽
64) 제임스 조지 프레이저『황금가지』이용대 역, 한겨레출판(주), 2003, 870쪽

두 토템으로 어떻게 공존하는가 하는 모순이 있다. 이 문제는 앞에서 '토템연합'으로 설명한 바와 같다. 새토템족과 곰토템족이라는 두 토템이 만나 '하나의 연합공동체'를 구성했다는 것을 의미하는 것으로 해석한다. 새와 곰은 일월日月처럼 음양의 대대적對待的 관계를 이룬다. 새가 양陽이라면 곰은 음陰인 것이다.[65] 새와 함께 상징 미학의 극치를 보여주고 있는 옥웅[66]의 출토는 홍산문화에서 토템의 다양성을 담보해준다는 의미에서 대단히 중요하다.

그리고 여신상과 곰 형상을 중심으로 우하량유적을 우리의 「단군고기」에 나오는 웅녀족과 연결해 설명할 수 있고,[67] 여신상은 곧 웅녀라고도 하며,[68] 곰토템족을 아예 맥부족이라고 단정하기도 한다.[69] 그러나 잠시 한발 더 들어가 보면, 곰토템 대상으로서의 곰신상熊神像과 여신상女神像과는 구별할 필요가 있다. 곰토템족에게는 그 여신상이 '웅모신熊母神'[70]이 될 것이고, 반면에 새토템족에게는 조모신鳥母神이 될 것이기 때문이다. 이런 이유로 우하량의 여신상은 웅모신熊母神이나 조모신鳥母神이 아니라 천신天神의 상대로 보는 것이 타당하다고 본다. 단군신화의 어느 해석에서 "웅녀는 지모신이며, 생산신(삼신)을 의미"[71]하는 것으로 파악하였으나, 단군신화 속의 웅녀와 우하량 여신묘의 여신과는 그 역할이 구별되어야 한다. 따라

홍산문화의 옥웅(곰상, 孫守道 도록)

---

65) 조지훈 『한국문화사서설』 탐구당, 1981, 69쪽
66) 孫守道 『紅山文化玉器新品新鑑』 吉林文史出版社, 2007, 도판 164
67) 우실하 『동북공정 너머 요하문명론』 소나무, 2007, 327쪽
68) 한영우 『다시 찾는 우리 역사』 경세원, 2015, 79쪽
69) 신용하 『고조선 국가형성의 사회사』 지식산업사, 2010, 101쪽
70) 손진태 『三國遺事의 社會史的 考察』『학풍』 524, 을유문화사, 1949.1, 35쪽. 손진태는 熊母祖上, 熊祖崇拜(곰토템), 熊母說 등을 말한바 있다.
71) 류동식 『한국 무교의 역사와 구조』 연세대출판부, 1975, 31쪽

서 우하량의 여신상은 지모신이며 생산신으로서 삼신할미이며 또 수행 자세를 취하고 있다는 면에서 종교적 권위를 지닌 신권자神權者였다고 본다. 이런 종교적 신권의 대행자도 역시 여성이었을 것이다. 『삼국사기』 「잡지」편에도 신라 2대 남해왕의 누이 아노阿老가 시조 박혁거세 제사를 주관했다고 전하는 것을 보면, 일정 기간 동안 신권 대행자가 여성이었음을 알 수 있다. 곰토템족 내에서도 웅녀가 그런 여신의 역할을 부분적으로 대행하였을 것이다.

우리는 그동안 우하량 제1지점인 여신묘 신전에서 여신상과 함께 곰 형상과 새 형상이 동시에 나타났다는 사실을 사실로만 알고 그 의미를 해석하는 데 소극적이었다. 이 3가지의 동시 출현은 중요한 의미를 지니는데 그중 하나를 소홀히 했다. 곰토템 못지않게 새토템을 직시해야 하는데도, 그동안 우리는 「단군고기」의 곰토템에만 치중한 나머지 새토템을 설명할 마음의 준비가 되어 있지 않았다. 「단군고기」가 우리에게 곰토템의 웅녀熊女나 범토템의 호녀虎女는 알려주었으나, 새토템이나 그 주인공은 말해주지 않았다. 새토템은 신화에서 생략되었던 것이다. 이렇게 새토템을 말하지 않은 것은 우리 역사에서 '주어'를 생략한 것과 같다고

무씨사당의 화상석에 있는 새

본다. 역설적이지만, 생략된 새토템에 대한 해명은 한국사 최대의 비밀을 푸는 일이 될 것이다. 이 문제는 뒤에서 다시 다루겠지만, 산동의 무씨사당 벽화에 곰, 범과 함께 새가 등장한다는 점을 미리 밝히고자 한다.

앞의 설명처럼 여신상이 모계조상(女祖) 또는 지모신地母神이라면, 여기서 나온 새짐승(禽類) 조각상은 곧 여신상과 동등한 지위와 품격을 갖춘 다른 하나의 우상일 것이다. 즉 전체 씨족이 섬기는 조신鳥神이며, 새토템

의 조상일 것[72]이라는 견해가 있다. 이는 여신과 조신鳥神을 동등하게 보는 관점이지만, 반면에 곰토템의 경우 웅신熊神은 천신 및 지하세계의 여신女神 다음으로 추존된다는 견해도 있다.[73] 다시 말해 조신도 여신과 같은 지위가 아니라 그 아래라는 것이다. 그러나 여신묘의 현실은 여신과 곰토템의 웅신熊神(熊祖神)과 새토템의 조신鳥神(鳥祖神)의 세 신은 같은 지위임에도 여신에게 신권이 부여되었을 것이다.

웅신熊神의 토템족을 단군신화 속의 곰족이라면 조신鳥神의 토템족을 곧 새족(賽族, 鳥族)이라고 할 수 있다. 새토템과 곰토템이 여신의 신적 권위 아래 토템으로서 서로 연합하여 공동체, 즉 토템연합을 구성하였다고 보는 것이다. 여기서 새토템의 새족에 관해 덧붙일 것이 있다. 서울대 소장품인 아키바 다카시秋葉隆의 자료에도 있지만, 경기도 덕물산에 있는 굿각 이름이 새신각賽神閣이다.[74] 『계림유사』에 있는 것처럼 새(鳥)를 이두식으로 '새賽'로 적은 것에서도 새신賽神이 곧 조신鳥神이라고 본다.

그러면 단군신화에서 곰토템의 지도자인 웅녀에 대응하는 새족, 새토템(뒤에서 말하는 조이족)의 지도자는 누구인가에 대해 언급해야 할 것이다.

조지훈에 따르면, 새가 수컷이라면 곰은 암컷에 비유된다.[75] 또 태양이 아버지라면 물은 어머니격이다. 부父는 불(火), 모母는 물(水)과 소리가 통한다. 우주만물은 태양과 물이라는 양과 음의 결합으로 창조된 것으로 믿는 결과이다.[76] 또 둥근 것은 알(날 짐승)이고, 네모진 것은 네 발 짐승이며, 소는 삼각형이다.[77]

---

72) 王其格「紅山諸文化 "神鳥" 崇拜與薩滿 "鳥神"」『學報 大連民族學院』 2007. 11, 97쪽
73) 손진태「三國遺事의 社會史的 考察」『학풍』 524, 을유문화사, 1949. 1, 35쪽
74) 아까마스 지조(赤松 智城), 아키바 다카시(秋葉隆)『조선 무속의 연구』(하) 심우성 옮김, 동문선, 1991, 참고도록 127번
75) 조지훈『한국문화사서설』탐구당, 1981, 78~80쪽
76) 박병식『어원으로 밝히는 우리 상고사』(상), 용인대인문사회과학연구소, 2010, 60쪽

'물은 검푸르다'는 말에서 알 수 있듯이 물과 검(곰)은 서로 통한다. 곰과 물, 용은 다 땅의 여성성女性性을 상징하는데, 여기에 비를 동반하는 '검은 구름'을 하나 더할 수 있다. 구름은 하늘과 땅 사이에 있는 영물靈物로 태양을 마음대로 가리기도 한다. 반면에 '날이 새다'에서 알 수 있듯이, 새는 태양과 남성성을 상징한다. 따라서 여신의 신권神權을 중심으로 여러 토템 중에 새의 새족(조이족)과 곰의 곰족은 천지, 음양처럼 상의적相依的 존재로 결합하였을 것이다. 결코 일방으로만 존재하지 않고 서로가 조화調和를 이룬, '조화공동체'였다는 것을 이 옥기들이 입증해주고 있다.

상상으로 본 여신묘 신전과 토템연합

곰토템상(곰족)　　여신상(신권神權)　　새토템상(조이족)

---

77) 박용숙 『한국의 시원사상』 문예출판사, 1985, 179쪽

제3부
조이족과 환웅의 '신시고국'

제3부

1. 홍산문화와 조이족 등장

1. 홍산문화와 조이족 등장

1) 조이족의 등장과 홍산문화 우하량유적의 귀속관계
2) 추이隹夷와 조이鳥夷
3) 조이족과 새숭배의 근원

1. 홍산문화와 조이족 등장

1) 조이족의 등장과 홍산문화 우하량유적의 귀속관계

앞에서 새를 토템으로 하는 사람들이 한편으로 태양을 토템으로 한다는 점을 밝혀 보았다.

그런데 새를 토템으로 하는 우하량인들을 『사기』에 나오는 '조이피복'의 그 조이족과 같은 부족으로 볼 수 있을까? 우하량의 새토템족과 조이족은 같은 범주의 문화권 안에 있었는가? 이배뢰는 홍산문화에 나타난 동이의 옥조玉鳥가 새를 숭배한 조이鳥夷의 형상물이라고 보았는데,[1] 그 이유는 무엇인가?

이제 위 질문에 답하기 위해 홍산문화에서 출토된 많은 옥조를 통해 우리는 홍산인들이 왜 새를 숭배하였고, 그 새를 통해 무엇을 말하려고 했는지에 대해 요서지방의 신석기문화를 중심으로 새토템족과 조이족과의 관계를 알아보고자 한다.

먼저 후세의 문헌, 즉 『상서』, 『사기』, 『한서』, 『좌전』 등을 포함한 사적 중에 '조이鳥夷'와 '도이島夷'를 혼용한 사례를 많이 찾을 수 있다. 일부 학자들은 고증을 거쳐 도이는 조이의 오기라고 인정하였는데, 『당석경』에 이어 왕선겸王先謙이 도이를 조이로 바로잡았다.[2] 하지만, 조鳥와 도島는 그 소리가 본래 같다[3]는 주장이 있었던 점을 유의하면 서로 혼용이 가능했을 것이다. 특히 왕석금汪石琴 가장본의 「우공도」에는 래이萊夷, 우이嵎夷

---

1) 李倍雷「紅山文化中玉鳥的圖像學意義與藝術風格」『廣西藝術學院學報』『藝術探索』20권 4기, 2006. 10, 5쪽
2) 文日煥「朝鮮古代鳥崇拜與卵生神話之起源探究」『中央民族大學學報』(哲學社會科學版) 30권, 2003. 6기, 79쪽
3) 유창균「문자에 숨겨진 민족의 연원」집문당, 1999, 378쪽
4) 임혜상(林惠祥)은 도이를 대만으로 보기도 했다.(張崇根「鳥夷、東鯷補證」)

와 함께 도이島夷가 나오는데, 북도이北島夷가 있고, 남도이南島夷가 있다. 「사기정의正義」(「괄지지」)에 의하면 한치윤이 인정한 것처럼 도이를 백제로 본 것은 '남도이'를 가리킨 것 같다.4) 그렇다면 '북도이'는 고구려를 의미하는 것인가?

고힐강顧頡剛은 문제의 『상서』「우공편」의 '조이피복鳥夷皮服'에 대해, 이는 조이들이 동북의 산간지대에서 생활하며 겨울에는 사냥해 대량의 짐승류, 이를테면 여우, 담비, 너구리, 스라소니(猞猁) 등

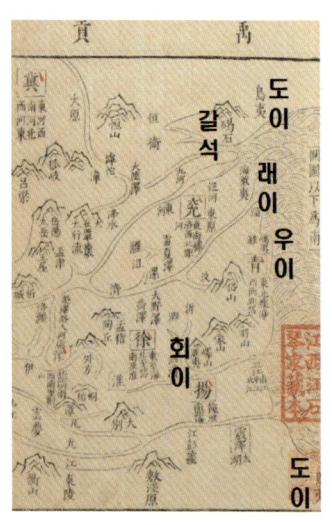

강서 왕석금(汪石琴) 가장본 우공도(禹貢圖)

을 획득해 진귀한 가죽을 벗겨 가죽제품을 가공했다는 것을 알게 하며, 『사기』의 "갈석을 오른쪽으로 끼고 바다에 들어간다(夾右碣石 入于海)"에서 '바다'는 곧 강 '하河' 자의 오자이다. 또 『한서』(지리지)에 "대게석산은 우북평군 여성驪城현의 서남에 있다."고 하였는데, 한漢의 여성현은 지금의 하북성 락정현 서남으로, 고대 황하는 지금의 천진시에서 바다로 흘러들어 갔으므로, 이는 곧 동북의 조이는 그들의 가죽제품을 발해만의 서안을 따라 항해해 갈석산에 이른 후 방향을 꺾어 황하에 진입한 다음 도성에 이른 것을 말해준다고 해석했다.5)

또한 조이鳥夷는 한 개 종족의 명칭이며 일찍 중국 은대殷代에 이미 존재했으며, 은상殷商과 일정한 관계가 있다는 것을 추측할 수 있고, 이 추측은 많은 사료에서 이미 실증되었다고 주장하기도 한다.6) 조이가 생활한

---

5) 顧頡剛「鳥夷族的圖騰崇拜及其氏族集團的興亡」『史前研究』 2000. 09, 149쪽

지역은 대개 발해만 연해평원이며, 그들은 해곡海曲에 거주하며 피복, 용모와 행동거지가 모두 새를 닮았다고 한다. 조이에 대한 설명 중에 정현은 『상서』 주석에서, '조이는 동북백성들로 새와 짐승을 잡아먹는 자'라 했고, 왕용王勇은 주석에서, '조이는 동북이東北夷의 국명'이라고 했다. 여기서 도이(조이)를 북도이와 남도이로 인식해 북쪽 지방을 분리해본 것과, 또 조이를 동북이로 본 것은 산동이나 발해 연안을 넘어 요서에도 눈을 돌려볼 수 있는 근거가 마련되었다고 본다.

일본 고고학자들(하마다 고사쿠濱田耕作, 미즈노 세이치水野淸一)은 1938년(소화 13년) 『적봉 홍산후赤峰紅山後』라는 보고서를 발표했다. 원래 이 보고서는 '적봉 제1차 문화 : 채도문화', '적봉 제2차 문화 : 홍도문화'로 나누어 서술했다. 그들은 이 지역의 고대 주민이 도작稻作을 한 농경민으로 한족漢族이 아닌 장두형長頭型의 동호(東胡 오환, 선비족)라고 제시하고, 동호와 서쪽의 흉노나 동쪽의 예맥과의 인종적 관계에 대해 신빙할 자료가 없으므로 장래의 발굴 작업에 기대한다는 여운을 남겼다.[7]

이에 대해 리지린은 "제1차 문화(채도문화)의 그 연대는 대략 기원전 3000년대이다. 그 문화는 북방계이며 동북 및 조선의 신석기문화와 연계가 있다. 이 문화의 소유자는 유목민이 아니며 농경민이다"[8]라고 요약하고 자신의 견해를 밝힌다. 리지린은 우선 동호가 어느 민족의 선조인가를 단정하지 못한 것에 의문을 갖는다. 오환과 선비족을 제외한 종

1938년 『적봉 홍산후』라는 고고 보고서 표지

---

6) 文日煥「朝鮮古代鳥崇拜與卵生神話之起源探究」『中央民族大學學報』(哲學社會科學版) 30권, 2003. 6기, 79쪽. 은상(殷商)과의 관계는 앞의 진몽가의 갑골문 발견으로 입증이 된 셈이다.
7) 濱田耕作, 水野淸一『赤峰紅山後-滿洲國熱河省赤峰紅山後先史遺跡』(甲種第6冊), 東亞考古學會, 1938, 84쪽
8) 리지린『고조선연구』과학원출판사(평양), 1963, 197~198쪽

족 중에 농업을 일찍 발전시킨 강대한 종족은 맥족貊族이었을 것이며, 이들이 신석기시대에 오늘의 요서 열하 일대를 중심으로 정착했을 것으로 반론을 제기했다.[9]

리지린의 반론은 그 시대에 동호는 유목생활을 하였을 뿐 농경생활을 하지 않았으며, 오로지 농경생활은 맥족이 하였다는 것에 근거한 것이다. 이런 리지린의 주장은 당시로서는 선구적이었으나 오늘날같이 홍산문화의 유물들을 보지 못한 시간상의 한계도 있었다. 조이족이 활동하던 때는 맥족을 볼 수 없었는데, 그 후 맥족이 점령한 곳은 일찍이 조이족이 살았던 곳이라는 문숭일의 지적은 참고할만하다.[10] 필자는 이를 선조후맥先鳥後貊이라 정리할 수 있다고 보는데, 리지린은 홍산의 조이족에 대해는 더 이상 밝히지 못했으나 고조선의 원주민을 조이족으로 보았다는 것은 높이 평가할 수 있다. 예컨대, 신석기시대로 추정되는 양평 앙덕리 고인돌에서 출토된 유물 중에 선각으로 새긴 새 형상이 나왔다. 독수리가 날아가는 모습으로 죽은 사람을 장송葬送하는 뜻으로 보며, 새토템과 연결해 설명하기도 하는데,[11] 이는 이른 시기에 한반도에 조이족(새토템족)이 존재했다는 하나의 자료가 될 수 있다.

홍산문화보다 늦게 분포된 중국 대륙 동부 연해 발해만에서부터 산동반도 일대 이남에 이르기까지 광대한 지역의 동이족은 새를 토템으로 하였으

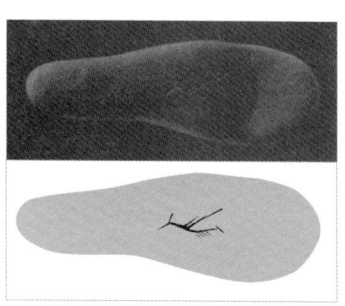

양평 앙덕리 고인돌에서 출토된 자갈돌에 새겨진 날아가는 새 형상(위)과 모사본(아래)

---

9) 리지린『고조선연구』과학원출판사(평양), 1963, 197~198쪽
10) 文崇一,「濊貊民族文化及其史料」『中央研究院民族學研究所集刊』5집(臺北), 1958 춘,135쪽
11) 이융조『한국의 선사문화 - 그 분석연구』탐구당, 1981, 244~247쪽

[지도 9] 춘추시기의 요서지역(담기양 「간명중국지도」)

며, 사람들로부터 '조이족'이라 불렸는데, 상족商族의 새토템과 동이족의 새토템은 밀접한 연원관계가 있다. 하지만 시간과 지역상으로 볼 때 홍산문화의 새토템은 마땅히 북방민족 새토템의 효시[12]였다고 한 것을 보면, 요서의 새토템은 산동이나 발해 연안보다 앞서 있었다는 것을 의미한다. 중국 학자 하광악何光岳도 여러 새토템족들을 동호東胡라고 부르는데 동호東胡와 동이東夷는 같은 뜻이라고 보았다.[13] 이는 새토템족이 정치적 실체를 지닌 조이족으로 발전했다는 것을 의미한다.

담기양譚其驤의 지도를 보더라도 하상주夏商周 시기까지 요서지역은 중국과 아무런 관련이 없었음을 알 수 있다. 춘추 전국시기까지도 요서지역은 오로지 동호東胡, 산융山戎, 도하屠何밖에 없었고,[14] 진秦시기에야 비로소 요서군과 요동군이 설치될 뿐이다. 곽말약郭沫若의 서주西周 춘추시기 지도에도 요서지역은 남쪽의 승덕承德 일대에 산융山戎만을 표기하고, 그 이북 지역은 아예 지도상에 존재하지도 않는다.[15]

그러나 지금 중국 학술계의 대다수는 황제黃帝시대와 홍산문화 후기의 대체적인 연대가 서로 상응한다고 강조한다. 왕대유王大有는 황제시대의 활동 중심을 직접 우하량을 대표로 하는 요서 제반 홍산문화 제사유적과 대응하는 연대에 맞추고 있다. 심지어 우하량의 여신묘에 모시고 있는 신은 바로 황제의 모계선조 여와 및 그 딸들이라고 주장한다.[16]

---

12) 楊福瑞「紅山文化氏族社會的發展與圖騰崇拜」『赤峰學院學報(漢文哲學社會科學版)』 35, 2014. 5기, 21쪽
13) 何光岳「鳥夷族中諸鳥國的名稱和分布」『東夷古國史研究』 2집, 三秦出版社(山東), 1989, 64쪽
14) 譚其驤 主編『簡明 中國歷史地圖集』中國地圖出版社(北京), 1991, 12쪽
15) 郭沫若 主編『中國史稿地圖集』中國地圖出版社(北京), 1996, 14쪽

그런데 황제가 북방민족이란 근거는 너무 약하다. 그의 탄생지는 산동 곡부이고, 무덤은 섬서성 연안에 있다.[17] 특히 요서의 소하서문화와 흥륭와문화에서 나온 빗살무늬토기를 제작한 사람들이 황제문화와 무관하다는 점을 고려하면, 고조선의 원주민이 조이족이었다는 리지린의 주장을 다시 주목하지 않을 수 없다.

이런 혼란 속에서 홍산문화의 주도세력이 누구인가에 대해 치밀한 논리로 논문을 발표한 중국 학자가 있다. 이민李民은 그의 논문 「시론 우하량 동산취 홍산문화의 귀속-중국 고대문명 탐원의 하나」[18]에서 홍산문화(우하량 동산취)는 조이족鳥夷族에게 귀속된다는 주장을 하고 있다. 그는 홍산문화를 주도한 담당세력으로 '조이족'에 주목한 점과 중국학계의 편향성을 거부한 점에서 우리에게 새로운 각성을 주고 있다. 그의 논문을 부분 번역해 아래에 기재한다. 특별한 주석이 없는 한 이민의 논문 내용이다.[19]

중국의 광활한 대지에서 근년에 얼마간의 중요한 원고遠古 문화유적을 발견, 발굴하였다. 이것은 문명 혹은 문화요람이라 불리는 황하유역, 중원옥야에 제한된 것만이 아닌, 강남수향이나 머나 먼 청해青海고원, 대막大漠 이북에서도 끊이지 않고 발견되었다. 특별히 주의할 만한 것은 근래에 황하유역 멀리에 있는, 중원지구의 요서 우하량牛河梁·동산취東山嘴에서 지금으로부터 5000년 전의 문화유적을 발굴한 것이다. 그중에 여신묘女神廟, 제단祭壇과 적석총 등 중요한 유적이 있었다. 이 중대한 발견이 세인의 주목을 일으키게 된 중요한 까닭은 중

---

16) 朱成杰「從玉神物說來理解紅山文化玉器的本質內涵」『中國玉文化玉學論叢』(3편 상), 紫禁城出版社, 2005, 23쪽
17) 김정열「홍산문화의 이해」『우리 시대의 한국고대사』(1), 2017, 183쪽
18) 李民「試論 牛河梁東山嘴紅山文化的歸屬-中國古代文明探源之一」『鄭州大學學報』1987. 2기, 8~14쪽
19) 李民「試論 牛河梁東山嘴紅山文化的歸屬」『鄭州大學學報』1987. 2기, 8~14쪽

국 고대 문명의 기원에 중요한 자료일 뿐만 아니라, 얼마간의 문헌에서는 찾을 수 없는 실물자료를 제공해주었기 때문이다(논문 8쪽).

우하량유적은 요하遼河 서부 능원현성 이북 15km 되는 곳에 있다. 1983년부터 1985년까지 이곳에서 분포 면적 1.2km²에 달하는 홍산문화유적 10여 곳을 발견하였다. 여기에서 많은 중요 문물이 발견되었다. 예를 들면 도제 부녀 나체 작은 소상, 사람의 크기와 비슷한 여신女神 채색 소두상塑頭像, 잔체殘體가 있는 사람 실물의 세 배 크기에 상당하는 대소상大塑像, 대량의 제사용으로 쓰인 도자기 등이 있고, 정밀하게 아름다운 옥기로 만들어 특별히 사람의 이목을 끄는 돼지 형상의 옥저룡玉猪龍, 옥식玉飾 등이 있었으며, 이외에도 또 여신묘와 적석총 등 유적이 있었다.

동산취유적은 요녕 객좌현 소재지 대성자진 동남 약 4km 되는 곳에 위치하고 있으며, 우하량유적에서 30~40km밖에 되지 않는다. 1979년과 1982년에 걸친 두 차례 발굴은 그 면적이 약 2,250m²로 대형 석기건축기지와 대량의 도자기가 발견되었다. 도자기는 전체 유물의 90%를 좌우하며 주로 홍도紅陶가 발굴되었다. 문식은 주로 지之자형 압인 무늬와 평행줄무늬로 이루어졌다. 도자기 외 사람 모양과 옥, 석식 등의 유물이 있었다. 심지어 원형제단 유적도 있었다.

우하량·동산취의 홍산문화의 유적과 유물을 종합 분석하면 비교적 명확하게 그것이 갖고 있는 어떤 중요한 특색이 있다. 홍산문화를 중원中原의 원고遠古 문화와 비교하자면 적어도 아래 세 가지 면에서 우리의 주의를 필요로 한다(논문 9쪽).

㉠ 이것은 지금까지 없었던 중원지구에서 비교적 멀고 또 동북지구에

서 발견된 하나의 중요한 신석기문화이다.
ⓛ 그 연대는 중원지구의 용산龍山문화보다도 이르며, 탄소 14 측정을 거쳐 '여신묘'와 같은 묘적의 연대는 지금으로부터 5575±80(수륜교정을 거쳐)년이 떨어져 있다.
ⓒ 중원지구의 동일시대 문화와 비교했을 때, 문화 내재적인 것에 적지 않은 특색과 차별이 있다. 예를 들면 정연한 돌건축 무리를 영조營造하고 있는데 신비한 색채를 갖고 있는 여신묘, 사람 실물 크기의 세 배되는 큰 코·큰 귀 소상, 진귀한 여신 두상 등은 모두 처음으로 발견되었으며 중원지구에서는 보기 어려운 것이다.

위에서 말한 세 가지 특징으로 볼 때, 우하량·동산취의 홍산문화를 중국 고대문헌에서 종적을 찾을 수 있을까? 그것과 중원문화의 관계는 어떠한가? 그 문화의 주도자는 누구인가? 라는 질문에 마땅히 답이 있어야 한다. 또 하나의 중요한 질문은 우하량·동산취 홍산문화유지가 사회발전의 어느 단계에 처해 있는가 하는 점이다.

냉정한 분석을 해보면 우하량·동산취 홍산문화와 중국 고대문명의 기원이 직접적인 관계를 갖고 있다고 하기에는 너무 섣부른 경향이 있다고 할 수 있다. 우리는 당연히 요서 홍산문화를 일정한 역사 범위 내에 놓고 보아야 한다. 출토한 석제 생산 공구, 농업 위주의 생활방식, '여신묘'에 의거하면 우하량·동산취유지가 부락집단(혹은 부락연맹이라 칭함)문화에 속한다고 하면 매우 적절한 표현이다. 또한 홍산문화가 광범한 구역에 분포되었고, 농업 위주인 사회경제와 함께 출현한 정밀한 옥공예 기술로 말하면 우하량, 동산취 홍산문화의 원시 주민은 일찍이 몽매단계를 벗어나 부락연맹시기로 발전했다고 설명할 수 있다(논문 8쪽).

이에 대해 고문헌에는 원고遠古 선민先民의 종적에 관한 몇 가지 기록이 있다. 먼저 『상서』의 「우공편」이다. 기주冀州에 '조이피복鳥夷皮服'이란 말이 있다. 대체적으로 두 가지로 설명할 수 있다.

하나는 "조이의 사람은 모두 가죽으로 된 옷을 입는다"는 것이다. 이는 조이의 풍속이 다른 지역과 다르다는 것을 기술하고 있다.[20] 다른 하나는 조이를 민족의 이름으로 보고, '조이족의 공물이 가죽옷'이라 여긴 것이다.[21] 이럴 경우 조이는 '동방의 땅', '동방종족'이다.

다음으로 『후한서』(「동이열전」)에는 동방을 이夷라 하였고(東方曰夷), '이자夷者 저야柢也'라 하였으며, 구이九夷는 견이, 우이. 방이. 황이, 백이, 적이. 현이, 풍이, 양이라 하였다. 조이가 이 아홉 종류에 들어가지는 못하나 구이의 족속이라는 것은 의심할 바 없다. 같은 이夷에 속한다고 본다.

또 『한서』(「지리지」)를 찾아보면 '조이피복'에 대한 안사고顔師古의 주석에 "동북의 이족夷族은 조수를 잡아 그 고기를 먹고 그 가죽을 입었다"고 말했다. 또 육덕명陸德明은 『경전석문』에서 마융馬融의 말을 인용해 '조이는 북쪽의 이국(北夷國북이국)'이라고 했다(논문 11~12쪽).

앞에서 말한 「우공」의 '기주' 조목 아래 언급된 조이피복鳥夷皮服 외에 청주 조목 아래 언급된 우이기략嵎夷旣略이나 래이작목萊夷作牧, 서주 조목 아래 언급된 회이빈주기어淮夷蠙珠曁魚, 양주 조목 아래 언급된 화이저적和夷底績 및 옹주 조목 아래 언급된 삼묘비서三苗丕敍와 서융즉서西戎卽敍 등등에서 조이鳥夷, 우이嵎夷, 래이萊夷, 회이淮夷, 화이和

---

20) 原注 : 屈万里「尙書 今注今釋』臺灣 商務印書館, 1979, 32면
21) 原注 : 劉起釪「禹貢 冀州地理叢考』『文史』 25집

夷, 삼묘三苗, 서융西戎 등은 모두 하夏왕조의 중심 구역과 멀리 떨어져 있지만 하왕조와 여러 가지 연계를 발생하고 있는 부락 또는 부락연맹을 가리킨다.

이에 대해 후세 사람들은 그 진실한 정황을 요해하지 못하고 오복五服제도처럼 복종의 관계로 상고의 역사현상을 보고 있는 데서 사람들로 하여금 더욱 신비경에 빠지게 하는 바, 모두 하夏왕조가 다스리는 범주에 넣어 이로써 '오복'제도에 억지로 끌어다 붙여놓아 그 원뜻을 잃어버리고 있다. 이처럼 조이도 일정한 지위를 차지하고 있었으며 하왕조의 중심 구역에서 멀리 떨어져 동북지역에서 활동하고 있었던 점을 인정할 필요가 있다(논문 13쪽).

이상에서 논한 조이의 거주지, 「우공」 중에서 차지하는 지위 및 후세의 문헌 기록에서 확인한 바와 같이 조이는 우하량·동산취 홍산문화와 다음과 같이 어떤 관계가 있다고 본다.[22]

첫째로, 지리적으로 분석하면 「우공」에서 말하는 조이의 중심 거주지가 지금의 요서遼西지역이라고 할 수 있는데, 우하량, 동산취 유적이 바로 요서지역이다.

둘째로, 시대적으로 볼 때 통속적인 설법으로 하夏왕조의 시작은 기원전 2100년가량이며, 어떤 사람들은 2200년으로 추산하였으며, 사학가 손작운孫作雲은 기원전 2300년으로 추산하였다. 종합적으로 하왕조의 시작은 지금으로부터 4000여 년 이전이다.[23]

「우공」에 반영된 것도 대체적으로 마땅히 하초夏初의 왕조와 방국方

---

22) 李民「試論 牛河梁東山嘴紅山文化的歸屬」『鄭州大學學報』1987.2기, 13쪽
23) 중국에서 요(堯)는 B.C.2357년, 순(舜)은 B.C.2136~B.C.2100, 우는 B.C.2103~B.C.2073. 하(夏)왕조 원년은 B.C. 2070년이므로 이 때 조이(鳥夷)가 활동하고 있었으므로 이 시기와 같이 보거나 더 이르게 볼 수 있다는 뜻이다.

國, 각 부락의 구성인 것이다. 그러므로 조이의 시대는 (우공의 하왕조와 같은) 기원전 2000여 년 이전으로 보아야 할 것이다. 다시 말하면 조이는 일찍부터 동북 요서를 중심으로 활동한 선주민으로 그의 출현은 하초보다 늦지 않거나 또는 그보다 더 이를 수도 있다.

우하량 홍산문화 유존遺存(유물·유적 등)의 시대는 탄소 14로 측정해 이른 것은 지금으로부터 4975년 ± 85년이고, 수륜樹輪교정에 의하면 5580년 ± 110년이다. 비교적 늦은 것은 지금으로부터 4995년 ± 110년이고, 수륜교정은 5000년 ± 130년이다. 이로써 알 수 있는 것은, 우하량 홍산문화 유존은 상당히 긴 시간을 연속해왔으며 우하량 유존 말기의 연대는 문헌에서 추산한 조이의 연대보다 수백 년 더 이르다. 반드시 알아야 할 것은 상고시대의 사회 발전은 상당히 완만했다는 것이다. 석제石製, 목제木製 생산도구를 위주로 하는 조건하에서 수백 년 사이에 사회는 놀라운 변화가 일어나지 않는다. 이런 의미에서 우하량·동산취문화 유존은 바로 조이문화鳥夷文化의 한 갈래이며 또는 더욱 철저하게 말하면 우하량·동산취문화 유존은 바로 조이가 이룬 선구적先驅的 업적이다.[24]

셋째로, 문화의 내재적 함의에서 볼 때, 우하량 유존이 조이의 한 갈래 또는 선구라고 하는 것은 역시 근거가 있는 것이다. 이를테면 우하량·동산취 홍산문화 유존의 주민은 농업을 위주로 하였는데, 이는 앞에서 우리가 언급했던 조이 후예들에 관한 생활습성과 일치한다. 요서의 발굴 중 우하량에서 발견된 저룡豬龍 옥석기, 도기새조각(陶塑鳥), 부신 호두구胡頭溝 홍산문화 옥기 무덤 중에서 발견된 옥효(玉鴞부

---

24) 李民「試論 牛河梁東山嘴紅山文化的歸屬」『鄭州大學學報』1987. 2기, 13쪽

엉이새), 옥조는 대부분 조이부락인 각 씨족토템의 잔존인 것이다. 그러므로 고고 발굴과 전설 기록은 역시 대체적으로 서로 부합되는 것이다.

종합하면 우하량·동산취 홍산문화 유존의 귀속문제는 실마리를 찾을 수 있는 것이다. 이미 지금까지 발견된 고고자료들로 논하더라도 이는 문헌에서 말하는 조이鳥夷의 적지 않은 방면과 합치된다. 그러므로 우리는 이 유존이 바로 지금으로부터 5000여 년 전 내지 4000여 년 전 우리나라 동북 선민先民의 일종인 조이鳥夷 부락집단의 문화 유존이라고 인정한다. 이런 발견은 중국 고대문명의 기원을 연구하고 하대夏代 초기의 사회 상황을 연구하는 데 일정한 의의가 있다. 바로 본문 앞 부분에서 이미 언급했듯이 중국 고대문명은 매우 유구한 바 그 발전의 연속성과 지역의 광범성으로 말하면 세계상에서 처음 보는 것이다.

이상과 같이 조이족이 이룩한 우하량유적은 하나의 작은 불꽃으로, 후에 꺼져버렸든 아니면 큰불로 타 번졌든 이들은 모두 역사의 발전을 위해 특별한 공헌을 하였다. 요서의 홍산문화는 비록 후세의 역사기록이 상세하지 못해 계통적인 기록을 찾기 힘들지만 필경 이미 머리를 내밀었다.[25]

위와 같이 이민의 결론은 우하량·동산취의 홍산문화는 조이족의 문화유존이라는 것이다. 한편 이민의 논문에 대해, "이 글이 홍산문화를 동이의 갈래인 조이집단과 연결한 최초의 논문이 아닌가 한다. 그러나 나중에

---

25) 李民「試論 牛河梁東山嘴紅山文化的歸屬」『鄭州大學學報』 1987. 2기, 14쪽

중국 학자들의 논리는 홍산문화의 주도집단이 황제족이라는 논리로 변형 된다는 점을 기억해야한다"[26]는 지적도 있다. 이런 이민의 주장에도 불구 하고 조이족이 현재의 누구이며, 그 후대 민족이 누구인가에 대한 구체적 인 연구는 더 이어지지 않았다. 다만, 양복서가 홍산문화의 새토템은 북 방민족 새토템의 효시라고 지적하고 조이족의 존재를 언급한 것과 이배 뢰가 홍산문화의 새토템을 동이계로 언급한 정도이다.[27] 물론 「우공」에 나 오는 조이에 대한 기록을 역사적 실재로 전제해서 홍산문화와 연계시키 는 것은 문제가 있다고 지적할 수도 있으나,[28] 필자가 보기에 중국 측의 이 족夷族에 대한 기록은 어쩌면 사실보다 과소평가된 기록이 더 많다고 본 다. 「우공」의 조이는 갈석산으로 제한된 기록에 지나지 않는다.

그러나 이민의 관점으로 보면 조이족은 동북지방의 요서에서 발원하 여 그 영역이 점차 확대되었고 그 문화가 다시 산동반도로 이동했다고 보 는 것이다. 다시 말해 동이문화의 시원이 산동반도가 아니라 동북지방이 라는 주장도 상기할 필요가 있다.[29]

특히 새토템족인 새족賽族이 후대에 조이족鳥夷族으로 기록된 것은 이 夷에 뜻이 있었기 때문이다. 『시경』의 기추기맥其追其貊에서 추追를 김상기 가 예濊[30]로 본 반면에 유창균은 추追와 이夷가 등가음으로 서로 대체되 는 것으로 보았다.[31] 이들 세 글자의 공통점 속에서 이夷의 의미가 강조되 면서 조이 또는 조이족이라는 말로 사용되었을 것이다.

---

26) 우실하 「요하문명론의 초기 전개과정에 대한 연구」 『단군학 연구』 21호, 2009. 11, 279쪽
27) 楊福瑞 「紅山文化氏族社會的發展與圖騰崇拜」 『赤峰學院學報』 漢文哲學社會科學版 35, 2014. 5기, 21쪽
   李倍雷 「紅山文化中玉鳥的圖像學意義與藝術風格」 『廣西藝術學院學報』 (藝術探索) 20권 4기, 2006. 10, 5쪽
28) 임찬경 「여신상을 통한 홍산문화 건설 주체 비정」 『국학연구』 15, 2011, 30쪽
29) 王惠德 「鳥圖騰的濫觴—兼談東夷文化」 『昭烏達蒙族師專學報』 漢文哲學社會科學版 1990, 3기, 62쪽
30) 김상기 「한·예·맥 이동고」 『동방사논총』 서울대출판부, 1986, 357쪽
31) 유창균 『문자에 숨겨진 민족의 연원』 집문당, 1999, 244쪽

2) 추이隹夷와 조이鳥夷

은허에서 출토된 갑골문에도 조이鳥夷를 뜻하는 글자가 있는 것이 발견되었다. 진몽가陳夢家는 「추이고隹夷考」(1936년)에서 '北隹夷북추이' '西隹夷서추이'의 추이隹夷가 곧 조이鳥夷라고 해석했다.[30]

이는 조이의 근원을 밝히는 데 매우 중요한 단서가 되고 있다. 또 이 족夷族이 동북의 추이隹夷에서 발원하여, 연해의 남쪽으로 내려와 청주青州에 멈춰서는 우이嵎夷와 래이萊夷가 되고,

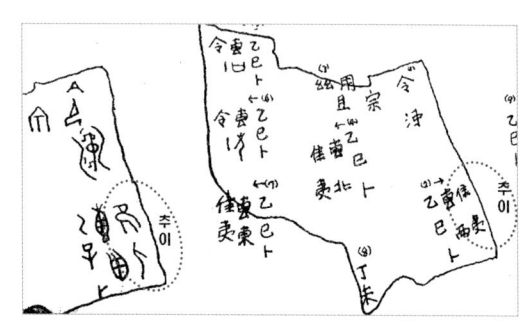

은허 갑골문 추이(隹夷),서계후편 권하 36항 제6

양주梁州에서는 화이和夷가 되고, 서주徐州에서는 서이徐夷가 되었다[31]고 밝혀 역사적 난제를 해결할 수 있는 실마리를 제공해주고 있다.

추이(조이)는 그 연원이 동북에 위치하고, 시기는 매우 오래라는 것을 알 수 있다. 짧은 꽁지새를 뜻하는 '추隹'를 회이淮夷로 보기도 하나,[32] 추이隹夷를 가이佳夷로 보고, 가이가 곧 조이라고 주장하기도 한다.[33] 장벽파張碧波는, 북추이北隹夷는 바로 조선반도에 있으며 고대의 진국辰國이라고 했다.[34]

그렇다면 진국辰國은 어디인가? 장벽파가 기자箕子 당시의 북추이를 말

---

30) 陳夢家「隹夷考」『陳夢家學術論文集』中華書局(北京), 2016, 123쪽
31) 陳夢家「隹夷考」『陳夢家學術論文集』中華書局(北京), 2016, 126쪽
32) 顧頡剛「鳥夷族的圖騰崇拜及其氏族集團的興亡」『史前研究』 2000. 9, 148쪽. 고힐강은 짧은 꽁지새는 "추(隹)", 긴 꽁지새는 조(鳥)로 보았다.
33) 文崇一,「濊貊民族文化及其史料」『中央研究院民族學研究所集刊』 5집(臺北), 1958 춘, 133쪽
34) 張碧波「古朝鮮文化探源」『北方論叢』 159, 2000. 1기, 10쪽

한 것이므로 상나라 시기 진국을 찾으면, 그 이전의 북추이도 알 수 있을 것이다. 『삼국지』(「한전韓傳」)에 주석으로 실린 『위략』에 보면, 위만조선의 조선상 역계상이 동쪽 진국辰國으로 갔다는 구절이 나오고, 또 『한서』(「서남이 조선전」)에도 위만조선 당시의 진번眞番과 진국辰國이 나온다.

이 둘에 대해 윤내현은 위만조선이 난하 유역에 있었기 때문에 진국의 위치를 그 동쪽인 요동반도와 한반도 북부로 비정했다.[35] 또 진번국의 위치를 심양, 양평, 해성 등지로 추정하기도 한다.[36] 따라서 상商나라 말기의 진국은 대릉하 동쪽 요동반도로 보아도 무리는 없을 것이다. 반면에 상나라는 발해 연안을 따라 서쪽으로 이동했을 것이며, 그 둘의 근원은 요서遼西였을 것이다.

다시 진몽가는 추隹와 달리 조鳥의 조건으로 뾰쪽한 부리, 긴 꽁지와 많은 깃털, 벼슬(冠)이 있는 것 등을 제시하기도 했다.[37] 새에 대한 인식이 추隹에서 점점 조鳥로 변해갔음을 알 수 있다. '고추'라 할 때의 '추'에 남근의 의미가 들어 있는 것을 보면, '추隹'나 '조鳥'나 나 같은 남근男根의 의미로 동시에 쓰였음을 알 수 있다. 고구려 관직 이름에 고추가古鄒加가 있다. 그리고 새 추隹를 『설문』은 다음과 같이 설명한다.

새 추隹라. 새 중에 꼬리 깃이 짧은 새의 총칭이니, 상형이다. 추隹에 속하는 글자는 다 새隹의 의미를 갖는다. 발음은 직職과 추追의 반절이다.

鳥之短尾總名也。象形。凡隹之屬皆从隹。職追切

---

35) 윤내현 『고조선 연구』 일지사, 1994, 468쪽
36) 정형진 『한반도는 진인의 땅이었다』 알에이치코리아, 2014, 261쪽
37) 陳夢家 「隹夷考」『陳夢家學術論文集』 華書局北京, 2016, 126

(추는) 꼬리가 짧은 새를 '추隹'라 하여 긴 꼬리를 가진 새의 이름 '조鳥'와 구별한다. 총명總名이라 한 것은 취하는 수가 많기 때문이다. 추隹는 새의 고유한 이름이다. 편편자추翩翩者鵻(저 날아가는 추 새여!)라고 할 때의 이 추鵻는 사람들이 '부불夫不'이라는 새의 한자이름이다. 본래 추隹라고 썼다가 추鵻라고 쓴 것이다. 직職과 추追의 반절 소리로, 15부이다.

(隹) (鳥之短尾總名也) 短尾名隹。別於長尾名鳥。云總名者、取數多也。亦鳥名。翩翩者鵻。夫不也。本又作隹。象形。職追切。十五部。

이와 같이 『설문』에 의하면, 추隹는 추鵻로 '부불夫不'이라고 불렀다는 것을 말해준다. 또 『설문해자』의 풀이에도 불不은 새가 위로 날아가서 내려오지 않는다는 뜻이라고 했다. 새와 관련 있는 한자이다.

부夫의 상고음은 pĭwa이고,[38] 불不의 상고음도 pĭwa이다.[39] '부불'은 부엉이 새의 울음소리와 흡사하다. 예컨대 부엉이의 울음을 '부~우~부'로 인식한 것이 아닌가 한다.

조이족과 관련해 또 하나 살필 것은 조보구문화에서 나온 채도의 신수神獸, 신령도안神靈圖案이다.[40] 이 존형기尊形器(54쪽 참조)의 채도 도안에는 새와 돼지와 사슴이 등장한다. 이를 두고 사슴, 새, 돼지 세 가지 영물도안이 새겨진 마광磨光도존이라 하였고, 이런 유형의 존형기는 전문적으로 제사에 사용하는 신기神器 또는 특정 용도가 있는 예기로 보았다.[41] 그림에 보면, 오른쪽으로부터 새, 돼지, 사슴의 순서로 각 동물의 특징을 잘 표현하

---

38) 李珍華 周長楫 『漢字古今音表(修訂本)』 中華書局, 1999, 86쪽
39) 李珍華 周長楫 『漢字古今音表(修訂本)』 中華書局, 1999, 192쪽
40) 우실하 『동북공정 너머 요하문명론』 소나무, 2007, 150~151쪽
41) 王其格 「紅山諸文化 "神鳥" 崇拜與薩滿 "鳥神"」 『學報 大連民族學院』 2007. 11, 96쪽

새를 이고 있는 홍산의 조이족

적봉지구 흥륭구 반납산 태양 암화(모사본)

옹우특기 홍산 태양신 암각화

고 있다. 이 그림에 곰은 등장하지 않는다. 시기적으로 새토템이 곰토템보다 앞에 왔다는 것을 말해준다. 우하량유적을 이해하는 데 기초가 되고 있다.

조이족의 새숭배에 덧붙여 나타난 것이 앞에서 말한 태양숭배이다. 홍산 일대에서의 태양 문양은 암화岩畵에 산재해 있다. 옹우특기 백묘자산白廟子山에 있는 태양신 암각화[42]나 적봉지구 흥륭구 반납산半拉山의 태양 암화[43]가 그것이다. 아기를 안은 어머니가 태양을 바라보며 자손의 창성을 염원하고 있다. 이는 태양숭배의 토착성을 시사해주는 것이다. 앞의 기추기맥其追其貊 설명에서 추追, 이夷, 에濊의 상통성을 언급하였는데, 추追와 추隹의 상고음이 'tiwəi'로 같다.[44]는 것은 추追와 추이隹夷도 상통할 수 있다는 뜻이며, 여기서 이夷 자의 발음상 어원이 추追, 隹와 연계된다고 볼 수 있다.

---

42) 吳甲才『紅山岩畵』內蒙古文化出版社, 2008, 107쪽
43) 趙國棟「赤峯地區又發現兩處岩畵」『中國考古集成』東北 6권, 北京出版社, 1997, 1082쪽
44) 李珍華, 周長楫『漢字古今音表(修訂本)』中華書局, 1999, 46쪽

3) 조이족과 새숭배의 근원

이제 홍산문화 중에서 어느 문화 시기부터 조이족의 활동과 연결해 설명할 수 있느냐를 해명하는 일이 남았다. 일단 필자는 흥륭와문화에 주목한다. 이는 우하량유적 이전의 시대로 소급하려는 의도이다. 문자가 없는 무문無文시대의 유물 속에서 그 주체를 찾으려면 문양이나 토템을 주목해야 할 것이다.

유국상은 흥륭와문화를 3기로 나누고, 그중에 2기를 흥륭와 2기취락, 흥륭구취락, 사해취락, 남태자취락 유존을 대표적으로 꼽았다. 그리고 2기의 주체문식主體紋飾을 단사선 교차문短斜線交叉紋이라 하고, 지 자문之字紋과 망격문網格紋 등이 새로 출현했다고 밝혔다.[45] 유국상은 교차형무늬인 망격문을 횡대상 망격문橫帶狀網格紋이라 표기해 단사선 교차형무늬와 구별하고 있으며, 이 단사선 교차문은 이미 1기에 출현한 주체문식이라고 말한다. 그는 2기를 8000~7600년 전으로 보았다.[46]

필자도 이에 근거해 연속선 교차형무늬인 횡대상 망격문橫帶狀網格紋의 최초 출현을 지금으로부터 최고 8000년(기원전 6000년) 전으로 추정한다. 단사선 교차형무늬도 1기에 비해 2기에는 중복해서 강하게 표현하고 있다. 이와 같은 횡대상 망격문을 필자는 '그물망무늬'라 칭하고, 이 그물망무늬 ▨의 출현을 탐색하려고 한다. 이 무늬는 8000년 전에 출현한 흥륭와문화로부터 홍산문화를 거쳐 소하연문화에 이르기까지 토기에서 옥으로 면면히 전승되어왔고, 한반도에도 변함없이 전승되어왔다.

우선 홍산문화 중에도 이 그물망무늬가 나타난다는 점은 앞에서 언급

---

45) 劉國祥「西遼河流域新石器時代至 早期 銅時代考古學文化槪論」『赤峰學院學報·紅山文化硏究專輯』2006. 8, 赤峰學院、赤峰市文化局, 65쪽. 유국상은 사해문화를 구별하지 않고 흥륭와문화에 넣고 있다.

46) 劉國祥「西遼河流域新石器時代至 早期 銅時代考古學文化槪論」『赤峰學院學報·紅山文化硏究專輯』2006. 8, 赤峰學院、赤峰市文化局, 64쪽

한 것과 같다. 좀 더 이를 진전시키면 더 많은 옥조에 나타난다.

이와 같이 새 외에도 옥매미,47) 곰 등에도 그물망무늬가 동시에 나타난다는 것은 그런 토템을 이끌어가는 거대한 종족이 있거나 또는 그 종족의 문화전통이 전승되어 왔다는 것을 의미할 수 있다. 옥기가 나타나기 이전에는 토기에 이 무늬가 있었다. 그런데 흥륭와 백음장한유적에서 나온 빗살무늬 토기 중에 그물망무늬48)가 있고, 이 일대에서 곰 조각상이 무덤에서 나왔으며,49) 옥결(옥귀걸이)도 나왔다.50) 이 그물망무늬의 기원은 지금으로부터 7000~8000년 전이라 할 수 있다.

홍산의 옥매미(손수도 도록)

흥륭와문화에는 앞에서 소개한 것처럼 올빼미상도 있지만, 옥결玉玦이 주종을 이루는 것이 특색이다. 옥결의 둥근 모양은 태양을 상징하며, 그것을 몸에 지녔다는 것은 태양숭배의 극치를 보여주는 것으로 생각할 수 있다. 태양숭배에 이어서 나타난 것이 새숭배이다. 이처럼 새와 태양은 조이족을 동시에 상징하는 숭배물이라는 면에서 흥륭와문화는 조이족의 초기 전통을 간직하고 있

흥륭와문화 백음장한유적 곰 조각상

흥륭와문화 옥결

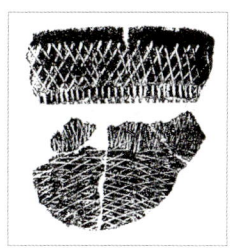
흥륭와문화 백음장한유적 토기 그물망무늬

---

47) 孫守道『紅山文化玉器新品新鑑』吉林文史出版社, 2007, 138번 도판
48) 박진호, 복기대『요서지역 초기 신석기문화 연구』주류성, 2016, 114쪽, 122쪽
49) 박진호, 복기대『요서지역 초기 신석기문화 연구』주류성, 2016, 114쪽, 139쪽
50) 박진호, 복기대『요서지역 초기 신석기문화 연구』주류성, 2016, 114쪽, 149쪽

다. 예컨대, 그물망무늬의 '그물'(금울)은 새와 관련 있는 도구이다. '금'은 쇠 금金, 새 금禽 등으로 표기하는 것에서도 그것을 알 수 있다. 특히 부엉이 발(발톱)에는 새에 따라 다르지만 빗살무늬 등이 있다.

부엉이 조각상(천안 소재 부엉이 박물관 소장)

그런데 곰과 범의 동거와 별거[51]는 역사의 시기를 구분 짓는 중요한 요인이 된다. 만약 새, 곰과 함께 범의 유물이 나온다면, 이때는 범과 곰이 같은 굴에서 살았던(同穴而居) 시기로 볼 수 있다. 이는 신시의 초기시대로 볼 수 있다. 그렇지 않고 범의 유물이 없다면, 범이 곰과 떨어져 사해로 추방된(放之四海) 시기로 볼 수 있다. 따라서 범족이 추방된, 새와 곰만의 결합문화인 우하량유적은 신시의 후기에 해당한다고 보는 것이며, 그 이전인 신시 초기는 흥륭와문화나 조보구문화가 해당한다고 보는 것이다.

그리고 흥륭와문화의 흥륭와유적에서 석제 신상神像이 발견되었다. 그 머리에 역시 그물망무늬가 새겨 있다. 조빈복趙賓福은 이를 집터의 중앙에 모신 일종의 신령神靈한 형상으로 보고, 불신(火神) 또는 풍요의 신 등의 기능으로 보았다.[52] 이 그물망무늬는 흥륭와 신석기인들이 새토템의 조이족이라는 자기정체성을 표시한 것일 뿐만 아니라, 이를 머리(이마)에 표시한 것과 불신[火神]이라는 측면을 동시에 고려하면, 태양족으로서 태양신을 토템으로 숭배한다는 이중적 증거로 보기에 충분하다. 이 당시는 환(桓:日)에서 웅(雄:隹)으로 넘어가는 과도기이거나, '해가 곧 새'라는 관념의 형성기로도 볼 수 있다. 『주역』(계사)에도 결승망고結繩網罟라 했다. 노(끈)를 맺

---

51) 곰과 범의 동거와 별거는 한국상고사 해결의 열쇠이다.
52) 趙賓福『中國東北新石器文化』최무장 역, 집문당, 1996, 266~267쪽

어 그물을 만드는 일
은 인류의 원초적 생
산 활동을 의미한다.
홍산옥기에도 머리에
그물망무늬를 그린 옥
인玉人[53)]과 하단에 그
물망무늬가 있는 대형
옥조 신상[54)]이 등장한

흥륭와문화 석조 신상(10cm, 좌), 홍산문화 옥인(중), 홍산문화 옥조 신상(우)

다. 곽대순은 소병기의 말에 근거해 사해-흥륭와문화의 사회발전단계가 이미 원시씨족공동체의 번영기를 넘어 "1만 년 문명의 첫 걸음 단계에 진입하였음을 알려준다"[55)]고 평가한 만큼, 흥륭와 신상神像의 그물망무늬는 새토템의 신성화라는 역사의 전환을 알리는 의미라고 본다.

다음으로 흥륭와문화 백음장한유적에서는 곰 조각상과 함께 옥매미가 무덤에서 나왔다.[56)] 곰과 매미는 부활의 상징동물이지만, 한 가지 추가로 인식할 것은 옥매미 문제이다. 곰은 석조상인데, 귀걸이와 매미는 옥으로 만들었다는 점이다. 그만큼 매미를 소중히 간직했다는 것을 의미한다.

필자는 여기서 새숭배관념의 근원이 매미로부터 나온 것에 대해 설명하고자 한다. 흥륭와문화에서 매미가 나온 것은 특별한 의미가 있다. 땅속에서 때를 기다리던 매미는 밖으로 나와 나무에 올라간다. 밤중에 딱딱한 껍질을 벗고 완전한 매미가 된다. 번데기가 양 날개를 다는 것을 말한다. 날개를 달면 날 수 있다. 생우이비生羽而飛이다. 이와 같이 번데기(유

---

53) 徐强 『紅山文化 古玉鑑定』 華藝出版社, 2007, 385번 도판
54) 孫守道 『紅山文化玉器新品新鑑』 吉林文史出版社, 2007, 삽화 5번
55) 郭大順, 張星德 『동북문화와 유연문명』(상) 김정열 역, 동북아역사재단, 2008, 267쪽
56) 박진호, 복기대 『요서지역 초기 신석기문화 연구』 주류성, 2016, 114쪽, 139쪽

충)에서 날개가 완전히 나온 것을 성충이 되었다고 한다. 이런 과정은 천적天敵을 피해 늦은 밤부터 새벽 사이에 이뤄지며 보통 3~6시간 정도 걸린다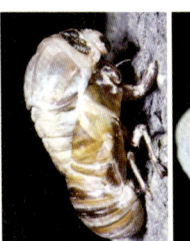

성충이 나오는 단계(좌), 성충이 나왔으나 날개를 펴지 못한 단계(중), 성충이 날개를 완전히 편 단계(우)

고 하는데, 유충에서 성충이 되기까지는 5~7년이 걸린다.57)

땅속 유충幼蟲이 나무에 매달려 허물을 벗고 성충成蟲이 되어 날개를 다는 극적 변화를 우리는 우화羽化라고 한다. 매미의 목적은 날개를 다는 것이고, 날개는 암수를 쉽게 만나기 위한 수단이다. 그런데 매미의 날개는 한여름에 채 한 달을 가지 못하고 그 사명을 다하고 끝내 그 매미는 죽는 것이다. 매미의 날개는 무無에서 유有를 낳는 한 단계 높은 변화무쌍을 상징하지만, 그 기간이 너무도 짧아 인간의 욕구를 다 채워주지 못하는 것이다. 그래서 나온 것이 새숭배라고 본다.

옥매미

매미의 날개에서 소생蘇生과 부활復活을 체험하되, 그 부활의 날개를 영원히 간직하고 싶은 욕망에서 새 날개에 집중한 것이다. 허물을 벗고 나오는 성충의 날개는 새로움과 경외의 극치점을 보여준다. 날개의 상징성, 즉 무에서 유가 나오는 새로움의 '새'가 곧 '새'라는 인식이 새숭배의 단초가 되었을 것으로

---

57) http://news.naver.com/main/read.nhn?mode=LSD&mid=sec&oid=025&aid=0002730370&sid1=001 (중앙일보, 사진 김성태)

본다. 새를 통해 영원한 삶의 날개를 지니려는 인간 욕구의 발로가 새숭배로 이어졌다고 본다.

그러므로 새숭배의 핵심은 '날개'에 있다. 이 날개의 한자가 추隹이다. 추隹자의 생김새가 좌우 날개를 뜻한다.[58] 이런 의미에서 홍륭와의 옥매미의 날개는 새숭배의 단초가 되었다고 볼 수 있고, 여기서부터 매미와 옥문화가 결합된 상태에서 조이족이 태동되었다고 본다. 우리말로 보더라도 날개의 '날'은 곧 '새'의 고어이다.[59]

새가 왜 중요한가? 새가 모든 나는[飛] 것을 대표하기 때문이다. 해日가 해年, 세歲가 되듯이, 또 '새'가 '해'가 되듯이, 날(새)이 곧 날(해)이 된다. 이것이 우리말의 일관성이다. 따라서 '날개=새=해'가 성립되는 것이다. 그 근원은 바로 매미의 날개였다. 이 매미를 상징해 조선의 임금들도 자신이 태양의 후예임을 보여주기 위해 익선관翼善冠을 만들어 착용했다. 익선관은 곧 매미의 날개가 관건이다. 두 날개가 뒤통수에서 머리 위로 올라가면 임금의 익선관이고, 뒤통수 양옆으로 펼쳐지면 신하의 익선관이다. 이슬만 먹고 사는 매미가 신하에게는 청렴의 표본이 되었다.

고구려의 조우관이 익선관으로 바뀌었으나, 그 근원은 날개=새=태양인 것이다. 사실은 우리말 고어에 '날개'의 날은 '새(鳥)'이고, 개는 '해(日)'인 것이다. 우리말 번개의 '개'도 해이다.[60] 특히 매미의 우화羽化를 상징적으로 표현한 것이 이른바 C자

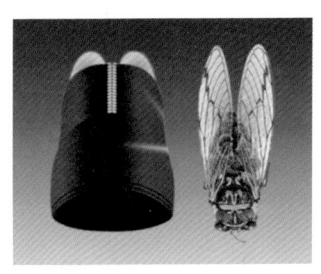

조선 임금의 익선관(설연화한복)

---

58) 박문기 「솟대문화와 천손민족」 『제1차 재료 및 파괴부문학술대회 논문집』 대한기계학회, 2006, 4쪽
59) 서정범 『국어어원 사전』 보고사, 2000, 134쪽
60) 서정범 『국어어원사전』 보고사, 2000, 301쪽

룡의 갈기일 수도 있다.

이 흥륭와문화에 이어 등장하는 조보구문화에는 봉황이 선명하게 나타난다. 이른바 제일봉第一鳳이다. 왕기격은, "새숭배는 지금으로부터 약 7000년 전의 조보구문화시기부터 이미 매우 발달한 새숭배 신앙이 있었다. 그 후의 홍산문화, 소하연문화, 하가점상하층문화 역시 한 맥락으로 새숭배 전통을 전승해오고 있으며 지역 특색이 있는 새숭배 체계를 형성하였다"[61]고 하여 하가점까지도 새숭배 체계로 설명하고 있다. 따라서 흥륭와문화와 조보구문화는 조이족의 출현과 함께 원시씨족을 넘어서는 문명역사의 태동기라고 할 수 있다.

여기서 다시 주목할 것은 흥륭와문화의 빗살무늬이다.

8000년 전 흥류와문화의 토기에 빗살무늬가 나타난다. 곽대순은 홍산문화 도기에 대해 다음과 같이 말한다. 여기서 지之 자문이란 우리가 말하는 빗살무늬를 의미한다.

> 홍산문화의 도기는 주로 모래를 섞어 만든 회도灰陶와 진흙으로 만든 홍도紅陶 두 종류인데, 소량의 진흙으로 만든 흑도黑陶와 회도灰陶도 있다. 모래가 섞여 있는 회도의 특징은 기형의 형태가 비교적 간단한 통형항아리筒形罐가 많고, 무늬는 주로 압인한 '之'자 문양과 평행으로 된 사선무늬이며, 통형항아리의 입구는 넓고 바닥은 좁으며, 앞부분은 세로로 곧다. 사해-흥륭와문화의 통형항아리는 몸체가 낮아졌고, 입구는 커졌으며, 바닥은 작아졌다. '之'자 문양의 선은 가늘면서 길어지고, 간격이 넓어져 문양의 줄도 조금 넓어졌다. 연선

---

61) 王其格「紅山諸文化 "神鳥" 崇拜與薩滿 "鳥神"」『學報 大連民族學院』 2007. 11, 96쪽
62) 郭大順 주편 『紅山文化』 이종숙 번역, 동북아역사재단판, 53쪽

식 '之'자 문양과 비점식 '之'자 문양이 함께 사용되고, 직선과 호선, 파도선도 함께 사용해, 횡압수대와 수압횡대가 잘 어울렸다.[62]

흥륭와 2기 그물망무늬(도발)

서울 암사동 빗살무늬토기

아래에서 위로 올려다본 토기의 '빛' 이미지

흥륭와문화의 빗살무늬토기[63] 이래 한반도에 살았던 신석기인들도 빗살무늬토기를 만들었다. 이처럼 거주의 원근을 넘어 빗살무늬토기를 유독 사랑한 이유는 어디에 있을까? 단순한 빗금처럼 보이는 빗살무늬토기에서 빛의 이미지를 발견할 수 있다. 기원전 4000~기원전 3000년 시기의 신석기시대 유물인 서울 암사동 빗살무늬토기를 연구한 결과, "중심의 원과 거기서 퍼져 나오는 삼각 모양의 햇살, 여덟 갈래로 확산되는 빛의 에너지, 그리고 다시 바깥의 원으로 마무리되는 토기의 문양은 태양을 상징하는 동시에 빛에너지로 충만한 우주를 표상한다"[64]고 밝혀냈다. 여기서 신석기인들의 태양숭배를 알 수 있고, 빛에 대한 관념을 짐작할 수 있다. 태양의 본질은 광명의 빛이며, 이 빛을 선사인들은 우주 존재의 원기

---

63) 우실하 『동북공정 너머 요하문명론』 소나무, 2007, 124쪽
64) 김성환 「한국고대선교의 빛의 상징에 관한 연구(상)」 『도교문화연구』 31집, 34쪽

元氣로 생각하였고, 그것은 항상 중심에서 바깥으로, 다시 바깥에서 중심으로 이동하는 것을 우주적 빛의 본질로 보고 인간의 생명이 그런 빛의 본질 가운데서 생존한다고 여긴 것 같다.[65]

이런 의미에서 빗살무늬토기라는 이름을 '햇(빛)살무늬'라 바꾸어 부를 수 있다고 주장한 김양동은 빗살무늬토기에 대해 "원시인들은 모든 생명체의 원초적인 에너지원으로서 태양을 숭배하며 신으로 받들고, 신에 대한 한없는 그리움을 표현함으로써 빛살(햇살)을 새긴 것"[66]으로 해석한다.

태양과 빛은 서로 혼동하기 쉬우나, 이제 우리는 태양과 빛(광명)과는 구별할 필요성을 느낀다. 태양신이 시조신의 역할이라면, 우주 근원의 빛은 천신에 비유할 수 있는데,[67] 한국 고대 사상은 장구한 세월을 거쳐 태양에서 빛(광명)숭배로 이동해왔다고 볼 수 있다.

참고로 충남 공주 석장리 후기 구석기 시대 문화층에서 자갈돌(타제석기)에 새긴 조문鳥紋이 출토되었다. 굵은 음각선 세 개가 수평으로 나란히새겨 있고, 수직으로 두 개의 선이 그어져 있고, 우측에는 쪼아진 점들이 있고, 좌측에는 세모꼴 봉우리가 새겨져 있다.[68] 최초의 새 그림인지도 모르겠다.

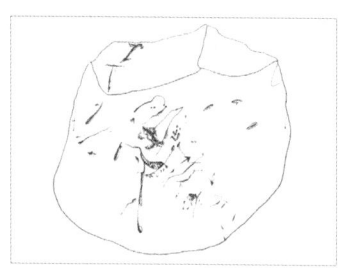

공주 석장리 2 석재 조문

---

65) 김성환 「한국고대선교의 빛의 상징에 관한 연구(상)」 『도교문화연구』 31집, 37~38쪽
66) 월간미술세계 『김양동』(월간 미술세계작가총서) 월간미술세계, 1996, 화보
67) 김성환 「최치원 국유현묘지도설의 재해석」 『도교문화연구』 34, 17쪽
68) 손보기 『석장리 선사유적』 1993
　　유태용, 최원호 「한국 구석기시대 음각문의 검토」 『미술문화연구』 10, 2017. 6, 118쪽

대영박물관 전시 홍산옥기(2018. 9. 현지 촬영)

▶ 홍산문화의 상하한 연대를 B.C.4700~B.C.2900년으로 설명함.
▶ 홍산 옥조(Jade bird)의 제작 연대를 B.C.3500년 경으로 설명함.

제3부

2. 조이족과 환웅

2. 조이족과 환웅

1) 『산해경』과 환웅의 웅상雄常
2) 환웅과 웅녀의 만남 - 우하량유적은 단군신화의 고향
3) 환족桓族 등장과 우하량의 신시문화
4) 환웅 조이족과 부족연합의 관계

2. 조이족과 환웅

1) 『산해경』과 환웅의 웅상雄常

우리의 물음은 곰족의 웅녀에 대응하는 역사상 조이족의 지도자는 누구인가에 있다. 조이족은 태양과 새의 숭배로부터 나왔다. 우리의 단군신화로 보면, 태양숭배의 최초 무리는 환인의 '환(桓 : 태양)' 무리였을 것이다. 그다음에 새를 숭배하는 무리는 누구였을까? 이들 태양과 새가 만나 이룬 조이족은 "조鳥는 바로 태양이고, 태양은 바로 조鳥"[1]라는 조일鳥-日 일체적 인식을 가지고 검토해볼 것이다.

환桓은 태양의 뜻 외에 새의 이름과도 관련 있다. 『설문』에 환雚이라는 글자가 나오는데, 이 새는 뿔 모양의 털(毛角)이 있는 '올빼미 치鴟, 치효鴟鴞'에 속한다고 했다.[2] 여기서 뿔이 있다는 지적은 올빼미과科의 부엉이를 의미한다. 곽박도 주注에서 부엉이(鴟鵂치휴)보다 약간 작은 새로 토끼머리(兎頭) 모양의 새라고 했다. 환雚은 환桓, 또는 화和와 소리가 같다고 했으며, 또 '추(익모초)'로도 소리 낸다.

그러나 현재 우리가 알고 있는 부엉이에는 귀 같은 뿔(귀뿔깃)이 있다. 그래서 부엉이는 토끼머리 모양이다. 홍륭와의 올빼미는 뿔 없는 올빼미상이다. 갑골문상으로도 이 부엉이 환(萑. 雚)을 고양이 머리처럼 생긴 매라고 해 묘두응貓頭鷹이라고 한다.[3] 뿔 없는 올빼미상은 뿔 있는 부엉이와

---

1) 張緖球「長江河游史前玉器的神靈化和禮器化過程」『中國玉文化玉學論叢』4편 上, 紫禁城出版社, 2006, 87쪽
2) "萑 鴟屬. 从隹从, 有毛角, 所鳴其民有㾯. 凡雀之屬皆从萑. 讀若和. 胡官切"『설문』
3) 甲骨文象貓頭鷹, 突出眼睛之上左右兩蔟拱形的毛.「萑(환)」,「雚(관)」本是一字,「萑」後增聲符「吅」成「雚」字, 參見「雚」『說文』:「萑, 鴟屬. 从隹从, 有毛角, 所鳴其民有㾯. 凡雀之屬皆从萑. 讀若和. 段玉裁注 :「毛角者 , 首有蔟毛如角也」

달리 태양의 모양에 가까운 것으로 이해할 수 있다. 부엉이의 뿔은 '불'을 상징한다. 새는 시대의 흐름에 따라 올빼미, 수리부엉이, 매, 독수리 등으로 다르게 나타났다고 봐야 할 것이다.

그렇다면 새토템의 조이는 어느 계통의 종족인가? 장수절張守節은 「사기정의」에서 조이에 대한 주를 『괄지지』를 인용해 설명하고 있는바, 조이는 고숙신古肅愼이며, 굴속 생활, 돼지 사육, 활쏘기 등을 특징으로 설명하며, 또 하광악은 숙신이 본래 조이에서 갈라져 나온 일파라고 하였는데, 모두 조이의 존재를 알 수 있는 자료가 된다.[5]

선진의 동이가 특정 집단을 가리키는 고유명사로 사용되었다면, 반면에 『삼국지』 이후의 동이는 동방의 이민족을 지칭하는 보통명사로 사용되었다. 양자에는 문화적인 공통점이 있다. 즉 제천의식에 보이는 경천신앙, 난생신화와 새(鳥)숭배, 궁시신화弓矢 등을 두 동이는 공유하였다. 특히 새숭배의 경우 난생신화와 연결되면서 고구려의 관모冠帽나 변진弁辰의 풍속 중에 매장할 때 새 날개를 함께 부장하는 풍속이 있는 것을 보면 소호씨, 제준 집단과 같은 새숭배가 있었음을 알 수 있다.[4]

그러면 홍산문화를 주도한 그 조이족은 누구이며, 혹시 우리 역사의 누구와 연계가 가능한 것인가?

우선 환桓이 태양을 상징한다는 점을 염두에 두고, 홍산문화를 「단군고기」로 견주어보면, 환인 이후이며 단군 이전인 환웅의 시대에 해당한다고 볼 수 있다. 환웅신화의 개념어들로 '삭(수)의천하數意天下', '탐구인세',

---

4) 김인희 「상고사에 있어 한중의 문화교류」 「동아시아고대학」 2집, 104~107쪽
5) 正義括地志云:「靺鞨國, 古肅愼也, 在京東北萬里已下, 東及北各抵大海. 其國南有白山, 鳥獸草木皆白. 其人處山林閒, 土氣極寒, 常為穴居, 以深為貴, 至接九梯. 養豕, 食肉, 衣其皮, 冬以豬膏塗身, 厚數分, 以禦風寒. 貴臭穢不潔, 作廁於中, 圜之而居. 多勇力, 善射. 弓長四尺, 如弩, 矢用楛, 長一尺八寸, 青石為鏃. 葬則交木作槨, 殺豬積槨上, 富者至數百, 貧者數十, 以為死人之糧.」
何光岳 「肅愼族的起源與北遷」 『黑河學刊』 40, 1991. 2, 97쪽

'삼위태백', '홍익인간', '천부인天符印', '솔도삼천率徒三千', '태백산정', '신단수', '위지신시謂之神市', 일웅일호一熊一虎 등이 있다. 그러나 어디에도 조이족을 설명할 만한 동의어는 없다. 다만 최남선은 「단군고기」를 단군 원사原史와 환웅신화로 나누어 보고, 환웅신화의 궁극적 의의는 태양토템과 곰토템의 결합에 의한 조선의 출현에 있다고 보았으나,6) 이는 환웅을 태양토템으로 전제하고 한 말일 것이다. 새토템에 관해서는 언급하지 않았다.

다만 새토템을 설명할 수 있는 것은 '태양토템과 새토템은 연합토템'이라는 관점에서만 설명이 가능하다는 한계가 있다. 이런 한계를 극복하기 위해 필자는 『규원사화』 등을 참고하려고 한다. 사마천의 『사기』에도 천려일실千慮一失이 있을 수 있건만, 우리의 사서에 어찌 천려일득千慮一得이 없겠는가.7) 그런데 『규원사화』는 태백산에 강림한 환웅을 신시씨神市氏라고 칭하는데, 이 중에 의미 있는 구절이 있다.

> (신시씨)가 금수와 가축의 이름으로 벼슬을 이름하였으니, 호가虎加·우가牛加·마가馬加·응가鷹加·노가鷺加 등의 명칭이 있게 되었다.8)

이와 같이 신시씨에는 호가, 우가, 마가, 응가, 노가 등 오가五加가 있었다는 것은 사료 가치가 있는 정보에 해당한다. 신시씨라는 말이 환웅을 주체로 하면서도 환웅 당시

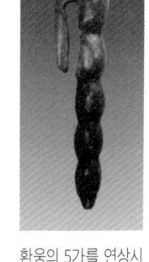

환웅의 5가를 연상시키는 적봉 출토 5연주옥식(五聯珠玉飾)

---

6) 최남선 『단군론』 경인문화사, 2013, 296~297쪽
7) "知者도 千慮一失이요 愚者도 千慮一得이라" 즉 지혜로운 사람도 천 번 생각하는 중에 한 가지 실수할 수 있고, 어리석은 사람이라도 천 번 생각하면 한 가지 좋은 생각을 할 때가 있다.(한신의 고사에서 나온 말)
8) "此時, 神市氏之降世, 已數千載, 而民物益衆, 地域愈博. 於是, 復置主刑·主善惡及監董人民之職, 以獸畜名官, 有虎加·牛加·馬加·鷹加·鷺加之稱"(『규원사화』 태시기)

오가 시대라는 포괄적인 개념을 의미하는 것 같다. 이 오가는 환웅족이 토템분화를 한 결과라고 본다. 오가 중에 매(독수리)의 응가鷹加와 백로(해오라기)의 노가鷺加 정도가 새토템에 해당된다. 본래의 토템은 새토템에서 시작되었을 것이다. 새(매)를 이고 있는 홍산의 옥기9)(233쪽 참조)에서 조이족의 존재를 상상할 수 있다. 또 환웅 당시의 오가加를 암시하는 듯한 연주옥聯珠玉(249쪽)10)도 음미할 필요가 있다. 그러면 새토템의 원형은 무엇인지 가장 오래된 『산해경』(「해외서경」)을 보자.

> 숙신국肅愼國은 백민白民의 북쪽에 있다. 이름을 웅雄【혹은 낙雒】상常이라고 하는 나무가 있는데, 성인이 대를 이어 즉위하게 되면 이 나무를 보고 옷을 만들어 입었다.11)

여기에 숙신과 웅雄이 나온다. 앞에서 하광악은 숙신을 조이의 일파라고 했다. 그러면 『사기』에 나오는 '조이피복'의 조이와 일치한다고 볼 수 있다. 중요한 것은 웅雄에 관한 이해이다. 웅을 나무의 이름에 붙여놓아 웅雄의 상常, 웅상雄常이라고 했다. 그런데 이 웅상을 또는 낙상雒常이라고 했다. 웅雄이 곧 낙雒이라는 뜻이다. 낙雒은 '수리

『산해경』 원문

---

9) 張雪秋, 張東中 『紅山文化玉器』 黑龍江大 出版社, 2010, 278쪽
10) 劉冰 『赤峯博物館 文物典藏』 遠方出版社(赤峰), 2007, 11쪽
11) "肅愼之國 在白民北 有樹名曰雄【或作雒】常 先入(或聖人)伐(代)帝 于此取之"(『산해경』「해외서경」). 이 구절의 끝 구절에 대한 해석은 제각각이다. 중국의 원가(袁珂)는 取之(취지)를 取衣(취의)로 보았다. 『사기』의 조이피복(鳥夷皮服)과 관계가 있다.

부엉이' 또는 올빼미과의 새를 가리킨다. 이 말은 『진서晉書』(「동이전」)에도 나오고, 『회남자』(지형훈)에는 낙당산雒棠山이라는 이름이 나온다. 다시 말하면, 웅상이라는 나무, 즉 '웅상수雄常樹'가 있는데, 그 나무 위에 수리부엉이 형상을 새기거나 올려놓았기 때문에 낙상雒常이라고 불렀다는 뜻이다. 우리의 솟대(61쪽 참조)나 서양의 토템폴Totem pole(253쪽 참조)을 연상할 수 있다. 따라서 웅雄이 가리키는 새토템의 원형은 '수리부엉이' 곧 낙雒임을 『산해경』이 알려주고 있다. 특히 웅雄은 팔뚝 굉厷+새 추隹의 결합인데, 굉厷에는 팔뚝, 활, 둥글다, 크다, 넓다 등의 뜻이 들어 있다. 합하면 웅은 '큰 새'의 뜻이 된다. 현재 수리부엉이는 천연기념물 제324-2호이다. 학명은 'Eurasian eagle owl, Bubobubo'이다. 부엉이 중의 패왕霸王이다. 우리의 『훈민정음』(「용자례」)에는 'ㅎ'의 용례로 '부헝'을 들고 있다. 한자로 '휴류'로 쓴다. 치효, 휴류는 모두 부엉이를 가리킨다. 밤에 자지 않았다가 맨 먼저 태양을 맞이한다. 수명은 21년이다. 부富와 지혜를 상징한다.

그런데 『산해경』의 웅상雄常 구절에 이어 『진서』의 낙상雒常 다음구절에 나오는 '옷 짓는 일'과 관련해 이를 규명할 필요가 있다.

『훈민정음』의 부헝(휴류)

낙상雒常이라는 나무가 있는데, 중국의 임금이 새로 제위에 오르면 그 나무에 껍질이 생겨 옷을 지어 입을 수 있다고 한다.
有樹名雒常 若中國有聖帝代立 則其木生皮可衣(『진서』「동이전」숙신)

『만주원류고』는 낙상雒常(또는 額常액상)을 과일나무로 보았으며, 시라토리 구라키치白鳥庫吉도 낙상雒常은 만주어의 종이(紙)를 나타내는 것으로

보고, 그 나무는 종이의 나무, 즉 거죽으로
옷 만드는 닥나무(楮저)라고 했다.12)

그러나 웅雄은 수리부엉이 낙雒이고, 상常
은 숭상崇尙한다는 뜻과 나무 이름을 의미하
므로 웅상雄常은 솟대(61쪽 참조)와 같이 새와
나무가 결합된 신수神樹이다. 그런데 『삼국유
사』「단군고기」의 한 구절 중에 "常祈于神雄

호두구 1호묘 출토 옥효(부엉이)

상기우신웅 願化爲人원화위인"이 나오는데, 여기서 常祈于神雄상기우신웅에 주
목한다. 이병도 이래 이 구절을 "항상 신웅에게 빌었다"로 해석해왔으나,
이는 문맥상 중대한 결함이 있다고 생각한다. 경배 대상물이라면 몰라도
사람인 신웅(환웅)에게 항상(常) 빌었다는 말은 이치적으로 맞지 않는다.
따라서 이것은 祈于神雄常기우신웅상의 오기라고 본다. 그럴 경우 이 신웅
상神雄常을 신단수神壇樹에 비유할 수 있다. (자세한 것은 333~334쪽 참조) 그러
면 여기서 말하는 수리부엉이 웅雄은 누구를 상징하는가? 이암의 『단군
세기』(「도해단군」)가 답을 주고 있다.

> 경인庚寅 원년(B.C. 1891) 단군께서 오가五加에게 명해 12명산을 골라
> 가장 아름다운 곳을 골라 국선國仙의 소도蘇塗를 설치하게 하였는
> 데, 주위에 박달나무를 많이 심어 가장 큰 나무를 골라 환웅桓雄의
> 상像으로 봉하고 제사지냈다. 이름을 웅상雄常이라 하였다.13)

---

12) 『만주원류고』 장진근 옮김, 파워북, 2008, 562쪽
   白鳥庫吉「肅愼考」『白鳥庫吉全集』 4권, 岩波書店, 1969, 326~327쪽
13) "庚寅元年帝命五加 擇十二名山之最勝處 設國仙蘇塗 多環植檀樹 擇最大樹 封爲桓雄像而祭之 名雄常"(『단군세기』,「11세 도해단군」)

이와 같이 환웅桓雄의 상像을 봉하고 제사했다는 말에서 이 웅이 실존했던 환웅의 상징 형상이었음을 『단군세기』를 통해 유일하게 확인할 수 있다. 나무에 낙상을 조각하여 봉안했는지, 아니면 나무에 직접 새겼는지 알 수 없으나, 환웅의 웅상이 수리부엉이상으로 입증된 것이다. 아울러 수리부엉이는 환웅의 새이면서 신시의 토템임을 부엉이의 분포도(256쪽)로 알 수 있다.

밴쿠버 스탠리공원의 토템폴
(곰돌씨 블로그)

　요약하면 환웅의 웅雄=낙雒(수리부엉이)=치효鴟鵂=효梟(올빼미)=효鵂(부엉이 또는 올빼미)가 된다. 앞의 오가 중에 응가(鷹加:매)는 올빼미와 부엉이에 가장 가까운 새이다. 그런데 『시경』(「치효」)에 부엉이(부형, 鴟鵂치효)가 나오는데, 다른 새의 새끼를 잡아 먹는 악조惡鳥로 묘사되거나 또는 불효조不孝鳥로 전하기도 한다. 이런 혐오감을 조장한 것은 치효(부엉이) 또는 치효토템족에 대한 원망을 표현한데서 나온 것으로 본다. 바꾸어 말하면 환웅의 치효족이 강성했던 것이다. 또 부엉이가 그 집안의 흉사를 미리 알려주려고 울었는데, 이를 알지 못하는 사람들이 부엉이가 울면 집안이 흉하다고 하여 흉조로 여기게 되었다. 부엉이에 대한 잘못된 고정관념에서 나온 것이다.

　따라서 우리의 입장에서 부엉이를 보아야 한다. 부엉이의 우는 소리가 '부~엉~, 부~웅~, 부~옹~'으로 들리는 것에서도 환웅의 '웅'과 통하며, 민간에서는 그 소리가 '부富~'로 알려지기도 했다.[14] 또 매를 한자로 응鷹이라 부르는 것에서도 웅雄과 응鷹은 발음이 흡사하다. 이와 같이 부엉이상이

---

14) 이우영 선생도 이에 공감해주었다.(2018. 5. 8)

곧 환웅 자신이었을 것이다. 따라서 시기적으로 보면 웅雄의 상징새는 부엉이(수리부엉이)이나, 나중에 오가로 분화되면서 매나 백로가 나왔을 것이다. 보통 수리부엉이는 올빼미보다 커서 몸 길이 70cm, 날개 길이 190cm이다. 앞 발톱 3개, 뒤 발톱 1개이다. 전세계에서 가장 큰 새의 하나로 기록되어 있다. 앞에서 본 바와 같이 흥륭와문화에 올빼미(梟효)상이 나왔는데, 이 효梟 자가 새가 나무 위에 있는 형상이다. 이 올빼미상도 나무 위에 올려놓았던 웅상의 일종이었는지 모르겠다.

그리고 심양의 신락하층문화(7000년 전)에서 새 조각이 나온 것도 나무에 새긴 나는 새(木雕飛鳥 38.5cm)였다.15) 조빈복趙賓福은 이를 두고 "나무로 된 새형 조각은 신락하층문화 발견의 진귀한 예술품이다. 그것은 예술적 가치 외에 씨족장이 씨족 구성원을 통치한 권위의 상징물"16)이라고 해석했다. 또 이곳에서는 뼈에 새긴 매머리(骨雕鷹頭)상도 발굴되었다. 이렇게 웅상을 세우는 전통은 지역과 시대를 초월해 매우 오래된 것임을 알 수 있다. 환웅과 조이의 문화 영역도 홍산뿐만 아니라 심양까지 영향을 미쳤다고 할 수 있다.

이처럼 환웅과 신시의 토템이 부엉이(새토템)였기 때문에 삼위태백산의 신단수로 강림 또는 비하飛下할 수 있었다. 신단수는 앞에서 말한 『산해경』의 웅상수雄常樹이며, 낙상수雒常樹이다. 삼위산三危山은 『산해경』(서산경)에 세 마리 푸른 새(三靑鳥)가 사는 곳이라고 했다.17) 부엉이(鵑)는 또 청색의 새라고도 한다. 우리들 마음속의 파랑새인지도 모르겠다. 신라 금관에도 뫼

---

15) 遼寧博物館 『走進 遼河文明』 遼寧人民出版社, 2009, 20~21쪽
16) 趙賓福 『중국동북 신석기문화』 최무장 역, 집문당, 1996, 147쪽
17) "三危之山 三靑鳥居之 是山也 有鳥焉 一首而三身 其狀如(樂鳥) 其名曰鵑"(『산해경』「서산경」)
18) 김열규 『한 그루 우주나무와 신화』 세계사, 1990, 234, 275쪽; 김열규 「동북아 맥락 속의 한국신화」 『한국고대문화와 인접문화와의 관계』 한국정신문화연구원, 1981, 309쪽

산山 자가 3개이고, 3마리 새가 앉아 비상을 준비하고 있다. 이 금관총의 연속되는 산山 자는 신단수와 같다. 신단수는 하늘, 지상,지하를 하나로 받쳐주는 기둥같은 세계나무이다. 이 세계나무에는 하늘새가 앉아 있고 하늘을 내왕한다.[18]

『단군고기』에 신단수는 언급되었으나 새가 언급되지 않아 의문이 가지만 환웅 자신이 새였기 때문에 따로 언급할 필요가 없었을 것이다. 신단수의 새는 우주새로서 하늘을 오르내리는 환웅 자신이었을 것이다. 이런 의미에서 환웅은 태양의 밝음을 추구한, 태양토템을 계승한 환桓이나 본래 새토템의 웅족雄族인 조이족이며 추이족이다. 이는『제왕운기』에서 환웅을 '웅'이라고만 칭한데서 알 수 있다. 다만『규원사화』에서 말한 신시의 오가 중에 응가, 노가를 제외한 나머지 호가, 우가, 마가와의 관계는 토템의 분화로 볼 수 있다. 아울러 윷놀이의 '도개걸윷모'도 오가의 토템과 관련하여 연구할 필요가 있다.

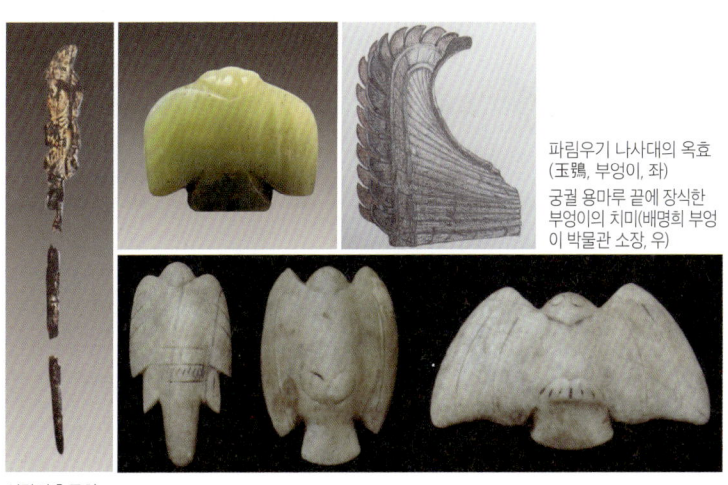

신락하층문화 나무에 새긴 비조상(매鷹)

파림우기 나사대의 옥효 (玉鴞, 부엉이, 좌) 궁궐 용마루 끝에 장식한 부엉이의 치미(배명희 부엉이 박물관 소장, 우)

3단계 비상하는 올빼미상(박봉성 소장)

환웅과 신시를 상징하는 부엉이 옥기(옥효) 출토지(종합)

[지도 10] 환웅과 신시를 상징하는 부엉이 옥기(옥효) 출토지(종합) * 동산취 옥효는 녹송석효

국외局外 반출 부엉이(옥효)

대만 고궁 박물관 소장   대영 박물관 소장   중국 천진 박물관 소장

2) 환웅과 웅녀의 만남 - 우하량유적은 단군신화의 고향

지금 중국 당국은 우하량유적에 대해 '약 5500년 전에 이미 국가가 되기 위한 모든 조건을 구비한 우하량 홍산문화유지'[19]라고 선전한다. 이는 기원전 3500년경에 중국이 국가의 기틀을 갖추기 시작했다는 것을 자랑하는 말이다. 단군의 고조선 건국과는 1000여 년의 시간차가 있다. 그럼에도 우하량유적을 관통하는 것은 조이족과 곰족이 가졌던 배일숭조拜日崇鳥 사상과 곰숭배 의식이 이곳에서 꽃피었다는 사실뿐이다.

그러면 그 근원은 어디서 온 것이며, 우리가 무엇으로 이를 이해할 것인가? 단군신화를 연구한 연변의 김관웅은 "조선민족의 원시문화는 동아시아 문명의 최초의 발원지라고 상정되는 홍산문화 내지 요하문화를 창조한 주체인 동이족과 깊은 내재적인 연관성이 있다"[20]고 보았다. 이 내재적 연관성을 이제 구체적으로 규명할 때가 되었다.

우리는 우하량유적의 재해석을 통해 『삼국유사』의 서두에 인용된 「단군고기」 속의 소위 '단군신화'가 더 이상 버림받은 이야기가 아니라, 살아 있는 역사로서 우리가 새롭게 만날 수 있는 대상임을 알게 될 것이다. 단군신화를 곧 '단군실화'로 보면 5500년 전의 역사가 다시 살아난다. 엘리아데는 "신화는 거룩한 역사, 즉 시간의 시발점에서 태초에 일어난 원초적인 사건"[21]을 말한다면서 그 신화의 본질을 알려준다.

우리가 그동안 믿어온 신화가 원초적 사건의 거룩한 역사가 아니라면, 그것은 한갓 꿈이나 상상으로 끝날 것이다. 그렇지 않고 그것이 원초적인 사건으로 '오늘 우리와 마주'할 때 산 역사로 되살아날 것이다. 과연 단군

---

19) 우실하 『동북공정 너머 요하문명론』 소나무, 2007, 173쪽
20) 金寬雄 「古朝鮮의 檀君神話와 東夷文化의 聯關性」 『淵民學志』 15, 2011, 35쪽
21) 엘리아데 『성과 속』 이동하 역, 학민사, 1983, 73쪽

신화는 원초적 사건의 거룩한 역사인가? 아니면 한갓 환상 속의 꿈 이야기인가? 지금까지의 연구 결과로 보면, 우하량유적은 거룩한 역사의 원초적 사건이라 해도 과언이 아니다. 우리는 우하량유적을 통해 비로소 단군신화를 재해석할 수 있게 되었다. 단군이 되살아난 것이다. 아울러 사라졌던 환웅도 나타난 것이다. 이제 환웅의 이야기를 끌어내어 우리 상고사를 전면적으로 재해석하는 일이 남았다. 『삼국유사』의 '단군신화'가 알려주고 있는 환웅의 시대상을 다음과 같이 요약할 수 있다.

㉠ 환웅은 태백산에 강림하여 신시를 열었다.
㉡ 곰족과 범족이 이웃에 살던 중에 곰족은 환웅의 조건에 순응해 연합을 이루었다.
㉢ 범족은 조건에 불만을 갖고 연합에 참여하지 않았다.
㉣ 환웅족과 곰족이 연합해 훗날 단군조선 건국에 참여하였다.

이 내용이 비록 적은 정보일지라도 상고의 기본 틀을 이해하는 데 매우 유용하다고 할 수 있다. 그런데 환웅이 곰족과 범족이 갈라서게 되는 요인이 된 조건이 아주 단순하지만, 그 이면에는 고도의 정신적 측면이 개입돼 있다. 쑥과 마늘을 먹는 일과 불견일광백일不見日光百日(100일 동안 햇빛을 보지 마라) 기도인데, 곰은 이를 잘 지켜 3·7일(또는 21일) 만에 사람이 되고, 범은 그렇게 하지 못했다는 것이다. 이 중에 우리의 주목을 끄는 것은 불견일광不見日光(햇빛을 보지 않는 터부)이다. 이 말에는 이론異論이 분분하지만, 대개 두 가지 뜻이 들어 있다. 일광日光이라는 실체를 보지 말라는 금기를 지키는 것이거나 내면에 집중하라는 뜻이 그것이다.

먼저 일광日光이라는 실체를 보지 말라는 뜻은 무엇인가? 불견일광不見

日光의 반대말은 견일광見日光(햇빛을 보는 일)이다. 프레이저에 따르면, 원시 부족사회에서 신성한 사람 위에는 햇빛이 비치지 못하게 했는데, 만약 햇빛을 쬐면 지도자가 될 자격을 잃고, 친척이 상을 당하거나, 살갗이 검게 변한다고 했다.[22] 이렇게 햇볕을 쬐는 견일광 자체가 엄하게 금지되었다.

반면에 견일광을 숭상하는 종족도 있다. '견일광'이라는 말이 들어 있는 유물까지 나왔다. 손수도의 논문에 의하면, 서풍현 서차구西岔溝의 고묘古墓에서 동경이 출토되었는데, 그중에 일광경日光鏡들이 출토된 것을 알 수 있다.[23] 그 중에 '견일지광見日之光 천하대명天下大明(햇빛을 보니 천하가 크게 밝아진다)'이라는 8자가 새겨진 거울이 나왔다. 다시 말해 견(현)일광見日光 거울이다. 손수도는 이 서차구 유물들을 흉노문화로 규정했으나, 이형구는 이를 부여문화로 보고 있다.[24]

서차구西岔溝는 지리적으로 무순과 장춘 사이에 있다. 이 문화유물들이 부여문화라면, 불견일광과 반대되는 견일광見日光의 거울은 범족인 부여의 문화를 대표적으로 상징한 것임을 알 수 있다. 그러니까 범족은 자기네 부여문화를 고수하겠다는 의지를 밝힌 것임

서차구(西岔溝) 출토 일광경(日光鏡)의 하나(좌), 일광경 모사본(우)
좌측에서부터 돌아서 見日之光 天下大明 8자를 새겼다. 가운데에는 원이 선명하다.

---

22) 제임스 조지 프레이저 『황금가지』 이용대 역, 한겨레출판(주), 2003, 771~773쪽
23) 孫守道 「匈奴西岔溝文化 古墓群的發現」 『孫守道考古文集』 遼寧人民出版社, 2017, 353쪽
24) 이형구 『발해 연안에서 찾은 한국 고대문화의 비밀』 김영사, 2004, 190~191쪽

을 알 수 있다.

그 다음으로 밖의 햇빛을 보지 말라는 말은 외부와 단절하고 안의 내면內面에 집중하라는 뜻이다. 범족보다는 곰족에게 어울리는 말인지도 모른다. 환웅이 제시한 조건은 땅을 파고 돌멩이를 나르는 일이 아니라, 다분히 종교적이고 심성적이다. 이유립은 이를 불출호외不出戶外 택제수련擇齊修鍊이라 했다.[25]

그러므로 '불견일광'이란 집 밖에 나가지 말고 조용히 가리고 가지런히 해 수련에 집중하라는 뜻이다. 남명진은 이를, '내재적인 신성神性의 자각'이라고 규정하고, "신神이 준 계율을 스스로 지켜 신성을 자각적으로 밝히는 과정"[26]으로 본 것은 설득력이 있다. 단순히 종교적인 금기禁忌나 금촉禁觸 사항의 실천 여부가 중요한 것이 아니라, 인간 내면의 원초적 시간의식時間意識의 자각이라는 말로 귀결된다는 뜻이다.

다시 말해 '불견일광'이란 수련에서 마음의 동요를 일으키게 하는 독과 같은 빛을 차단하는 것을 말한다. 반면에 어둠은 인간의 의식을 원초적 시간으로 돌아가게 하는 계기를 만들어 준다. 그래서 문득 사람의 형상을 얻는다는 '변득인형便得人形'의 인人을 사람의 재탄생이라는 의미에서 천인天人[27]에 비유할 수도 있다. 그러나 종전처럼 환웅을 신웅神雄으로 우상화할 것은 없으나, 우하량 여신묘의 여신상도 이런 '변득인형'의 상징성을 지닌 것으로 이해할 수 있다.

따라서 사람이 본래적인 신성을 회복하라는 말은 '다른 차원으로 새롭

---

25) 이유립 『대배달민족사』(5권), 고려가, 1987, 128쪽
26) 남명진 「단군신화에 나타난 한국인의 원초적 시간관에 대한 역학적 고찰」 『역과 철학』 관중유남상선생기념논총간행회(대전), 1993, 131쪽 9); 이형구 『발해 연안에서 찾은 한국고대문화의 비밀』 김영사, 2004, 190~191쪽
27) 김대선과 카르멜텐스 『동이족의 숨겨진 역사와 인류의 미래』 수선재, 2011, 79쪽
28) 설중환 『다시 읽는 단군신화』 정신세계사, 2009, 176쪽

게 탄생되어가는 과정,'28) 즉 '변득인형'의 참뜻이라 할 수 있다. 우리는 복원된 우하량 여신상의 기도하고 수행하는 신상神像을 통해 이런 말이 공상이나 과장이 아님을 알 수 있고, 5500년 전 우하량인들에게 이런 수행을 통한 신성 회복은 절대적 과제이며, 생존 이유였음을 미루어 알 수 있다. 신화상의 웅녀는 스스로 수행을 통해 처음으로 하늘사람인 천인이 되었고, 비로소 환웅과 동등한 자격을 갖추어 연합을 이룰 수 있었다. 환웅

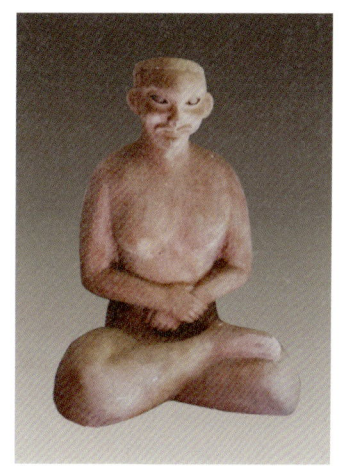

수행으로 우주와 하나됨을 추구하는 여신상
(복원도)

의 영적 문화가 곰족으로 스며들어 변화를 일으킨 것이다. 본래 사람 인人자가 소도에서 수도 중인 사람을 가리킨다는 말에 귀 기울여야 한다.29)

이처럼 신성회복이 중요한 과제였던 것은 당초에 곰족과 범족이 시대의 변화에 부응하지 못하는 잘못된 성격과 습성에서도 나타난다.(다음 면의 주석 41번 참조) 그래서 신성 회복은 더욱더 시급한 과제였다. 범족은 탐욕이 많고 잔인하며(嗜貪殘忍기탐잔인), 곰족은 어리석고 자만해(愚愎自恃우곽자시) 모두가 화합을 이루지 못하였다(不肯和調불긍화조).

이를 요약하면, 탐욕貪慾, 우매愚昧, 불화不和와 같은 성질들은 모두 수렵(사냥)과 어렵(물고기잡이)으로 형성된 구태와 타성들이다. 시대상으로 보아, 홍산문화 시기는 어렵과 채집에 농경이 병존하는 시기이면서도 농업이 점차 우세하기 시작했다.

---

29) 박용숙 『한국의 시원사상』 문예출판사, 1985, 37쪽

환웅은 수렵시대가 끝나간다는 것을 누구보다도 먼저 깨달았다. 환웅이 예측한 새 시대는 농경農耕시대였다. 풍백風伯 우사雨師 운사雲師는 수렵의 신들이 아니라 바로 농업의 신들이다.[30] 유목遊牧의 시대가 끝나고 경작耕作의 시대로 대체되어간다는 말과도 같다.[31] 환웅은 곰족과 범족에게 농경시대에는 농경시대에 맞는 새로운 심성心性의 변화를 요구했다. 농경문화는 하늘을 숭배하고, 자연의 질서와 사람들끼리의 집단적 협동을 절대적으로 필요로 한다.

비를 기다리는 구름 모양의 구운형옥기
우하량 제16지점

옥구(玉龜), 우하량 제5지점

이와 같이 심성의 변화를 통한 신성 회복의 궁극적 목적은 삶의 근본 문제에도 직결된다. 우주와의 합일을 통한 천인무간天人無間의 삶 그 자체라고 본다. 우주와 하나 되어 틈이 없는 삶을 산다는 말은 우주의 시간時間과 하나가 된다는 의미로 받아들일 수 있다. 또 우주의 시간으로 돌아가 하나 된다는 의미로서의 동귀일체同歸一體라고 표현할 수 있다. 이것이 그 당시 인류의 이상이었을 것이다. 이상이 없는 종족이나 민족은 없다. 원시인에게도 이상과 미래지향성이 있다고 본 이정기는 단군신화 이전에 한국 민족에게도 이상향을 찾아가는 인류적 원형사상原型이 있었다[32]고 말한다. 환웅신화를 재해석할 것을 요구하는 무언의 압박이라고 본다. 특히 환웅이 생각한 새 시대는 농경이었다.

---

30) 최남선 『단군론』 경인문화사, 2013, 287쪽
31) 권덕규 『조선유기』 상문관, 1924, 2쪽
32) 이정기 「한국문화의 원형과 본체성- 우리트사상의 인류학적 신접근」 『교육평론』 1972. 7, 52쪽

그 농경시대의 개막을 알려주는 것이, 구름과 운기雲氣를 상징하는 권구문捲勾紋의 구운형옥기勾雲形玉器[33]라는 점에서 원형사상 이해에 도움을 주고 있다. 비를 동반하는 구름은 농업에 필수이다. 운사와 우사가 그 역할을 수행했을 것이다. 또 거북이(玉龜)도 강과 늪지에 사는 동물이므로 풍요로운 물을 상징한다. 구운형옥기의 초승달 모양은 갑골문의 운雲 자이거나 반달곰의 가슴에 있는 반달로 보인다. 또 태양의 황도黃道같은 천체운행[34]도 연상시킨다.

다음으로 『삼국유사』에 이은 또 하나의 기록은 고려 말 학자인 원동중의 『삼성기三聖記』(하편)[35]이다. 이 책에 인용된 『삼성밀기』가 『삼국유사』의 환웅 기록보다 한 걸음 앞선 것은 신계지맹神戒之氓(신의 계율을 지키는 백성)[36]이라는 조건이 제시된 점을 밝혀주고 있기 때문이다. 쑥과 마늘, 불견일광

---

33) 郭人順, 洪殿旭 『紅山文化玉器鉴赏』 文物出版社, 2010, 47쪽. 이 옥기에는 고리 모양이 특이하다.
34) 李新偉 『紅山文化玉器與原始宇宙觀』 『紅山文化研究』 文物出版社, 2006, 348쪽
35) 원동중의 『삼성기』(하편)과 함께 『태백일사』 「신시본기」에도 같은 내용이 나온다. 원자료는 『삼성밀기』이다. 원동중(元董仲)의 '동중'이란 중국에 이은 고려의 동호(董狐)라는 뜻으로 곧 원천석을 가리킨다. 『삼성밀기』의 인용 부분은 다음과 같다.

『삼성밀기』 인용부분 비교표

원동중의 『삼성기』(하편)	이맥의 『태백일사』(신시본기)
密記云桓國之末 有難治之強族 患之 桓雄乃以三神設教 以佺戒 爲業 而聚衆作誓 有勸懲善惡之法 自是 密有剪除之志 時 族號不一 俗尚漸岐 原住者爲虎 新住者爲熊 虎性嗜貪殘忍 專事掠奪 熊性 愚慢自恃 不肯和調 雖居同穴 久益疎遠 未嘗假貸 不通婚嫁 事每多不服 咸未有一其途也 至是 熊女君 聞桓雄有神德 乃率衆往見 日願賜一穴廛 一爲神戒之盟 雄乃許之 使之奠接 生子有産 虎終不能悛 放之四海 桓族之興 始此焉	三聖密記 曰桓國之末 有難治之強族 患之 桓雄爲邦 乃以三神設敎 而聚衆作誓 密有剪除之志 時 族號不一 俗尚漸岐 原住者爲虎 新移者爲熊 然 虎性 貪嗜殘忍 專事掠奪 熊性 愚慢自恃 不肯和調 雖居同穴 久益疎遠 未嘗假貸 不通婚嫁 事每多不服 咸未有一其途也 至是 熊女君 聞桓雄有神德 乃率衆往見 日願賜一穴廛 一爲神戒之氓 雄乃許之 使之奠接 生子有産 虎終不能悛 放之四海 桓族之興 始此

36) 神戒의 단어는 『의례』에 나온다. 『禮注疏』卷十五 特牲饋食禮 第十五, 覆壺 溓水 且爲其不宜塵 用 以其潔禁 祭獻 得大夫同器 不爲神戒也. 神戒之氓은 정신이 깨우쳐진 백성이나 정신을 재계한 백성 혹은 천신의 계율을 지키는 백성의 뜻으로 해석할 수 있을 것 같다. (임채우 「환단고기에 나타난 곰과 범의 철학적 의미」 『仙道文化』 9, 2010, 79쪽(주석 19)

등이 신계神戒였다는 것과 범족虎族이 사해 밖으로 멀리 추방되었다는 것, 그리고 새로운 환족桓族이 일어났다는 것 등 세 가지 사실을 구체적으로 제공해주고 있는 점이다.37) 그런데 앞에서 말한 『삼국유사』의 기록이 여신묘의 우하량유적에 적용되어 환웅의 조이족과 곰족의 연합을 입증해줄 수 있는 결정적 사료史料가 되려면 다음 세 가지를 충족해야 한다.

귀뿔깃을 강조한 부엉이(박찬 소장)

㉠ 두 토템문화 공존 여부 : 우하량유적에 환웅(조이족)과 곰족(웅녀)의 문화 유적이 공존해야 한다.

㉡ 신계神戒의 유물 : 쑥과 마늘을 비롯해 신계神戒의 유물유적이 나와야 하며, 그 신계(종교적 수행)의 유물유적은 곧 환웅(조이족)의 문화로부터 수용되었을 것이다.

㉢ 범족의 유물 존재 여부 : 범족은 멀리 나갔으므로 우하량유적에 범족의 관련 유물이 나와서는 안 된다.

그러면 이에 대해 차례로 입증해 보겠다.

㉠에 대한 입증(새와 곰 토템문화 공존) : 조이족의 상징물은 새와 태양이다.

---

37) 이 지경에 이르자, 곰족의 여왕이 환웅이 신령한 덕이 있다는 소문을 듣고 무리를 거느리고 찾아와 아뢰기를, "원하옵건대, 저희에게 살 곳을 허락해 주시옵소서. 하나같이 신(神)의 계율을 지키는 무리가 되기를 맹세합니다."하거늘 이에 환웅이 허락해 곰족에게 정착할 곳을 정해주어 자식 낳고 생활하도록 했다. (略) 환족이 일어남이 이로부터 비롯되었다("時 族號不一 俗尙漸岐 原住者爲虎 新住者爲熊 虎性 嗜貪殘忍 專事掠奪 熊性 愚慢自恃 不肯和調 雖居同穴 久益疎遠 未嘗假貸 不通婚嫁 事每多不服 咸未有一其途也 至是 熊女君 聞桓雄 有神德 乃率衆往見 曰願賜一穴廛 一爲神戒之盟(氓) 雄乃許之 使之奠接 生子有産 虎終不能悛 放之四海 桓族之興 始此焉"(원동중 『삼성기』하편)

앞에서 열거한 것처럼 우하량 제16지점의 옥봉玉鳳과 제2지점의 옥조玉鳥 (무면조), 여신묘의 진흙소조에서 매 발톱, 새의 날개 파편 등이 나왔으며, 태양의 번개무늬는 여신묘 벽화에서 나왔다. 특히 옥봉을 머리 위에 모시고 있는 장면[38]에서 곰족의 조이족에 대한 태도를 알 수 있고, 쌍웅상(삼공기)의 3태양은 곰족이 태양숭배를 수용했다는 것을 의미한다. 또 제단 주위를 세 겹으로 표시해주고 있는 제2지점 4호총 주변의 채도통형기彩陶筒形器[39]와 4호총(5호묘)의 채도옹彩陶瓮[40]의 연속된 누운 S자형 소용돌이 동심원은 앙소문화仰韶의 욱일반출도치도旭日半出倒置圖[41]와 같이 태양의 영원한 출몰出沒을 상징한다고 본다. 특히 제2지점이 2호총(적석총)의 동쪽에 원형제단이 있는 것도 동쪽 우선의 태양숭배를 의미한다.

그리고 곰족의 유물로는 물과 관계되는 것과 쌍웅상(3공기)을 비롯해 여신묘의 잔해에서 곰발톱[42]이 나왔다. 뒤에서 다시 설명하겠지만, 특별히 제16지점에서 나온 막대 모양의

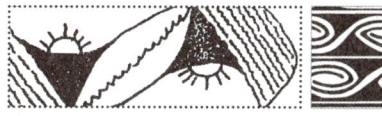

붉은 색으로 태양의 출몰을 상징한 우하량 제2지점 4호총 5호묘의 채도옹(彩陶瓮)과 모사본 태양의 순환을 상징한 앙소문화의 욱일반출도치도(旭日半出倒置圖, 왼쪽)

---

38) 遼寧省文物考古研究所, 朝陽市文化局 編『牛河梁遺址』學苑出版社(北京), 2004, 69쪽;『牛河梁』朝陽市牛河梁 遺址管理處 2014, 103쪽
39) 遼寧省文物考古研究所, 朝陽市文化局 編『牛河梁遺址』學苑出版社(北京), 2004, 46쪽. 위 아래가 다 통으로 터져 있다고 해 통형기라고 한다.
40) 遼寧省文物考古研究所, 朝陽市文化局 編『牛河梁遺址』學苑出版社(北京), 2004, 48쪽
41) 江林昌『中國上古文明考論』上海敎育出版社, 2005, 380쪽
42) 遼寧省文物考古研究所, 朝陽市文化局 編『牛河梁遺址』學苑出版社(北京), 2004, 20쪽

3개 봉형棒形옥기⁴³⁾는 남근을 상징한다. 예로부터 여신(해신)에게 남근 3개를 묶어 바치는 어촌의 서낭제가 있었다. 구름과 물은 곰의 음적陰的 상징성과 합치하는 것으로써 구운형옥기나 거북이 형상이 그것을 입증한다.

ⓒ에 대한 입증(신계의 유물, 종교적 수행터 존재 여부) : 신계神戒의 유물로는 두 가지가 있다. 하나는 쌍웅수삼공옥식雙熊首三孔玉飾⁴⁴⁾이다. 보통 삼공기三孔器로 불리는 이 무구巫具는 조상 제사용 예기이다. 양 옆에는 곰의 머리가 있다. 특별히 곰과 함께 삼공三孔이 태양을 표현하고 있다. 다시 말해 이 삼공기는 곰부족이 조이족의 태양숭배사상을 수용했다는 것을 의미하는 것으로 해석할 수 있다.

다른 하나는, 제2지점에 있는 천원지방天圓地方(하늘은 둥글고 땅은 네모난 것)의 제단과 적석총⁴⁵⁾이 그것이다. 강화도 마니산 참성단(제천단)은 자연석으로 하단의 기초를 둥글게 쌓고, 상단은 그 위에 네모로 쌓았다. 이런 상방하원上方下圓(위는 네모나고 아래는 둥근 것)은 우리의 고유한 전통이다. 이것은 천원지방의 이치로 천지합일을 상징한 것이다. 다만 중국 측이 해석하는 천원지방으로서의 천지합일과 한국 측이 해석하는 천원지방은 사람을 어떻게 보느냐에 약간의 차이가 있다. 중국 측의 천원지방은 사람이 천지에 종속되는 천지합일이지만, 우리 고유의 천원지방은 사람이 천지와 대등하게 합일하는 차원에서 인식하는 천지합일이다. 그러므로 이 천지합일은 엄밀한 의미에서 사람을 포함하는 의미

우하량인들의 집단 수행 또는 제사의례

---

43) 遼寧省文物考古硏究所, 朝陽市文化局 編『牛河梁遺址』學苑出版社(北京), 2004, 74쪽
44) 遼寧省文物考古硏究所, 朝陽市文化局 編『牛河梁遺址』學苑出版社(北京), 2004, 75쪽
45) 遼寧省文物考古硏究所, 朝陽市文化局 編『牛河梁遺址』學苑出版社(北京), 2004, 33쪽

로서의 천지인 합일과 같다. 참성단의 천원지방이 바로 사람을 둥근 원 속에 포함한 형상을 지니고 있다고 생각하는 것이다. 한국 선도가 비非서열적 천지인 합일관을 가진 데 비해 중국 측은 서열적序列的 천지인 합일관을 가졌다는 면에서 서로 차이가 있다46)는 지적은 설득력이 있다.

아울러 우하량 단묘총(壇-廟-塚)의 삼위일체는 하늘 제사(2지점 원형 천제단, 5지점 방형제단) 또는 종교적 집단 수행(1지점 여신묘), 조상 제사문화(적석총)의 극치를 보여준다. 이를 두고 소병기는 중화문명의 서광曙光47)이라 극찬했으나, 이는 인류문명의 서광이며 다른 차원에서 천지인의 극치를 보여준다고 판단한다. 중국은 예로부터 묘제를 지내지 않는 것이 원칙이지만(古不墓祭), 우하량의 제단은 제사용으로 단을 쌓은 것이 특징이다. 특히 곽대순은 풍시馮時의 말을 인용해 제2지점 3단원의 원형제단이 세겹형 제단이며, 그 밖의 둘레 직경이 22m이고 내內, 중中, 외外의 세 겹이 등비수열을 이루며, 『주비산경』(「칠형도」)에서 보면 태양 일주운동의 궤적을 표시한 것으로써 하늘과 조상과 천지에 제를 지낸 곳이라 했는데,48) 즉 태양을 향한 전형적인 둥근 원형圓形의 천제단天祭壇이라는 의미이다. 네모난 방형方形제단은 제5지점에 있다.

따라서 이 우하량 천제단 자체가 웅녀의 곰족과 환웅 조이족의 태양문화가 공존한 것을 보여주고 있다. 플라톤도 신神과 가장 가까운 관계를 맺고 있는 인간만이 "신을 믿고 신을 위해 제단을 쌓으며 성상聖像을 만들어 섬긴다"49)고 지적했다. 천제天祭문화는 동서양이 다르지 않다는 것을 말해준다.

---

46) 정경희 「홍산문화 女神廟에 나타난 '삼원오행'형 '마고7여신'과 '마고 제천'」 『비교민속학』 60, 2016. 8, 146쪽
47) 蘇秉琦 「象徵中華的遼寧重大文化史迹」 『紅山文化論著粹編』 遼寧師範大學出版部, 2015, 10쪽
48) 郭大順 『紅山文化』 이종숙 외 역, 동북아역사재단, 150쪽
49) 플라톤 『프로타고라스』 최현 옮김, 범우사, 2002, 46쪽

풍시는 "만약 우하량 제2지점 Z2(2호총)와 Z3(3호총) 유적의 성질이 방구方丘와 환구圜(圓)丘에 속한 토론이 성립된다고 할 때, 기원전 3000년의 이 홍산문화의 방구方丘는 지금까지 우리가 알고 있는 최초의 지단地壇(동시에 역시 월단月壇)이며, 환구圜丘는 최초의 천단天壇(동시에 역시 일단日壇)"50)이라고 했다. 또 풍시는 중국의 천문학(개천설蓋天說)51)은 서양에서 들어온 것이 아니라 자생적인 것이라고 강조한다. 여기서 자생적이란 말을 일방적으로 중국 쪽으로 끌어들이는 것은 곤란하다. 오히려 지리적으로 보면, 환웅 조이족의 고유한 전통임을 암시한다.

우하량 2지점 3단 원형제단

동산취유적의 1단 원형제단

평양 화성동 2호 제단(고조선 시기 복원도)

또 우하량의 삼환석단三環石壇은 옛 바빌론의 삼환도보다 2000년이나 앞섰다고 한다. 그러므로 우하량의 천문학은 자생自生으로 생긴 것이며 서양으로부터 온 것이 아니라는 것을 마땅히 인식할 수 있다. 우하량 삼환석단은 고고학적으로 유구한 역사를 가진 개천蓋天이론이 기원전 3000년에 이미 일정한 수준으로 발전했다는 것을 증명한다. 이른 시기의 개천蓋天 도해로써의 우하량 개도蓋圖는 완전히 실

---

50) 馮時「紅山文化三環石壇的天文學硏究」『紅山文化論著粹編』遼寧師範大學出版部, 2015, 303쪽
51) 개천설(蓋天說) : 하늘은 별들이 매달려 있는 둥근 뚜껑으로 되어 있고, 그 아래 평평한 땅이 있다는 우주구조에 대한 생각은 원시시대부터 발달되어온 원초적 우주관이었다. 동양에서는 이 원초적인 우주관이 개천설로 나타났던 셈이다. 이 생각을 가장 잘 대변하는 말로 "하늘은 둥글고 땅은 모나 있다(天圓地方)"는 표현이 전해지고 있다. 원래 땅이 평평하다고 주장했던 개천설은 그 뒤 이론 수정을 하였다. 조선시대에 와서는 혼천설을 받아들였다.(『한국민족문화대백과사전』)

평창동계올림픽에 등장한 인면조

용성이 있다. 이 개도는 일련의 우주이론을 기술했을 뿐만 아니라 동시에 정확하게 분지일分至日의 주야관계를 표현하였다.[52]

여신묘가 십十 자형[53] 또는 아亞 자형인 것도 이 천제단 문화가 태양숭배와 연결된다는 것을 보여준다. 평양 대성산 서쪽 화성동 2호 제단은 동서 길이 16m, 남북 길이 14m 범위에 큰 돌들을 원반형으로 둘러서 3층으로 쌓은 고조선 시기 제사유적인데[54] 이것도 태양숭배와 관련 있다. 아울러 고조선의 '오성취루'라는 천문기록을 바탕으로 생각하면, 그 이전 시기인 우하량의 천문학을 추정하는 것도 무리는 아닐 것이다. 최근 2018 평창동계올림픽 개막식 축제에서도 원형 무대에서 인면조人面鳥와 함께 춤추는 모습이 나타났다. 마치 우하량 천제문화의 재현再現처럼 보였다.[55] 인면조를 제작한 배일환은 공연 이후 국민의 많은 호응에 고마움을 표할 정도였다.[56] 국민의 눈에 인면조가 결코 낯선 존재가 아니었던 것이다. 후세의 별신굿도 환웅 같은 문화영웅의 신화적 재현으로 보기도 한다.[57]

ⓒ에 대한 입증(범족의 유물 존재 여부) : 지금까지 우하량에서 범족 호형虎形의 옥기 유물이 나온 것은 없다. 다만 홍산옥기에 매우 왜소한 호형패가 하나 있으나, 그 출토지가 불분명하다. 또 곽대순과 손수도는 장신구의 얼

---

52) 馮時「紅山文化三環石壇的天文學研究」『紅山文化論著粹編』遼寧師範大學出版部, 2015, 301쪽
53) 遼寧省文物考古研究所, 朝陽市文化局 編『牛河梁遺址』學苑出版社(北京), 2004, 12쪽
54) 서국태, 지화산『대동강 문화』(조선고고학총서 24), 사회과학원(평양), 2009, 141쪽
55) 개막식 축제에서 사회자의 실황 설명 : "지금 원형무대 중앙에 리프트가 상승하고 있는데요, 이것은 천제단을 상징합니다. 신에게 인사를 올리면서 17일간의 올림픽이 화합의 축제가 되기를 기원하고 있습니다"(2018. 2. 9. 오후 8시 KBSTV)
56)『아주경제』2018. 4. 21
57) 김열규『한 그루 우주나무와 신화』세계사, 1990, 15쪽

굴이 호형인 것이 하나 있다고 했으나, 여치나 다른 것으로 보인다.58) 우하량의 공식 발굴보고서에는 호형이 나타나 있지 않다.

내몽고 음산(陰山)의 호랑이 암화

이처럼 우하량에서 호랑이 유물이 나오지 않는 이유가 '범족이 추방되었다'는 이 기록으로만이 설명될 수 있다. 단군신화의 처음에 '곰과 범이 한 굴에서 살았다'는 이 말 대로라면 우하량에서 곰 형상과 범 형상이 함께 나와야하지만, 나중에 '멀리 추방했다'는 이 한 구절 때문에 우하량에서 범 형상은 나오지 않는 이유가 될 것이다.

소흑석구 쌍호문 청동장식

다시 말해 『삼국유사』의 '곰과 범이 한 굴에서 살았다'는 말은 환웅의 초기 역사를 가리키는 구절이고, 『삼성기』의 '범족을 추방했다'는 말은 환웅의 후기後期 역사를 가리키는 구절로 이해할 수 있다. 범족의 자취를 알게

적봉 대영자 출토 옥호(玉虎)

해주는 것은 범 형상의 존재 여부이다. 범의 형상은 내몽고 음산陰山의 바위에서 나타난다.59) 음산은 우하량 지역에서 대단히 멀리 서쪽 방면에 위치해 있다. 반면에 서쪽 반대편인 동쪽으로 이 범족이 이동해 갔을 수 있으나 더 이상은 알 수 없다.

홍산문화에서 범 형상의 유물은 출토되지 않았지만, 후대에 적봉일대

---

58) 郭大順 주편 『紅山文化』 이종숙 번역, 동북아역사재단판, 172쪽. (홍산옥기 수장가인 박찬 회장도 증언했다.)
  孫守道, 劉淑娟 『紅山文化玉器新品新鑑』 吉林文史出版社, 2007, 166번 도판
  徐强 『紅山文化 古玉鑑定』 華藝出版社, 2007, 22번
59) 盖山林 『豊富多采的陰山岩畫』 『中國考古集成』 (東北 6권), 北京出版社, 1997, 1109쪽

의 대영자大營子에서 처음으로 '옥호玉虎'가 발굴되었다. 고조선 중후기인 기원전 710년경으로 추정된다.[60] 또 하가점상층문화에서는 기원전 1000년경으로 추정되는 '쌍호雙虎 청동패식'이 영성현寧城縣 소흑석구小黑惜溝에서 출토되었다.[61] 우하량 이후 홍산에 범이 나타나지 않은 것에서 범 역사의 긴 공백이 있었던 것을 알 수 있다. 그나마 이 옥호조차도 머리를 숙이고 있는 형상이 정상적인 상황이 아님을 시사해준다. 한편 상商나라의 청동 유물에도 호형虎形이 나타난 바 있다.[62]

이와 같이 세 가지 문제에 대한 입증은 거의 완벽하다. 새토템과 곰토템의 공존, 종교적 수행터의 실질적 존재, 범족 유물의 부존재 등등. 엘리아데는 신화에 대해 또 다른 말을 한다. "신화는 그때에 일어난 일들의 역사이며, 신들이나 반신적 존재들이 시간의 시발점에서 행한 일들을 읊은 것이다. 신화를 말하는 것은 태초에 무엇이 일어났다고 선언하는 것이다"[63]라고. '단군신화'는 우리에게 '우하량의 언덕'에서 환웅과 웅녀가 만난 역사적 사건을 토대로 사람으로서 신성을 회복해 새 나라에서 함께 살기를 맹세한 태초의 사건임을 일깨워주고 있다. 우하량유적은 단군신화의 역사적 배경이었고, 우하량은 단군신화가 출현한 고향이었다.

따라서 '단군신화'는 순수 신화神話의 기능뿐만 아니라, 사화史話로서도 충분한 가치를 지니고 있다. 태초에 존재했던 그 깨끗한 세계를 회복하고, 근원의 시간에로 복귀하는 것을 우리에게 보여주고 있다. 이것이 엘리아데가 말한 '근원의 시간에로의 복귀'이며, '순수한 세계의 회복'이다.[64] 일

---

60) 劉冰『赤峯博物館 文物典藏』遠方出版社(赤峰), 2007, 38~39쪽
61) 劉冰『赤峯博物館 文物典藏』遠方出版社(赤峰), 2007, 81쪽
62) 嚴志斌, 洪梅『殷墟 青銅器』上海大學出版社, 2008, 171쪽
63) 엘리아데『성과 속』이동하 역, 학민사, 1983, 73쪽
64) 엘리아데『성과 속』이동하 역, 학민사, 1983, 73쪽

찍이 단군신화를 '만들어진(가짜) 신화'라고 폄하한 시라토리 구라키치白鳥
庫吉 등 일제 관변학자와 이들을 추종하는 식민사학자들이 있었다. 이제
그들은 학문적으로 사형선고를 받은 것과 같다.

『삼성기』의 원原사료는 『삼성밀기』였다. 『삼성기』를 보고 의심하는 사
람들이 있으나, 그 속에 인용된 『삼성밀기』는 의심하기 어렵다. 우리 고
대사에 문헌의 결핍을 절대적으로 느끼지만, 『삼성밀기』는 이런 부족함
을 메워줄 수 있다는 면에서 새로운 평가가 요구된다. 왜냐하면 사마천의
『사기』에도 빠져 있는[65] '환족桓族'이라는 한 마디가 유일하게 기록돼 있기
때문이다. 이 환족이라는 말과 함께 쓰인 지칭어가 배달족이다.[66] 환족이
나 배달족의 주도세력을 토템으로 말하면 조이족이다. 이에 관해서는 뒤
에서 다시 설명할 것이다.

『삼성밀기』는 세조 3년(1457년), 관찰사에 내린 수서령[67]에 들어 있는 금
서목록의 하나이다. 그 당대 조선 정부의 요주의要注意 도서에 포함된 것을
보면, 당시에 중국에 대응하는 사관으로 집필된 사서로 능히 추정할 수
있다. 팔도관찰사에게 『고조선비사』 등의 문서를 개인이 간직하지 말 것을
다음과 같이 엄명하였다.

팔도 관찰사八道觀察使에게 유시諭示하기를,
"고조선비사古朝鮮秘詞·대변설大辯說·조대기朝代記·주남일사기周南逸士
記·지공기誌公記·표훈의 삼성밀기表訓三聖密記·안함로 원동중의 삼성기

---

65) 윤내현 교수는 최근 (2018.2.21) 필자에게 『史記』에 기록되지 않은 이전 역사의 연구가 매우 중요하다고 말한
   적이 있다.
66) 김교헌 『신단민사』 고동영 옮김, 한뿌리, 2006
   우인식 『대동사』 한국국학진흥원, 2006
67) 수서령에 대하여는 이찬구 『고조선의 명도전과 놈』 동방의빛, 2013, 159~163쪽에 상세 설명.

安合老元董仲三聖記·도증기 지리성모하사량훈道證記智異聖母河沙良訓, 문태산文泰山·왕거인王居人·설업薛業 등 삼인 기록三人記錄, 수찬기소修撰企所의 100여 권卷과 동천록動天錄·마슬록磨蝨錄·통천록通天錄·호중록壺中錄·지화록地華錄·도선 한도참기道詵漢都讖記 등의 문서文書는 마땅히 사처私處에 간직해서는 안 되니, 만약 간직한 사람이 있으면 진상進上하도록 허가하고, 자원自願하는 서책書冊을 가지고 회사回賜할 것이니, 그것을 관청·민간 및 사사寺社에 널리 효유曉諭하라" 하였다.[68]

이 『삼성밀기』가 『세조실록』에 올라간 것을 보면 실재했던 사실임이 분명한 것 같다. 하지만 학계는 지금 전하고 있는 『삼성밀기』에 대해 이의를 제기하고 있으나 『삼국유사』를 부분적으로 보충하고 있다는 면에서 사료적 가치를 인정하지 않을 수 없다. 『삼성밀기』와 권덕규가 말해주고 있는 환족桓族의 의미는 상당히 중요하다. 앞에서 고힐강이 "이렇게 큰 종족의 문헌자료가 극도로 희소한 것은 상상할 수 없는 일"[69]이라고 아쉬워했던 그 자료 중의 하나가 『삼성밀기』가 아닐까? 환웅이 곰족과 결합하고, 반대로 범족과 결별했다는 이 사실은 환웅의 정치력, 내지는 정치적 결단을 보여주는 것으로써 당시 환웅 중심의 뚜렷한 정치공동체의 형성 가능성까지도 유추할 수 있는 근거가 된다.

---

68) 世祖 7卷, 3年(1457 丁丑 / 명 천순(天順) 1年) 5月 26日(戊子) ○ 諭八道觀察使曰: "《古朝鮮秘詞》《大辯說》《朝代記》《周南逸士記》《誌公記》《表訓三聖密記》《安含 老元 董仲三聖記》《道證記智異聖母河沙良訓》文泰山·王居仁·薛業等三人記錄《修撰企所》一百餘卷《動天錄》《磨蝨錄》《通天錄》《壺中錄》《地華錄》道詵《漢都讖記》等文書, 不宜藏於私處, 如有藏者, 許令進上, 以自願書冊回賜, 其廣諭公私及寺社。"【태백산사고본】【영인본】7책 200면 ○ 世祖丁丑。諭八道觀察使曰。自古朝鮮 詞大辯說及《智異聖母》《至道說》《漢都讖記》等書十九種。不宜藏於私處。如有藏者。許令進上云云。則《智異聖母》。又是書名也。智異山隱者方書中。有造蔘法。亦是奇書而 傳者。石井崑 水谷大勝 銅店村 南頭流洞。竝兹山之洞天福地。天慳地祕處也。詳見《靑鶴洞辨證說》。今不贅(오주문연장전산고)
69) 顧頡剛「鳥夷族的圖騰崇拜及其氏族集團的興亡」『史前硏究』2000. 9, 151쪽

3) 환족桓族의 등장과 우하량의 신시문화

우하량에서 제기된 새토템과 곰토템의 토템연합을 단군신화를 통해 역사적 관점에서 이해했다. 이를 보완하기 위해 주시경의 제자인 권덕규權悳奎(1890~1950)의 『조선유기朝鮮留記』를 참고하고자 한다. 제목에 쓰인 『유기』는 사라진 고구려의 역사서인 『유기』를 의미한다. 『조선유기』(1924)와 그 뒤에 나온 『조선유기(중)』(1926)를 합쳐서 『조선유기』라고도 하는데, 해방과 함께 합본해 『조선사』라는 새로운 이름으로 출판되어 베스트셀러가 되었다. 권덕규가 1924년 발행한 『조선유기』는 사실상 상권으로, 제1편 상고사, 제2편 중고사로 구성되어 고조선의 종족과 단군부터 고려시대까지 서술하였고, 1926년의 『조선유기(중)』에서는 제3편 근세사로서 조선시대를 다루고 있다.

『조선유기』(상권)은 민족 상고사의 서두를 '신시神市시대'로 시작한다. 단군을 맨 앞에 쓴 책은 있어도 신시시대를 한민족의 첫 시대로 구분한 것은 드문 일이다. 비록 그가 대종교인이었다 하더라도 그의 역사관은 독특한 점이 있다. 그것이 '환웅의 신시시대'이다. 이보다 1년 앞서 나온 김교헌의 『신단민사神檀民史』에도 '신시시대'와 '배달시대'라는 말은 나타나지만, 환웅을 언급하지 않았다.

> 환족桓族이 그 초초는 원서遠西로부터 동래東來한 듯하며 태백산하, 송화강반으로 종從하야 사강四疆에 번식하니 시時는 거금 오육천년전五六千年前의 시대러라. 종금 오천년 전, 전후에 선조先祖의 천강天降을 신信하는 환桓이란 일족一族이 천왕天王이라는 주상主上을 대戴하고 태백산하에 도都를 전奠하야 신시神市라 칭하니…70)

권덕규는 조상이 하늘에서 강림했다고 믿는 환桓이란 일족一族이 있었고, 그들을 '환족桓族'이라 지칭한다. 그래서 환족은 또 천족天族이라 했다. 서쪽에서 동쪽으로 이동해왔으며, 환족이 환웅을 왕으로 추대하였다. 신시의 시기는 5000~6000년 전이며, 그 역년의 존속기간은 수백 년 또는 1000년을 이어갔다고 보았다. 이는 홍산문화(서기전 4500~서기전 3000년)와 5500년 전 우하량유적과 거의 일치한다. 이웃의 군족群族을 거느렸다고는 했으나 곰족이나 범족에 대해서는 말하지 않았다. 김교헌의『신단민사』에는 조선 이전의 종족을 배달족이라고 했다.

필자는 이 신시의 배달족이나 환족을 지금까지 논의해온 조이족의 이칭이라고 생각한다. 다만 배달족이나 환족이 광의의 동족同族 개념이라면, 조이족은 토템의 근원이거나 주도세력을 의미한다고 본다. 우리 역사에서 논의되지 않은 조이족을 이해하기란 어려운 일이 아닐 수 없다. 환웅의 신시시대에서 고조선으로 이어지는 과정에서 새토템과 곰토템 사회가 공존했을 가능성을 다시 검토해보고자 한다.

윤내현은 한국 고대사회의 사회발전 단계의 특징을 '환인시대⇨무리사회', '환웅시대⇨마을사회', '환웅과 곰녀의 결혼 시대⇨고을나라', '단군왕검이 고조선을 건국한 시대⇨국가 사회'의 네 단계로 구분하였다.[71] 필자는 이 중에 세 번째 고을나라, 즉 '환웅과 곰녀가 결혼한 시대'에 주목한다. 새토템을 언급하지는 않았으나 두 토템이 공존했음을 의미한다. 그래서 필자는 '환웅의 조이족(환족)과 곰족의 결합시대'라고 보는 것이다. 프레이저가 말한 바와 같이 모계근친제 사회일지라도 통치권은 남성에게 주어졌다고 할 때,[72] 곰토템 내의 남성들이 통치권을 행사했을지, 아니면

---

70) 권덕규『조선유기』상문관, 1924, 2쪽; 권덕규『조선사』정음사, 1945, 2쪽
71) 윤내현『고조선 연구』일지사, 1994, 131쪽, 141쪽

새토템족이 통치권을 행사했을지 아직은 알 수 없다.

그런데 실제로 안함로의 『삼성기』(상편)에는 환웅과 웅녀의 결혼 이야기가 나온다. 이는 쑥과 마늘을 먹는 결혼 이야기가 아니라, 처음부터 자연스런 결혼이다. 이 결혼을 축하하기 위해 조수솔무鳥獸率舞했다는 구절이 나온다.[73] 이는 새와 짐승들까지 나와서 춤을 추며 결혼을 축하해주었다는 뜻이다. 새(鳥)가 한국의 고유 문헌에 나오는 것도 이곳이 유일하다.

윤내현의 4단계 사회발전

1단계	2단계	3단계	4단계
환인시대	환웅 신시시대	환웅과 웅녀의 결합시대	단군의 고조선시대
무리사회	마을사회	고을 연합사회	국가사회

그런데 권덕규는 신시시대와 단군시대의 교체기에 중요한 시대 구분을 하고 있다. 단군壇君이 기원전 2333년에 조선을 세우기 전에 '단(壇, 亶)나라'를 이미 세웠다고 했다. 시기는 조선 건국하기 500년 전이다.[74] 이 단나라를 세운 분이 우리가 알고 있는 단군왕검으로서 제1세 단군이고, 500년 후에 조선을 건국한 분은 많은 단군 중의 한 분이라고 보았다. 다시 정리하면, 기원전 2833년 경에 단나라가 건국되었고, 기원전 2333년에 조선이 건국되었으며, 기원전 2333년부터 1048년까지를 조선시대로 보았고, 신시는 기원전 2833년 이전으로부터 1000년 역사를 지녔다고 본 것이다. 또 기원전 2333년의 조선(고조선) 건국을 공용기원公用紀元의 원년으로 삼

---

72) 제임스 조지 프레이저 『황금가지』 이용대 역, 한겨레출판(주), 2003, 468~469쪽
73) "命群靈諸哲爲輔 納熊氏女爲后 定婚嫁之禮 以獸皮爲幣 耕種有畜 置市交易 九域貢賦 鳥獸率舞 後人奉之爲地上最高之神 世紀不絶"(『삼성기』 상편)
74) 권덕규 『조선유기』 상문관, 1924, 4쪽; 『조선사』 정음사, 1945, 4쪽

앗다. 고조선 이후에는 부여가 건국된 것으로 설명한다. 이런 관점은 단군 조선 2096년을 3시기로 나누어보는 시각75)과도 다른 것이지만, 초대 단군왕검부터 21세 소태단군까지(B.C. 2333~B.C. 1286) 1048년과는 연대적으로는 일치하고, 『제왕운기』나 『동국통감』의 전前조선 1048년(단군이 건국한 뒤 아사달에 들어간 때)과 일치한다.

권덕규의 3단계 시대 구분

신시시대	단군시대	
환웅신시	전기 : 단壇나라 500년	후기 : 고조선 1048년
수백 년~1000년	기원전 2833년경~기원전 2333년	기원전 2333년~기원전 1286년

여기서 필자는 윤내현이 말한 '환웅과 곰녀의 결혼 시대'와 권덕규의 단나라 시대를 비교할 수 있다고 본다. 공히 기원전 2333년 이전을 언급하고 있기 때문에 겹치는 점에서 공통점이 있다고 보는 것이다. 우리 역사에서 말하는 고조선 이전을 신시神市라 하는데, 윤내현의 경우는 환웅과 웅녀 사이의 결합시대가 지속되었다는 것이고, 권덕규는 고조선 이전에 500년 동안 단壇나라가 먼저 있었다는 것이다. 지금 이 문제를 구체화하기는 어려움이 따르지만, 신시와 단나라가 겹치고, 둘 다 고조선 이전의 나라를 상정하고 있다는 점에서 공통적이다.

필자는 환웅이 웅녀와 만나기 이전의 환웅의 본래 종족을 오가五加의 환족이라고 보며, 이들의 근원이 '조이족'76)이라고 보았다. 곰토템의 상대

---

75) 『환단고기』는 단군조선시대를 3단계로 구분하기도 한다. 초대 단군왕검부터 21세 소태단군까지(B.C. 2333~B.C. 1286) 1048년 간, 이후 22세 색불루단군부터 43세 물리단군까지(B.C. 1285~B.C. 426) 860년 간, 나머지 44세 구물단군부터 47세 고열가단군까지(B.C. 425~B.C. 238)를 188년 간으로 구분한다.

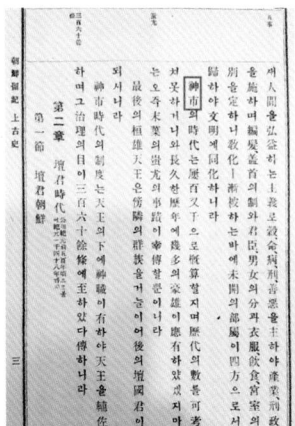

권덕규의 『조선유기』 신시(3쪽, 좌), 『조선유기』 환족(2쪽, 우)

로서 새토템의 주인공은 바로 조이족이 배출한 '환웅'이었다. 그런 의미에서 우하량유적은 환웅과 웅녀가 만난 역사적 현장이며, 공동의 문화유산인 동시에 단군신화가 탄생한 배경이라고 보는 것이다. 환족이라는 이름 속에는 토템으로서의 조이족을 포함하기 때문에 환족과 조이족은 의미상 서로 통용될 수 있을 것이다. 새토템이라 하더라도 올빼미, 부엉이, 매, 제비, 까마귀 등 여러 종류이기 때문에 분간이 어려울 수 있으나, 필자는 이런 새토템족의 근원이라는 측면과 이미 역사적 실체를 가진 종족이라는 측면에서, 고힐강이 언급한 '큰 종족(一個大族)'을 환웅의 '조이족'이라 칭한다. 앞으로 전통적인 오가五加와의 관계에 대해서도 검토되어야 할 것이다.

조이족의 주도성을 상징한 옥효관신수

그런데 문제를 해결할 수 있는 방법 중의 하나가 이름

---

76) 이민의 논문과 고힐강의 주장에 따라 필자는 조이를 '조이' 또는 '조이족'으로 표기한다.

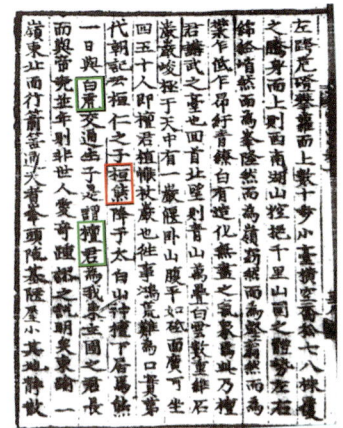

『삼국유사』의 환웅(桓雄, 좌), 『묘향산지』의 환웅(桓熊, 우)

을 분석하는 일이다. 자기 신분을 표현하고 있는 것이 이름이기 때문에 어느 정도 답을 얻을 수 있다. 그러나 환웅의 이름을 『묘향산지』[77]에는 '환웅桓熊'이라고 표기하고 있다. 이는 훗날 아버지 곰족熊族에 어머니 범족虎族으로 맞추려는 의도에서 나온 것 같은데 새토템의 환웅을 지우기 위한 것인지도 모른다. 이는 토템에서 말하는 '아버지 죽이기'와 흡사하다.

따라서 환웅의 왕호는 본래대로 환웅桓雄으로 보는 것이 맞다. 환桓은 태양의 밝음을 의미하고, 웅雄은 그 웅雄에 이미 '새 추隹'가 들어 있고 수컷 웅의 '수su'에 이미 새의 뜻이 있기 때문에 환웅 이름 자체에 '새와 태양'의 '의미결합'을 담고 있다는 것을 다시 한 번 입증할 수 있다. 환웅의 이름에 태양의 의미가 들어 있다는 것은 한편으로 천왕임을 시사하는 것인데, 앞에서 열거한 복흥지福興地 출토 옥조의 가슴 아래에 있는 삼각무

---

[77] 승려 설암의 기행문이 『묘향산지』에 실려 있음. 許興植 「雪巖秋鵬의 妙香山誌와 檀君記事」 『淸溪史學』 13, 한국정신문화연구원, 1997. 2. 『묘향산지』는 이 근거를 『조대기』에서 인용한 것처럼 쓰고 있는데, 『조대기』는 아무래도 범족을 강조할 수밖에 없었을 것이다. 한영우는 『조대기』를 발해유민이 쓴 책으로 추정했다.(『다시 찾는 우리 역사』 158쪽)

부신(阜新)현 복흥지(福興地) 출토 옥새와 역삼각무늬(▽)

늬에 재주목한다. 이 역삼각형 ▽무늬는 임금 제帝 자의 근원으로 설명하기도 한다.

홍산문화 중에서 각종 무늬장식이 고대문자와 관계가 있는 것으로는 '제帝' 자이다. 갑골, 금문 중에서 제帝 자의 기본 부분, 즉 제帝 자의 주간은 '▽'형이다. 위취현은 "신석기시대의 채색도기에는 '▽'와 같은 삼각형 화문이 많은데 이는 곧 여자 생식기 숭배의 상징이다. 이 삼각형은 후에 상제의 '제帝' 자로 변화되었다.[78]

그렇다면 부신현 복흥지福興地가 천왕天王이나 여왕女王의 도읍지와 관련이 있을 수 있다고 본다. 옥기는 손에 들고 다닐 수 있는 것이라서 생산지와 같을 수는 없지만 제왕이 존재했던 것만은 사실임을 유추하기 어렵지 않다.

홍산문화를 자칭 중화문명의 서광曙光[79]이라고 말했지만, 『삼성밀기』의 시각에서 보더라도, 우하량유적지는 환웅의 조이족이 웅녀족과 결합해 새로운 환족의 문화가 형성된 곳으로 새 문명의 서광이라고 추정할 수 있다. 환족은 둘로 나눌 수 있다. 곰족과 만나기 이전의 오가의 환족(초기 환족)과 후에 곰족과 만난 후기의 환족(후기 환족)으로 나눌 수 있다. 두 토템이 결합한 후기 환족(조이족+곰족)으로부터 한민족의 역사가 본격적으로 시작되었다고 볼 수 있다. 조이족으로서의 환족이라는 말은 한민족이 언제부터 원형문화 형성의 기틀을 마련했는가를 암시해주고 있다. 다시 말

---

78) 干志耿, 李殿福 外 「先商起源于幽燕說」『中國考古集成』(東北 6권), 北京出版社, 1997, 490쪽
79) 蘇秉琦 「象徵中華的遼寧重大文化史迹」『紅山文化論著粹編』遼寧師範大學出版部, 2015, 10쪽

해 '환웅과 곰녀가 결혼한 시대'라는 말은 새토템족인 조이족의 주도 아래 곰족과의 연합을 의미하는 것으로, 이러한 연합시대가 우하량유적과 연결될 수 있고, 그런 의미로서의 우하량유적을 곧 '환족(후기 환족)의 신시문화'라고 할 수 있다. 그리고 한민족의 역사적 시원지라고 할 수 있으며 건국신화가 탄생한 고향이라고도 할 수 있다.

따라서 필자는 이 환족桓族을 한국인의 조상으로 보며, 그 가운데 후기 환족이 오늘날 한국인의 직접적 조상으로서의 원한국인proto-korean原韓國人이라고 본다. 민족의 형성, 민족문화의 부단한 재조합(不斷重組)[80]이라는 말도 있는데, 바로 환웅의 조이족과 곰족의 연합은 '새로운 문화를 향한 부단한 재조합'의 실례라고 생각할 수 있다.

설지강薛志强은 "흥륭와문화의 M118에서 발견된 한 쌍의 자웅雌雄 돼지, 흥륭구 부락 유적의 H35에서 발견된 크고 작은 두 개의 돼지머리, 우하량 1호 적석총, 4호 무덤에서 발견된 크고 작은 두 개의 옥저룡은, 이 3자의 시간적 차이가 3000년 전후가 되지만, 일맥상통한 무속이념과 제사祭祀 전통을 갖고 있다"[81]고 지적했다. 이는 한 종족에 의해 수천년을 전승해온 유구한 전통이 존재했다는 뜻으로 해석할 수 있다. 필자는 이 주도적인 종족을 조이족(환족)이라고 생각하는 것이다.

결과적으로 '환족의 신시문화'인 우하량유적이 훗날 고조선문명의 선先문화적 바탕이 되었다고 추정할 수 있을 것이다. 앞에서 말한 쌍웅수삼공옥식雙熊首三孔玉飾[82]은 특별히 환웅과 웅녀의 결합을 시사한다고 본다. 그러나 중국학계가 홍산문화의 주인공을 환웅의 후예가 아니고, 황제黃帝

---

80) 蘇秉琦「關于重建中國史前史的思考」『紅山文化論著粹編』遼寧師範大學出版部, 2015, 22쪽
81) 薛志强「홍산문화의 연원에 대한 개술-흥륭화문화를 중심으로-」『제3회 홍산문화 한중국제학술회의』국학학술원, 2008, 83쪽
82) 遼寧省文物考古研究所, 朝陽市文化局 編『牛河梁遺址』學苑出版社(北京), 2004, 75쪽

의 후예로 포장하고 있다는 점을 지적하지 않을 수 없다.[83] 이런 의미에서 환웅을 찾는 일이 중요하다. 환웅이 없는 웅녀는 우리 역사에서 의미를 지닐 수 없다. 역사는 현재의 국경선을 초월해서 존재하기 때문이다.

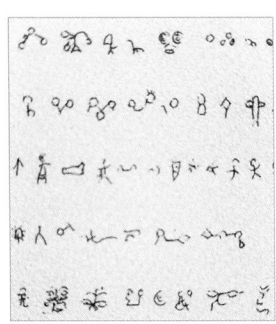

홍산문화지구 암화 원시문자부호들

한편 우리는 신시고국과 관련해 그 시기에 문자가 있었는가 하는 점이 궁금하다. 홍산문화에는 대개 문자나 유사 부호가 없는 것으로 알려졌으나, 그 대신에 홍산 암화岩畵에는 많은 유사 문자부호들이 발견되고 있다.[84] 간혹 민간 옥기에도 나타나고 있다.

1924년에 나온 임시정부의 자료집인 『배달공론』에 실린 「환족桓族은 환족끼리 살어야」의 제하의 글에서, "환족의 과거를 회고하면 구족九族을 감화하며 삼천단부를 통치하야 아주亞洲의 전부에 그 종족이 퍼지며 세계에 선先하야 그 문명을 자랑하든 것이 아닌가"[85]라고 하여 환족이 삼천단부를 이끌고 온 환웅의 종족임을 밝히고 있다. 이는 근 100년 전을 살았던 지식인들의 조상과 역사에 대한 의식을 반영한 것으로 보인다. 그 당시 주로 사용했던 배달족이라는 말 대신에 환족이라는 말을 쓴 것이 특별하다. 아울러 국가적 위기 속에서 민족의 구심점을 찾고자 노력했던 자취를 느낄 수 있다.

---

83) 우실하 『동북공정 너머 요하문명론』 소나무, 2007, 97쪽
84) 吳甲才 『紅山岩畵』 內蒙古文化出版社, 2008, 175쪽
85) 『倍達公論』 第四號(三一紀念號), (대한민국임시정부자료집 별책), 1924

4) 환웅 조이족과 부족연합의 관계

요녕성 출토 청동장식의 독수리와 곰·범·이리(높이 7cm)

 필자가 소개하는 청동장식은 원래 이름이 흉노문화의 '응호웅저문 동식패鷹虎熊猪紋銅飾牌'이다.[86] 좌웅·우호左熊右虎에 중앙에는 큰 매(외형적으로는 독수리와 비슷하나 몸집이 조금 작음)가 날개를 펴고 있다. 날개의 크기는 부엉이와 비슷하나 귀뿔깃이 없기 때문에 매에 가깝다. 요녕성 평강平崗(철령시 서풍현 평강진)지구에서 출토되었다. 중국인들이 흉노문화로 표기한 것은 고조선 관련 문화를 에둘러 표현한 말이다.

 박선희는 이 청동장식을 고구려 초기에 해당하는 요녕성 평강지구 유적의 출토품으로 보고, "삼족오 아래 곰과 호랑이가 묘사되어 단군신화의 내용을 표현한 금동장식품"[87]으로 해석했다. 박선희가 고구려의 삼족오 시각에서 고구려의 정치이념으로 바라본 반면에, 임재해는 곰과 범이 마주한 형상에서 환웅의 신시와 홍익인간으로 설명한다.[88]

---

[86] 徐秉琨 孫守道 주편 『東北文化-中國地域文化大系』上海遠東出版社, 商務印書館, 1998, 129쪽 도판 149
[87] 박선희 「조양 袁台子村 벽화묘의 국적과 고구려의 영역 확대」 『고조선단군학』 31, 2014. 12, 109쪽

필자는 이 설명을 기초로 하여 몇 가지에 대해 추가적인 해석을 시도해보고자 한다.

㉠ 이 청동장식은 환웅족을 중심으로 조이족(중앙), 곰족(오른쪽), 범족(왼쪽), 늑대족(또는 이리족, 오른쪽 끝)의 초기 연합 상황을 보여주고 있다.

㉡ 매는 쑥과 마늘을 먹지 않고 있는 범을 외면한 반면에, 곰에게 관심을 표하면서 중앙에 있는 무슨 물건을 그 신표로 주고 있다. 이 신표는 둘레에 5개의 구멍이 있고, 중앙에 무슨 표시가 있는 것으로 보아 환웅시대의 오사五事 즉 주곡主穀, 주명主命, 주병主病, 주형主刑, 주선악主善惡을 상징하거나, 오가五加를 상징한다고 본다. 곰족을 오가에 임명(수락)한다는 의미일 수 있다.

㉢ 환웅족의 새토템은 부엉이이지만, 부엉이가 청동장식에서 매로 표현된 것은 시대의 변화를 의미한다. 큰 매가 나머지 토템이나 종족을 포용하고 있는 것은 실질적인 지배종족이 요서의 조이족이었다는 것을 의미한다. 이 조이족은 산

맹렬한 부리와 주시하는 눈을 가진 천둥새
(션 피터슨, 2000년 작품)

동성을 중심으로 한 동이족과는 구별된다. 동이족의 원류가 조이족이다.

㉣ 이 청동장식의 제작은 고조선과 늑대족(몽고족)이 관계[89]를 이룬 이후인 고조선 중기에 제작된 것으로 추정할 수 있다. 고조선 사람들도 환웅시대 조이족의 전통을 이어받았다는 것을 상징적으로 보여주고 있다. 새토템이 주류였음을 말해준다. 다만, 같은 조이족이지만 부엉이에서 매

---

88) 임재해 「홍익인간 이념의 역사적 지속과 민속문화의 전통」 『고조선단군학』 31, 2014. 12, 292~294쪽
89) 몽고족은 이리(늑대)를 선조로 한다는 설도 있다.(김정학 「한국민족형성사」 『한국문화사대계』 (1), 372쪽)
『단군세기』 4세 오사구 단군이 동생 오사달을 몽고리한에 봉했다는 기록이 있다.

호루스신(매)과 뱀을 부조한 사왕의 비석(기원전3000년경, 동아사전)

로 변한 것은 오가의 분화와 신시 이후인 고조선의 문화를 반영한 것으로 볼 수 있다.

따라서 이 4부족 청동장식은 부엉이의 전통을 이은 매의 보호 아래 곰, 범, 이리의 3개 부족이 형성된 연원을 밝혀준 것이다. 특히 곰과 범의 관계는 중요한 의미를 지니는데, 쑥과 마늘을 놓고 경쟁을 벌이는 장면이 인상적이다. 동시에 곰은 환웅과 결합하고 범은 이별하게 되는 직전의 상황을 설명해주고 있는 것이다.

환웅의 신시시대로부터 일관되게 한국사를 주도해온, 고힐강이 지적한 '큰 종족(一個大族)'의 정체는 바로 환웅의 '조이족'임을 입증할 수 있다. 새의 특성상 하늘에서 사는 관계로 새숭배를 믿는 사람들은 스스로 천손민天孫民이라는 의식이 작용했을 것이다.

한편 4부족 청동장식과 함께 주목해야 할 것은 무씨사당(무량사)의 화상석[90](후석실제3석)이다. 김재원에 의해 이미 단군신화의 내용과 같다고 알려진

무씨사당의 화상석에 있는 춤추는 치우상(왼쪽 인물)과 새

것처럼[91], 우리 고대사 연구에 좋은 자료가 되고 있다. 이 화상석들은 대개 A.D. 1~3세기에 제작된 것으로 우리의 『삼국유사』보다 1000년 앞선 것이다. 그런데 이 화상석 중의 3층 도판은 곰·범과 함께 새가 등장한다. 단군신화에 없는 새가 등장한다는 점만은 새겨둬야 할 것이다.

---

90) 『中國畵像石全集』 제1권 88도판, 산동미술출판사, 2000년
91) 김재원 『단군신화의 신 연구』 탐구당, 1984.

제3부

3. '신시고국'의 단면들

3. '신시고국'의 단면들

1) 신시고국神市古國의 문화적 기원
2) 황제와 치우 - 유웅국의 실체
3) 조이족의 경제생활
4) 옥봉과 도량형

3. '신시고국'의 단면들

1) 신시고국神市古國의 문화적 기원

그러면 우리는 지금 왜 조이족과 환족의 복원을 말하는가? 문숭일文崇一은 조이족이 나중에 3대 지파支派로 은殷, 회이淮夷족, 예맥족으로 나뉜 것으로 보았다.[1] 조이족의 역사적 활동범위를 짐작할 수 있게 한다. 은殷은 은허殷墟지방이 중심 무대이고, 회이족은 산동지역이며, 예맥족은 요하유역이다. 단순히 조이족이 종족명으로만 남는 것이 아니다. 왕숙王肅은 동북이東北夷의 국명이라 했고, 「석문釋文」에는 북이국北夷國이라 하여 나라로서의 북이족北夷族이 고국古國임을 명시하고 있다.[2] 이 북이족이 조이족일 수 있다.

여기서 고국古國이란 말은 방국方國 이전 단계로, 소병기가 만든 말로 씨족이 부락을 넘어 독립적 정치실체를 갖는 것을 의미한다.[3] 이에 대해 김정열은 "원시 취락에 분열이 일어나 취락 내부 및 취락과 취락 사이에 계층적 질서가 성립된 초기적 정치체"[4]를 고국의 의미로 풀었다. 그러나 홍산문화를 '홍산고국'의 단계로 묶어놓은 것이 동북문화를 낮추기 위한 방편일 수 있다는 지적도 있다. 방국단계는 하가점하층문화가 해당된다.

반면에 유국상은 홍산문화 만기(5000~5500년 전)에 서요하 유역은 이미 초급 문명사회로 진입했으며, 하가점하층문화(3500~4000년 전) 시기에

---

1) 文崇一, 「濊貊民族文化及其史料」『中央研究院民族學研究所集刊』 5집(臺北), 1958 춘, 143쪽, 문숭일은 조이를 '조이민족'이라고 표현하고 있다. 이때의 민족은 정치적 의미를 담고 있다.
2) 陳夢家 「隹夷考」『陳夢家學術論文集』 中華書局(北京), 2016, 124쪽
3) 蘇秉琦 「遼西古文化古城古國」『紅山文化論著粹編』遼寧師範大學出版部, 2015, 78쪽
4) 郭大順, 張星德 『동북문화와 유연문명』(상) 김정열 역, 동북아역사재단, 2008, 9쪽

는 고급 문명사회로 진입했다고 규정한다. 그는 앞의 초급 문명사회 진입을 인정하는 8개 방면의 예를 들고 있는데, 인구 팽창으로 인한 대규모 취락, 제사권력과 정치권력의 특권층 발생, 생산력 제고와 수공업발달, 과학 예술의 성취로 인한 사회발전 등이 그 대표적이다.[5] 비록 암화岩畵의 부호 문자를 제외하고, 공식적으로 문자가 발견되지 못한 한계가 있으나, 당시 사회에서 민족이란 고대 이후에 전쟁 경험으로 형성된 아我와 비아非我의 투쟁 관념이 주가 되는 것이 아니고, 전쟁 미경험 시대의 공동체적 생산 활동과 공동의 제사의식과 종교적 집단 수행 등을 통해 형성된 '우리의식'으로서의 공동체 유지관념, 곧 '유지관념의 대상으로서의 공동체'가 그들의 심성에 바탕을 이룬 '민족'이었다고 볼 수 있다.

이미 초급 문명사회로 진입했다고 인정하는 정황에서 고조선국가의 문화의 근원성을 가장 많이 간직하고 있는 홍산의 우하량유지(단, 묘, 총)와 그 주변 문화를 통해 우리의 직접적 조상뿐만 아니라 민족의 원조상을 찾는 일은 너무도 당연하다. 그 시대를 '홍산고국'이라는 말로 규정하기에는 환웅신화를 세세히 알고 있는 우리로서는 좀 답답하다. 신화는 신화로만 끝나는 것이 아니고 역사적 상상력을 일깨워준다는 면에서 소중하다. 그 시대를 실체적으로 설명한다면 환웅의 '신시공동체' 문화 또는 '신시고국神市古國'[6]이라는 말이 좋을 것이다.

그래도 앞의 북이국北夷國에 대응하는 말로써 나름대로 주체성이 있어서 적당하다고 할 수 있다. 중국의 역사가 황제의 탁록에서 시작했다면, 우리의 역사는 환웅의 태백산에서 시작했다. 이것은 문헌이 입증하는 바와 같다. 따라서 신시고국의 중심지는 태백산이다. 그때의 태백산이 지금

---

5) 劉國祥「紅山文化與西遼河流域文明起源探索」『赤峰學院學報·第5回紅山文化高峰論壇專輯』赤峰學院, 40~44쪽
6) 임재해「'신시본풀이'로 본 고조선문화의 형성과 홍산문화」『단군학연구』20, 2009. 5, 349쪽

어느 곳인지 알 수 없다. 홍산문화 영역을 중심으로 태백산을 찾는다면 대광정자산大光頂子山(2,067m)이 눈길을 끈다. 이 산은 적봉의 서북쪽에 있다. 동쪽에는 흑룡강성이 있는데, 이 지역의 유적도 앞으로 주시해야 할 것이다.

환웅의 신시공동체가 있었기 때문에 웅녀의 곰족이 훌륭한 문화를 산출할 수 있었다. 그런데 사실상 환웅이나 신시고국의 역사연대를 언급한다는 것은 현실적으로 어려움이 따른다. 둘 사이를 직접적으로 언급한다는 자체도 어려운 일이다. 그러나 우리에게는 우리의 고유한 신화 전통이 전해오고 있다. 이른바 '환웅신화'가 그것이다. 이 환웅신화에 사실성을 부여해줄 수 있는 유일한 실마리가 우하량유적이다. 환웅의 신화란 태초의 존재에 대한 복귀를 의미한다. 이 조이족과 홍산문화의 역사 연대를 대비하며 신시고국을 추정할 수밖에 없다. 천문학자인 박석재도『천문유초』에 나오는 갑인년 갑자월(B.C. 2470년 9월)의 오성개합을 분석한 결과 환웅시대가 신화가 아니라 역사일 수 있다고 주장한 바 있다.[7]

박석재가 재현한 오성개합 상상도(『개천혁명』)

윤내현이 앞에서 '환인시대⇒무리사회', '환웅시대⇒마을사회', '환웅과 곰녀의 결혼 시대⇒고을나라' 등 네 단계로 구분한 것[8]에 근거해 필자는 이 중에 세 번째 고을나라가 곰토템과 새토템이 '토템연합'을 이룬 공존사회로서 환족(조이족)과 웅족(곰족)의 결

---

7) 박석재, 황보승「천문류초의 오성개합 기록 등 오성결집현상 분석」『세계환단학회 춘계학술대회자료』 2017. 6, 10~12쪽

8) 윤내현『고조선 연구』일지사, 1994, 131쪽 및 141쪽

합시대라고 보는 것이며, 환웅의 초기 마을사회와 중후기 고을나라를 포괄해 필자는 '신시고국神市古國' 또는 배달국이라 하는 것이다. 다만 이 신시고국의 이전 역사에 대해서는 잠정적으로 '선先신시고국'으로 표기하고자 한다. '선先신시고국'은 환인의 환국桓國시대에 해당할 것이다.

이런 시대 구분에서 환웅시대의 전후기前後期를 확연히 구분한다는 것은 대단히 어려운 일이다. 다만 유물을 통해 간접적으로 입증할 수밖에 없다. 「단군고기」에 따라 곰, 범에 새를 포함하여 3토템으로 시대 구분을 한다면, 새-곰-범이 함께 있던 때를 전기前期로 보고, 범이 없이 새-곰만 있던 때를 후기後期로 보려는 것이다. 그러니까 환웅의 전기는 조이족 주도하에 새, 곰, 범 3부족이 같이 혼재(또는 독립)해 살았으나, 후기에 들어서면서 우하량유적에서 보듯이 범이 없는, 새와 곰만 나타나는 것에서 부족 간 이합집산離合集散의 변화가 일어났다는 것을 알 수 있다. 이처럼 후기에 와서 새와 곰이 연합하여 공존했음을 알 수 있는 것은 아직까지 우하량 유역에서 범의 유물이 발견되지 않았기 때문이다. 우하량 이후인 고조선의 초기에는 또다시 3부족(새, 곰, 범)9) 시대가 열리게 된다. 범과 범족의 활

필자가 주장하는 신시고국(배달국)의 발전 단계

환인시대	선先신시고국(=환국)	새, 곰, 범의 혼재	흥륭와문화, 조보구문화
환웅시대	신시고국 전기	조이족 주도하의 새, 곰, 범부족 혼재(연합)	나사대유적 (추정)
	신시고국 후기	새와 곰부족 연합 (범부족 이탈, 환족탄생)	우하량유적 (환웅+웅녀의 결합)
단군시대	고조선(=後신시시대)	새, 곰, 범부족 재결합	

---

9) 고조선 3부족설은 어디까지나 설명을 위한 표현에 지나지 않는다. 『규원사화』는 8가설(加說, 부족설)을 말하고 있다. (이찬구 「단군신화의 새로운 해석」『신종교연구』 30, 2014. 4, 217쪽)

동상이나 신앙(토템) 문제 등에 관한 설명은 다음을 기약하고자 한다.

그러면 환웅의 신시고국은 어떤 정치적 실체가 있는 것인가.

1949년경에 완성된 현상윤의 『조선사상사』에는 신시에 대한 명쾌한 설명이 나온다. 신시神市를 '훈융薰融한 공동생활체'로서의 사회조직으로 '틀림 없다'고 보고 다음과 같이 정의한다.

> 풍백 우사 운사는 직장이 있는 행정장관을 의미하며, 주곡主穀은 농무, 주명主命은 치안, 주병主病은 보건, 주형主刑은 사법, 주선악主善惡은 교육 등의 각 주무 관서를 의미하는 것이다. 즉 신시는 완전한 정부의 조직과 제도를 가진 것으로 보아, 훈융한 국가의 건설을 의미하는 것임은 틀림없는 일이다.[10]

이와 같이 환웅이 곡식을 주관한 것이 아니라, 환웅이 주곡主穀이라는

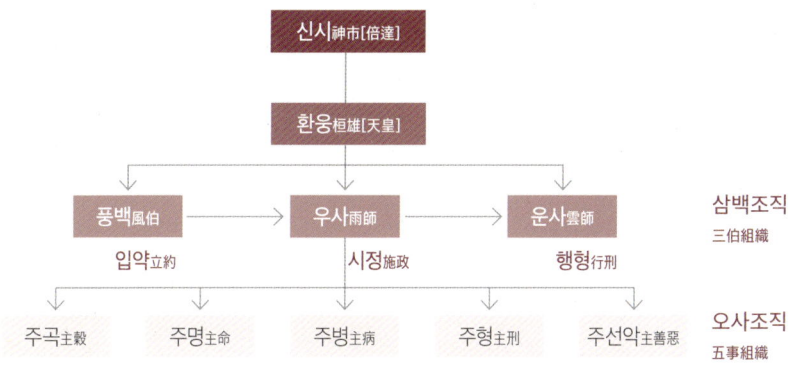

이강식의 신시조직(삼백오사조직)

---

10) 현상윤 『조선사상사』 심산, 2010, 32쪽

신하 또는 부서를 두어 정치를 했다는 뜻으로 해석한 것이 독창적이다. 이어 그는 당시의 신시 정치를 '제정일치의 신정神政'으로 이해했다. 또 그러한 정치는 사랑과 효성에 의한 애경愛敬 정치이며, 화친和親, 인서仁恕, 책임責任, 질서秩序가 있는 무위이화無爲而化하는 정치로, 그 가운데 저절로 진眞 선善 미美가 있었다고 밝혔다.[11]

한편 이강식은 '신시神市조직도'를 통해 삼백오사三伯五事조직으로 신시의 관직官職조직을 설명한다.[12] 그는 「단군고기」에 등장하는 풍백風伯, 우사雨師, 운사雲師의 1백2사 조직을 삼백조직이라 통칭한다. 그리고 주곡主穀, 주명主命, 주병主病, 주형主刑, 주선악主善惡을 관직명으로 보고 5사五事라 칭한다. 예를 들어, 삼백조직은 고려의 삼성三省이나 오늘날의 입법, 사법, 행정의 삼부三府와 같은 성격으로 설명한다.

풍백은 입법에, 우사는 행정에, 운사는 사법에 비유한다. 그리고 5사事조직은 『예기』의 사마司馬, 사공司空이나 주부主簿, 주사主事처럼 관직명으로 보는데, 삼백의 하위조직으로 본다. 그중에 행정을 맡은 우사雨師의 하부조직으로서의 오사는 중앙의 집행부와 같은 역할을 한다. 주곡主穀은 농림부, 주명主命은 조선의 이부吏部와 같고, 주병은 보사부, 주형은 법무부, 주선악은 종교조직으로 설명한다. 이런 신시조직은 우리 민족의 원형조직이라고 평가할 수 있을 것이다.[13]

왜냐하면 이런 1-3-5의 논리는 고대사회를 지배했던 원형문화의 틀 역할을 해왔기 때문이다. 이유립은 "환桓(한알=하날=天)이란 일족一族이 다시 옮아와서 태백산으로 천강天降되고, 신시라는 독특한 취락사회를 세웠으

---

11) 현상윤 『조선사상사』 심산, 2010, 32쪽
12) 이강식 「고기에 나타난 신시조직의 구조와 기능」 『경북대 경상대학논집』 15, 1987. 12, 357~363쪽
13) 이강식 「고기에 나타난 신시조직의 구조와 기능」 『경북대 경상대학논집』 15, 1987. 12, 363~367쪽

오르도스 청동기의 조형물(새와 사주四珠)

오르도스 청동기의 호형물(虎形物)

나 관직제도는 없었고, 제사(祭祀, 교화) 일사—事가 정치의 전부였나니 주제자主祭者가 곧 정치의 원수라. 후에 배달로 발전되어 오사분직五事分職을 설하였다"14)고 했다. 오사가 설치되면서 여추장女酋長의 권한이 폐지되어갔다고 말한다. 북한에서도 이 오사를 '원시적 정치조직의 사회적 기능의 전부'15)로 보고 있다. 문정창은 일찍이 삼백오사를 관직으로 해석한 바 있다.16)

다음으로 신시고국의 문화적 기원과 관련해 생각할 것은 내몽고 지방과의 관계설정이다. 홍산 옥식과 오르도스 청동기에도 조이족의 연관성을 상징하는 유사한 조형鳥形 유물이 있다. 4개의 구슬(四珠)17)이 연이어 이어진 장식(새를 포함하면 5개 구슬)이 있는데, 이는 조이족들이 제작한 것으로 볼 수 있다.

조이족의 영향력이 적봉을 비롯해 내몽고까지 뻗친 것인지, 아니면 내몽고로 이주해온 조이족의 지배 또는 영향력이 여전히 강력한 것이었지는 검토가 필

---

14) 이유립 『대배달민족사』(5권), 고려가, 1987, 499쪽
15) 박득준 편집 『고조선 력사개관』 사회과학출판사(평양), 1999, 27~29쪽
16) 문정창 『고조선사연구』 백문당, 1969, 68쪽
17) 『내몽고 중남부의 오르도스 청동기의 문화』 고구려연구재단, 2006, 297쪽
18) 『내몽고 중남부의 오르도스 청동기의 문화』 고구려연구재단, 2006, 248쪽

요하다. 오르도스에는 홍산에서 보기 힘든 범을 상징하는 청동기[18]가 다수 출토된 것으로 보면, 환웅과 범족과의 관계를 연구하는 데 좋은 자료가 될 것이다.

그리고 중요한 것은 오랜 시차에도 불구하고 흥륭와문화와 우하량유적이 어떻게 연결되고 있느냐는 점이다. 앞에서 살펴본 것처럼 설지강薛志强이 돼지와 옥저룡을 비교 분석한 것은 탁견이라 할 수 있다. 이를 다시 인용하면, 흥륭와문화에서 발견된 한 쌍의 자웅雌雄 돼지, 흥륭구 부락 유적에서 나온 두 개의 돼지머리, 우하량 제2지점 1호총 4호 무덤에서 나온 두 개의 옥룡玉龍은, "이 3자의 시간적 차이가 3000년 좌우가 되지만, 일맥 상통한 무巫이념과 제사祭祀 전통을 갖고 있다"[19]는 것인데, 3000년의 시차에도 불구하고, 수미일관한 전통이 계승되고 있는 것은 강력한 한 종족 또는 동일한 문화 창조자에 의해 수천 년을 이어왔다고 보는 것이다. 그 중심이 조이족이며, 환족이라고 본다. 아울러 신시고국의 정치적 재현은 고구려(5세기 후반)시대에 이루어졌다. 신화는 역사적 재현이나 반복을 통해 자기의 실재성을 입증하여 스스로 거룩한 역사가 된다.

[지도 11] 고구려 전성기 5세기 후반 강역(윤내현 『한국 열국사연구』)

---

19) 薛志强 「홍산문화의 연원에 대한 개술-흥륭화문화를 중심으로-」 『제3회 홍산문화 한중국제학술회의』 국학학술원, 2008, 83쪽

2) 황제와 치우 - 유웅국의 실체

중국측의 학자들은 황보밀皇甫謐(215~282년)이 『제왕세기』에서 황제黃帝를 유웅有熊 또는 유웅국有熊國에 연결시킨 이래 황제黃帝를 유웅씨有熊氏라고 부르게 되었고, 그래서 오늘날까지도 곰이 황제의 상징이라고 주장하고 있다.

㉠ 탁록涿鹿은 황제의 첫 도읍지이며, 나중에 유웅有熊으로 옮겼다.
(涿鹿 黃帝初都 遷有熊也:『사기』注)

㉡ 유웅有熊에서 나라를 받고, 헌원軒轅에 거주하니 그것이 이름이 되고 아호가 되었다.(受國於有熊 居軒轅之邱 故因以爲名 又以爲號:『사기』注)

그러나 『사기』(「오제본기」) 본문에는 황제黃帝와 관련해 왜 유웅有熊 또는 유웅국有熊國이 되었는지에 대해 말이 없다. 황보밀보다 300여 년 앞서 태어난 사마천이, "그러므로 황제가 유웅씨가 되었다(故黃帝爲有熊)"는 이 한 마디만 남긴 것은, 다른 임금들인, 전욱顓頊이 고양高陽이 되고, 제곡帝嚳이 고신高辛이 된 이유를 자세히 설명한 것과 대조를 이룬다. 이처럼 배경 설명도 없이 유웅국이 갑자기 등장한 이유가 미심쩍다. 주대周代의 문헌이나 춘추春秋의 문헌에 등장하지 않는 '황제 유웅씨'라는 말의 진실성에 의문을 제기하는 것은 너무도 당연하다.[20]

필자가 보기에도 '수국어유웅受國於有熊'이 문제다. 이는 말 그대로 '유웅에서 나라를 물려받았다'는 뜻이다. 유웅국이 곧 황제 자신의 나라는 아니다. 본래의 유웅국과 황제의 유웅국은 별개의 나라로 보아야 한다.

---

20) 김선자 「홍산문화의 황제영역설에 대한 비판-곰신화를 중심으로」 『동북아 곰신화와 중화주의 신화론 비판』 동북아역사재단, 2009, 206쪽

황제국의 모체는 유웅국有熊國이다. 유웅국이 먼저 있어서 황제에게 유웅국의 일원으로 나라를 승인해준 것이라고 해석하는 것이 마땅할 것이다. 따라서 탁록의 황제국은 유웅국의 일원에 지나지 않으며, 유웅국은 황제와 별도의 실체를 지닌 나라라고 보아야 한다.

손수도에 의하면, 곽말약도 이 부분을 좀 미심쩍게 언급한 것으로 전한다.

> 곽말약郭沫若의 고증에 의하면 유웅씨 황제는 원래 북방 융적인戎狄人의 조상이다. 황제의 '황黃'자는 원뜻이 짐승가죽이며 북방민족 중 곰을 토템으로 하는 부락수령이었다. 후에 하나의 강대한 부족으로 발전하였는데 염제, 치우와 중원에서 패권을 다투었으며 후세에 인문시조로 존대되었다.21)

곽말약은 "유웅씨 황제는 원래 북방 융적인戎狄人의 조상"이라고 했지만, 문정창은 동방족東方族은 이미 부계父系사회를 이루고 있었으나, 서방족은 모계母系사회가 지속되는 중에 동방족 출신의 남성으로 서방족의 모계에 흡수된 자를 황제헌원으로 보았다.22) 황제는 비록 북방사람이지만, 이미 동방에서 서방으로 망명한 세력을 대표하고 있기 때문에 더 이상 동방 유웅국 사람은 아니라는 시각이다. 오히려 황제의 유웅국이 환웅의 봉후국이라는 주장이 설득력이 있다.23) 손수도 자신도 황제와 곰토템에 대해 신중한 자세를 보이고 있다. 즉 "몇 건의 홍산 곰형상옥(熊形玉)

---

21) 孫守道 「紅山文化 玉熊神考」 『孫守道考古文集』 遼寧人民出版社, 2017, 217쪽
22) 문정창 『고조선사연구』 백문당, 1969, 322쪽
23) 정연규 『한겨레의 역사와 문화의 뿌리를 찾아서』 한국문화사, 2008, 62쪽

은 이를 근거로 황제와 관련이 있다고 추상할 수 있겠는가? 추상은 가능하지만 그러나 아직 여전히 실증하지 못하였다. 그것은 곰숭배는 북방 일부 민족 중에서 상당히 보편적이기 때문이다. 절대로 어느 한 개 민족 한 개 문화의 독특한 소유가 아니므로 신중하는 것이 좋다"[24]고 언급하면서도 황제와 곰과의 관계를 끊을 수 없다고 변호한다. 필자는 황제의 실체를 규명하기 위해 치우와 비교하고자 한다.

황제와 치우에 관해 중국 역사는 어떻게 기록하고 있는가?

『서전書傳』에 이르기를, "왕王이 말하였다. 옛날에 가르침이 있었으니, 황제黃帝 때의 제후인 치우蚩尤가 처음으로 난을 일으키자 그 영향이 평민에게까지 미쳐서 구적寇賊이 되지 않는 자가 없어 마음대로 날뛰는 것을 의義로운 것으로 여겨 도둑질하고 빼앗으며 속이고 죽였다"[25]고 했다. 이 구절은 치우를 매우 부정적으로 표현한 것이나, 전체적인 문맥으로 보면, 치우의 영향력이 평민에까지 미칠 정도로 대단했음을 시사해주고 있다. 오히려 치우를 향한 민심이 황제를 능가하는 것에 대한 두려움의 표현이 아닌가 한다.

또 『사기정의史記正義』는 「용어하도龍魚河圖」를 인용해 말하기를, "치우가 죽었다고 말해도 천하가 다시 어지러워지자, 황제는 죽은 치우의 형상을 그려서 천하에 위엄을 세우려했다. 사람들이 치우가 죽지 않았다고 소란하므로 그림(죽은 모습)으로써 만방을 복종시키려 하였다"[26]고 했다. 자칭 승자인 황제가 패자로 알려진 치우의 죽은 시신을 그림으로 그려서 죽었다고 알려도 백성들이 믿지 않았다는 말은 너무도 역설적이다. 당시 백

---

24) 孫守道「紅山文化 玉熊神 考」『孫守道考古文集』遼寧人民出版社, 2017, 217~218쪽
25) "王曰, 若古有訓. 蚩尤惟始作亂, 延及于平民, 罔不寇賊, 鴟義姦宄, 奪攘矯虔."(『서전』「여형」)
26) "蚩尤歿後 天下復擾亂 黃帝遂畵蚩尤形像 以威天下 天下咸謂蚩尤不死 八方萬邦皆爲弭服"(『史記正義』注)

성들에게 치우는 흠모의 대상이거나 아니면 두려움의 대상이었을 것이다. 응소應邵는 치우를 '고천자古天子'라고 적고 있다. 옛 천자는 종교적 신권을 가졌기 때문에 정치적 황제보다 권위가 높았던 것이다.

만약 치우가 두려움의 대상이었다면 시신屍身 그림을 보여주면 안심하였을 터인데, 소란이 그치지 않은 것은 흠모의 대상이었기 때문일 가능성이 높다. 이런 중에 『관자』(기원전 7세기경)는 '치우가 천도에 밝았다(明於天道)'고 적고 있고, 『로사路史』(13세기경)에는 치우를 '천부天符의 신으로서 그 형상이 보통과 달랐다'[27)]고 높이 평가했다. 이어 『로사』는 "삼대 이기彝器에 치우의 상이 많이 그려졌는데, 탐욕과 포학함의 경계로 삼기 위해서였다. 그 형상은 몸에 날개가 있다고 전해지는 짐승의 형상을 따랐다."고 하여 긍정과 부정의 이중적 의미를 다 담고 있다. 그중에 어느 하나는 왜곡된 내용일 것이다. 다만 '몸에 날개가 있다'는 구절은 뒤에서 설명할 것이다.

아무튼 치우 문제는 사후에도 더 논란이 많았다는 것을 알 수 있다. 탐욕과 포학함의 대상이었다면 그를 천부天符의 신神이라 할 수는 없다. 치우를 민간에서 천부의 신으로 숭배하자, 이를 가리기 위해 탐욕의 치우상으로 호도糊塗한 것으로 보인다. 그러면 중국에서 황제를 곰과 연계된 인물로 설명할 수밖에 없었던 이유는 무엇일까? 왜 그 이름에 곰을 상징하는 황黃 자를 썼을까?

사마천은 황제를 치우와의 전쟁에서 승리한 것으로 서술하고 있다. 그런 황제에게 곰의 상징성이 급하게 필요했던 이유가 궁금하지 않을 수 없다. 그 탁록 전쟁의 승패는 차치하고, 황제가 곰을 선취하려고 한 까닭은 사실은 곰이 치우의 상징동물이었기 때문이 아닐까 생각한다. 치우의 역

---

27) "蚩尤天符之神 狀類不常 三代彝器 多著蚩尤之像 爲貪虐者之戒 其狀率爲獸形 傳以肉翅"(『路史』(宋 羅泌 纂) 后紀4 蚩尤傳)

사를 지우기 위해 곰을 그대로 황제의 것으로 만들어 모든 치우의 흔적을 덮으려 한 것으로 추정할 수 있다.

필자는 이미 치우가 곰족이라고 밝힌 바 있다. 무씨사당(무량사)의 화상석에 등장해 노궁弩弓을 이고 춤추는 인물을 '무웅舞熊의 치우'라고 밝힌 것이다.28) 치우는 곰의 옷을 입고 춤을 추고 있다. 이런 의미에서 보면, 유웅有熊 또는 유웅국有熊國도 치우 또는 황제 중에 한 사람이 관계될 것이다. 두 곰족끼리 전쟁을 했다고는 볼 수 없기 때문이다. 치우의 공적을 가리기 위해 도리어 황제의 것인 양 가로챈 것이 아닐까 한다. 어원으로 보아도, 유웅有熊의 유有 자는 그 발음이 '우, 위, 웃'과 유사해 클 대大, 윗 상上의 의미를 지니는 우리말 어족으로 큰 곰, 대왕大王, 큰 곰나라를 뜻한다.29)

무씨사당의 화상석에 있는 춤추는 치우상(왼쪽 인물)

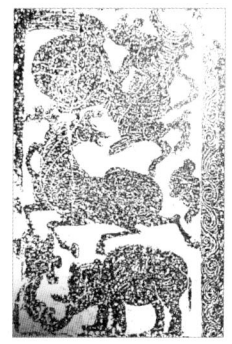

황제의 승선(昇仙) 화상석

잠시 아추족亞醜族의 청동도끼에 대해 알아보고자 한다. 처음에 청동족휘30)를 발견해 이를 아추족亞醜族이라고 해독한 사람은 곽말약31)이다. 시라카와 시즈카白川靜도 醜추에 동의했다.32) 그러나 다른 해석도 있다. 은지이殷之彝는 박고씨薄姑氏로 보았고,33) 나진옥羅振玉은 술잔을 받들어 올

---

28) 이찬구「단군신화의 새로운 해석-무량사 화상석의 단군과 치우를 중심으로-」『신종교연구』 30, 2014. 4, 210쪽
29) 최동『조선상고민족사』동국문화사, 1966, 277쪽
30) 杜迺松『文物名家大講堂-中國靑銅器』(中國文物學會專家委員會), 中央編譯, 2008, 54쪽
31) 郭沫若『殷周靑銅器銘文研究』上卷, 上海大東书局, 1931. 3. (科學出版社 1961), 9쪽
32) 白川靜『常用字解』(2판), 平凡社, 2012, 312쪽. 그리고 그의『殷文札記』(188쪽)에는 아추족에 대해 상세한 설명이 있다.
33) 殷之彝「山東益都蘇埠屯墓地和"亞醜"銅器」『考古學報』 1977. 2, 32쪽.「좌전」(소공 20년)에 나오는 박고씨는 산동에 살던 동이족의 하나.

리는 봉존형奉尊形[34] 등으로 보았고, 우성오于省
吾도 이에 동조했다.[35] 그 밖에 이령李零[36] 등도
다른 견해를 피력하였다.

그러나 필자는 추醜 자 속의 밭 田전 자와 소
부둔의 청동도끼의 그림을 비교하려고 한다. 여
기서 찾을 수 있는 공통점은 이빨(齒)이다. 『술이
기』(상)에도 "치우의 이빨 길이는 2촌이고 단단
해서 부숴지지 않는다"[37]고 하여 이빨을 대표적
상징물로 제시했다. 그리고 코에는 왕王 자 무늬
이거나 앞의 화상석의 머리 위에 있는 노궁弩弓
과 같은 무기를 연상할 수 있다.

그런데 복기대는 상商의 청동무늬가 하가점
하층문화의 영향을 받은 것이라는 곽대순 등의
주장에 따라 하가점하층문화의 도철문(대전자 출
토)은 홍산문화에서 나온 것임을 밝히기 위해
우하량 제2지점(N2-Z1-M27)에서 출토된 쌍구형
구운형雙勾形勾雲形 대옥패大玉佩[38](또는 쌍눈구운형

홍산옥기의 치우상(추정, 박문원 소장)

산동반도 소부둔(蘇埠屯)의 아추
(亞醜)족의 청동도끼(길이 33cm,
날의 폭 35cm, 기원전 11세기)

하가점하층문화 대전자 출토

---

34) 羅振玉『三代吉金文存』中華書局, 1983, 142쪽
35) 于省吾『商周金文錄遺』中華書局, 2009. 22쪽, 157~158쪽
36) 李零「蘇埠屯的"亞齊"青銅器」『文物天地』, 1992. 6期, 44쪽. 그는 머리의 세 뿔 모양을 제나라 齊(제)자로 보아 아제(亞齊)동기라 칭했다. 그밖에 杜在忠「關於夏代早期活動的初步探析」『夏史論叢』齊魯書社, 1985. 7; 王樹明「亞醜推論」『華夏考古』1989年 01期. 왕수명은 이 청동기를 은주지제(殷周之際)의 시기라 했다. 宇都木 章(우쓰기 아기라)『出土文物からみた中 古代』汲古書院, 2008, 15쪽. 그는 상대후기(商代後期)로 보았다.
37) 蚩尤齒 長二寸 堅不可碎 (『술이기(述異記)』上)
38) 遼寧省文物考古研究所, 朝陽市文化局 編『牛河梁遺址』學苑出版社(北京), 2004, 43쪽
   遼寧省文物考古研究所 編『牛河梁-發掘報告』(下) 文物出版社(北京), 2012
39) 복기대「홍산문화와 하가점하층문화의 연관성에 관한 시론」『문화사학』27, 2007, 1139쪽
40) 中國畫像石全集編輯委員會,『中國畫像石全集』1권, 山東美術出版社(中國 濟南), 2000, 194도판

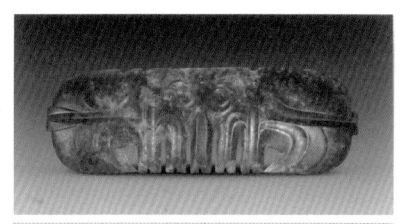

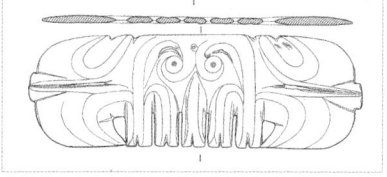

우하량 제2지점 부엉이 모양의 구운형옥기(대옥패) 및 모사본(하)

옥기)를 제시한 바 있다.[39]

그리고 도철문과 관련하여 산동성 기남沂南의 고묘古墓에서 발견된 도판[40] 중에는 우리에게 낯익은 신수神獸상들이 많다. 그 중에 우리의 관심을 끌기에 충분한 신상이 있다. 도판에는 이 신수상이 누구인지에 대해 언급하지 않고 있으나 이를 '치우상'이라고 모사본까지 그려 설명한 경우도 있다.[41] 이 치우상은 3세기경에 그려진 것으로 눈과 이빨이 두드러지는데, 이를 치우와 연관이 있다고 본 것이다. 앞에 제시된 우하량의 구운형옥기(대옥패)를 도철문의 기원으로 보면, 그 핵심은 역시 부엉이의 눈과 날카로운 이빨(부리)이다. 비록 곰토템이 중국 황제와 연관이 있을지 몰라도 부엉이는 황제와 무관하다.

또 이빨을 치우와 연결해서 이해할 수 있다. 치우蚩尤의 이름에서 치蚩는 신체 중에서 이빨 치齒와 같은 발음을 낸다. 신라 유리왕은 이빨 자국(잇금)으로 왕이 되어 '이사금'이라 불렸던 예가 있다. 왕과 이빨은 상징성이 깊다. 따라서 우하량의 구운형옥기(대옥패)의 5개 볼록 무늬는 소부돈 청동도끼의 이빨처럼 부엉이를 상징화한 뾰쪽

3세기경 화상석(120 cm)과 모사본(하)

---

41) 이토 세이지(伊藤淸司)『中國の 神獸 惡鬼たち』東方書店, 2013, 77쪽
42) "其狀率爲獸形 傳以肉翅"『路史』(宋 羅泌 纂) 后紀4 蚩尤傳

이빨이라고 이해해도 무방할 것이다. 따라서 새토템 중에서 구체적인 부엉이토템은 환웅에서 치우로 계승되었다고 볼 수 있으며, 황제는 이 사이에 들어올 수가 없다. 곰토템만을 강조하는 황제는 홍산문화의 새토템과는 전혀 무관하다고 거듭 말할 수 있다.

한편 앞에서 치우를 날개 있는 짐승으로 그렸다는 말(『로사』)42)에 대해 재고할 필요가 있다. 이는 치우가 새와 곰의 중간 종족이거나 새와 곰의 토템을 이중으로 숭배했다는 의미로 받아들일 수 있다. 또 하나 『산해경』에 치우를 설명하는 구절이 나온다. 즉 「대황북경」에 치우는 풍백風伯, 우사雨師를 불러 황제黃帝와 대적하였다고 했다.43) 풍백, 우사는 환웅의 신하였고, 또 치우의 신하였다. 이것은 치우가 환웅과 동일계열이라는 것을 입증해 준다. 대옥패의 이름이 쌍구형구운형雙勾形勾雲形인 것도 치우가 우사를 불러 비를 내리게 한 것과 같은 의미일 것이다. 아울러 치우가 탁록逐鹿까지 출전했다는 것은 환웅의 새토템이 '치우가 황제와 싸웠던 탁록에서 공상空桑지방까지 미쳤다'는 것을 의미한다. 이상시의 신시강역과 치우의 탁록 진격로는 참고할 만하다.44)

[지도 12] 치우씨의 중원 공략도(B.C. 2710~B.C. 2700년경)

---

43) "黃帝乃令應龍攻之冀州之野 應龍畜水 蚩尤請風伯雨師 縱大風雨"(『산해경』「대황북경」)
44) 이상시 『단군실사에 관한 고증연구』 고려원, 1990, 138쪽

3) 조이족의 경제생활

이제 조이족은 무슨 생산 활동을 하였는지 알아볼 필요가 있다. 생산 곡물은 무엇일까? 한강 유역의 농작물로 1만년이 넘는 청원 소로리 볍씨도 있다.[45]

필자는 조이족의 생산 곡물을 그 이름대로 조粟였다고 본다. 새를 곡령穀靈으로 본다면 그 곡식은 '조'였을 것이다. 조는 새의 양식이기도 하다. 조는 오곡의 총칭으로 불릴 정도로 쌀이 보편화되기 전에는 주식이었다. 심지어 조를 '소미小米', '벼'라고도 칭할 정도였다. 그래서 조를 곡자穀子라고도 한다. 가뭄에 잘 견디고, 비타민, 단백질, 탄수화물, 칼슘 등을 함유한 영양물이다. 그 역사를 보면, 대략 1만 년 전후기에 중국의 북방에서는 반半 정착 단계에서 일부 채집수렵꾼들이 조粟와 기장黍의 경작을 시작하였고, 이것은 인류사의 새로운 장을 연 것이었다.

이어 8000년 전후 시기에 나온 허다한 유적에서는 조기 농업생산의 증거들이 발견되었는데, 이를테면 규모를 갖춘 장기정착촌락, 추형雛形(원형)을 갖춘 농업생산도구, 이미 순화된 특징을 나타내는 가축 사양동물, 형태특징이 기본상 재배작물에 속하는 조와 기장 두 가지 농작물 유존 등이었지만 아직도 농업보다는 수렵 위주였다.[46]

실제적으로 홍륭구인들이 조와 기장을 조기에 경작한 것으로 나타났고, 하가점하층문화에서도 관罐 속에 쌓여 있는 조를 확인한 바 있다.[47] 이렇게 요서지방은 조粟와 기장 농업의 기원지로 알려졌다. 조粟 작농의 중요한 기원지인 소하서문화, 흥륭와문화와 홍산문화의 8개 유적에서 출

---

45) 신용하『고조선 국가 형성의 사회사』지식산업사, 2010, 47~48쪽
46) 趙志軍「從小米到小麥 北方早作農業的形成和發展」『紅山文化論著粹編』遼寧師範大學出版社, 2015, 498쪽
47) 孔昭宸 楊虎 外「赤峯市8000多年來某些文化期植物遺存研究的收穫和思考」『紅山文化論著粹編』遼寧師範大學出版社, 2015, 484~485쪽

토된 12개의 맷돌과 마봉磨棒에서 나온 표면 잔류물을 채취해 분석한 결과 조의 야생성질野生性質의 비중이 13.0%에서 3.4%로 낮아지고, 순화馴化(새로운 생육조건에 적응하는 성질)의 전분립澱粉粒 비율은 55.0%에서 62.1%로 증가한 것으로 나타났다.[48]

또 홍륭와문화 유적(적봉 위가와포촌)에서 발견된 1,500낟알(90% 기장, 10% 조)의 방사성동위원소 14번 탄소 측정 결과 7700~8000년 전의 것으로 나왔다.[49] 한반도의 경우 탄화미, 조, 기장 등이 옥천 대천리에서 출토되었는데, 이를 탄소 측정 결과 B.C. 3500~B.C. 3000년경의 곡물로 측정된 바 있다.[50]

그런데 조이족의 조 농사에 중대한 변화가 찾아왔다. 보리와 밀의 농사, 즉 맥작麥作이 시작되면서 조 농사의 뒤를 잇게 된다. 맥작의 시작은 동이족인 래萊족에게서 시작되었다.[51] 중국 측은 래국萊國을 은나라의 분국으로 보고 있으나, 래족이 세운 래국을 산동반도에 있던 고조선의 분국으로 볼 수 있다.[52] 본래 보리 맥麥자의 래萊는 까끄라기가 있는 곡식의 이삭을 뜻한다.

래족의 보리 맥麥은 그 소리가 맥貊[53]과 통하는데, 가설이지만, 래족의 보리를 먼저 받아들여 식량을 축적해 세력을 확장한 조이의 일파가 맥족이 된 것이 아닌가 생각된다. 이처럼 조와 보리의 교체가 이루어지는데, 대맥(보리), 소맥(밀)의 출현 시기는 측정 결과 5000년 전이다.[54] 작물의 교

---

48) 馬志坤, 楊曉燕, 張弛, 孫永剛 賈「西遼河地區全新世早中期粟類植物利用」『中國科學:地球科學』 2016. 07기
49) 신용하 「고조선 문명 형성에 들어간 맥족의 홍산문화의 특징」『고조선단군학』, 32호, 2015. 6, 216~217쪽
50) 신용하 『고조선 국가 형성의 사회사』 지식산업사, 2010, 49쪽
51) 張富祥 『東夷文化通考』 上海古籍出版社, 2008, 482쪽
52) 신용하 『고조선 국가형성의 사회사』 지식산업사, 2010, 341쪽
53) 본래 소리는 '백'(貊)인데, 맥(貊)이 된 것도 이 보리 맥(麥)과 관계될지도 모르겠다.
54) 張富祥 『東夷文化通考』 上海古籍出版社, 2008, 486쪽

체는 기후변화가 영향을 주었을 것으로 추정할 수 있다. 고조선의 건국 시기와 큰 차이가 나는 것은 아니다. 주식主食의 교체는 생산활동의 전면적인 변화를 수반했을 것이며, 정치적인 변화도 동반했을 것이다.

남녀의 머리 위에 있는 새는 조이족의 상징(필자 소장)

4) 옥봉과 도량형

후기 구석기시대(1만 8000년 전) 눈금돌(붉은색 줄은 필자가 친 것)

『설문』에는 신申을 '자지自持'라고 설명하고 있다. 이는 '스스로 유지한다'는 중국 측의 뜻보다는 남근男根을 의미하는 순우리말로 볼 수 있다. 민속 자료에 따르면, '자치기(잦치기, 작대기치기)' 놀이에는 원 자치기와 구멍 자치기가 있는데, 구멍 자치기는 남근과 여근을 상징한 놀이인 점에서 구멍이 여근이면, '자'는 남근을 상징함을 인지할 수 있다.

놀이에서 보통 어미자는 길이가 50~80㎝, 새끼자는 길이가 12~15㎝ 정도로 만든다. 이 새끼자의 크기는 시대별로 다르겠지만, 그 시대 남근의 길이와 연관된 것으로 볼 수 있겠다. 그런데 이 새 조鳥자에 세 가지 발음이 있다는 사실이다. 하나는 새 '조', 또 다른 하나는 땅이름 '작', 나머지 하나는 섬 '도'이다. 『계림유사』에 '자 척尺은 작作'으로 소리 낸다 하였으니, 서로 통하는 점이 있다. 또 '참새 작雀을 새賽'로 소리 낸다 하였다. 새를 한자로 賽로 쓴다. '작대기'가 남근의 은어로 쓰이는 점에서도 조-작-새는 서로 통함을 알 수 있다. 자루의 '자', 잣대의 '자(尺)'나 '막대', '몽둥이'도 같은 남근의 상징성과 함께 잣대(尺)로서의 기능성을 갖는다.

그러면 이런 자치기 놀이는 무엇을 의미하는가? 필자의 생각으로는 이런 놀이기구를 통해 당시의 도량형(길이-부피-무게)을 홍보하거나 보급한 것이 아닌가 한다. 사람이 모이고, 시장이 열려 교역이 이루어지면, 그곳에는 도량형度量衡이 필요하기 때문이다.[55] 신채호가 중국에 도량형을 전해준 사람이 단군 아들 부루라고 한 것을 볼 때 고조선에서 일찍부터 발전한 것으로 보인다.[56]

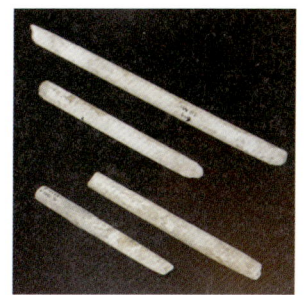

호두구 옥봉(玉棒) 4개. 위로부터 30.9cm(1봉), 18.5cm(3봉), 19.3cm(2봉), 14.9cm(4봉)

최근(2014년 6월) 단양에서 후기 구석기 유물이 무더기로 출토되었는데, 그중에 눈금 22개(21칸)가 새겨진 일명 '눈금돌'(전체길이 20.6cm)이 발견되었다. 이는 1만 8000년 전으로, 눈금돌의 발견은 동아시아 최초이다. 1칸의 길이는 0.41cm로 모두 8.4cm의 자와 같다.[57]

그런데 홍산옥기에도 옥봉玉棒이 나왔는데, 자(尺)의 기능과 연관해 해석해보려고 한다. 옥봉이 발견된 곳은 호두구와 우하량이다. 비파형동검이 출토[58]된 바 있는 부신현 호두구胡頭溝 1호묘 묘장에서 출토된 옥봉의 최고 길이는 30.9cm이다.[59] 이는 오늘날의 우리 1자 길이 30.3cm와 매우 근사하여 자와 연계하여 설명해도 무리가 없을 것이다. 최근에 발견된 고구려 자의 1자(尺) 길이는 35.6cm였고,[60] 통상 고구려 1자는 35.051cm, 당척唐尺은 29.7cm, 한척漢尺은 22~23cm, 진전척晉前尺은 34.75cm로 알려져 있다.[61]

다음으로 우하량 제16지점의 봉형 막대(棒錐, 막대송곳)는 3개이다.[62] 그

---

55) https://blog.naver.com/kimcj0070/221225833055 (김창주 소장)
56) 신채호 『조선상고사』 역사의아침, 2014, 101쪽
57) https://tv.kakao.com/channel/2654351/cliplink/59567049 (JTBC. 2014.6.18.)
58) 김정배 『고조선에 대한 새로운 해석』 고려대민족문화연구원, 2010, 373쪽
59) 郭大順, 洪殿旭 『紅山文化玉器鑒賞』 文物出版社, 2010, 79쪽
60) http://news.naver.com/main/read.nhn?mode=LSD&mid=sec&sid1=103&oid=021&aid=0000122420 (문화일보, 2005.9.7.)
61) 이종봉 『한국도량형사』 소명출판, 2016, 12~13쪽

중에 가장 긴 제1봉이 22.6cm이다. 이 막대도자의 기능을 했을 것으로 추정한다. 호두구 옥봉과 우하량의 옥봉을 비교하면 새로운 사실을 발견할 수 있다.

우선 호두구 1봉 30.9cm와 그 반半의 크기인 우하량 2봉 15.5cm와는 절묘한 배합을 이룬다. 단 0.1cm 오차이다. 호두구의 가장 작은 4봉 14.9cm와 우하량 3봉 14.8cm도 0.1cm 오차가 난다. 둘 중 하나는 자연 마모되었을 것이다. 이 둘은 큰 자와 반자의 기능을 한 것 같다. 필자의 생각으로는, 큰 자의 크기는 반자의 두 배인 31cm로 추정한다. 이 31cm가 홍산문

우하량 16지점의 봉추형기 3개. 오른쪽으로부터 22.6cm(1봉), 15.5cm(2봉), 14.8cm(3봉)

화의 표준 1자척이었을 것으로 추정하는 것이다. 결국 우하량에서는 아직까지 큰 자가 출토되지 않은 것으로 보아야 할 것이다.

도량형을 전통적으로는 척관법尺貫法이라고 했다. 조선의 세종은 1자를 31.22cm로 척관법을 정했다. 명척明尺과 가깝다. 중국의 한척漢尺은 23cm이다. 현재의 1자 30.3cm는 일제 때 받아들인 것이다. 부신현 호두구와 우하량 사이는 상당히 먼 거리에 떨어져 있는데,[63] 상호간에 어떤 통

크기	우하량 옥봉	호두구 옥봉
1봉	22.6cm	30.9cm
2봉	15.5cm	19.3cm
3봉	14.8cm	18.5cm
4봉		14.9cm

---

62) 遼寧省文物考古研究所, 朝陽市文化局 編『牛河梁遺址』學苑出版社(北京), 2004, 74쪽
　　遼寧省文物考古研究所 編『牛河梁-發掘報告』(下) 文物出版社(北京), 2012, 도판 285
　　여신묘를 숭배하는 곳에서는 이런 막대로 남근을 간접적으로 표현했을 것이다.
63) 오늘날 자동차로 4시간 정도의 거리. 3000여km.

일성이 있는 도량형이 시행된 것이 아닌가 추측할 수 있다.

그러면 이 옥봉들이 정말로 자의 역할을 하였는지 알아보겠다 (0.1cm의 오차는 자연 마모이거나 잘못 잰 것으로 간주할 수 있다).

㉠ 구운형옥기(우하량 제16지점 79M2) : 길이 22.5cm-우1봉[0.1cm 오차]

㉡ 옥인(우하량 제16지점 4호묘) : 길이 18.6cm-호3봉[0.1cm 오차]

㉢ 옥봉(우하량 제16지점 4호묘) : 길이 19.5cm-호2봉[0.2cm 오차]

㉣ 대옥벽(우하량 제2지점 1호총 21호묘) : 직경 14.7cm-우3봉[0.1cm 오차]

㉤ 곰얼굴 옥패(우하량 제2지점 1호총 21호묘) : 넓이 14.7cm-우3봉[0.1cm 오차]

㉥ 상투형 옥고(우하량 제2지점 1호총 4호묘) : 길이 18.6cm-호3봉[0.1cm 오차]

㉦ 옥조룡(고궁박물관 103952) : 높이 15.4cm-우2봉[0.1cm 오차]

㉧ 상투형 옥고(우하량 제16지점 79M2) : 높이 15.5cm-우2봉[일치]

이외에도 우하량 1봉 22.6cm와 어신싱 크기 22.5cm와의 관계와 3호총 원형제단의 길이가 22m인 것도 서로 연구해볼 일이다.

이와 같이 유사한 수치가 중첩된다는 것은 도량형이 실시되었다는 것과 공동체의 질서가 수립되었다는 것을 의미한다. 이는 법치法治에 준하는 정치 행위라는 면에서 우하량을 재인식하지 않을 수 없다. 환웅 신시의 시市가 교역을 의미하는 시장의 기능까지 담당했다면, 도량형의 통일은 필수적이다. 표준되는 도량형이 없으면 재세이화在世理化를 할 수 없다. 그리고 우하량의 옥기를 호두구의 옥봉으로 측정했다는 것은 무엇을 의미하는지 더 연구해야 할 것이다. 척관법으로써 교역의 범위와 국가 통치의 영역을 가늠할 수도 있을지 모르겠다. 문명의 특징적 요소인 성시城市가 이루어진 것이 아닌가 한다.

결론

홍산문화의 우하량유적과 환웅의 조이족

결론 : 홍산문화의 우하량유적과 환웅의 조이족

　인류가 이상향인 동쪽의 해 밝은 땅인 양곡陽谷, 양명지陽明地, 으리르 Arira를 향해 이동하는 중에 한 곳을 택해 정착한다는 것은 대단히 중요한 의미를 지닌다. 이런 정주定住생활 속에서 토템신앙은 발전한다. 이 책은 인류학적 관점에서 홍산문화의 토템신앙을 조명하는 데 주력하였다.

　신채호는 『오월춘추』에서 찾아낸 현이玄夷의 창수사자蒼水使者 이야기를 적고 있다. 그는 중국인들이 칭한 현이玄夷가 조선이라고 해석했다.[1] 또 단군의 아들 부루가 창수사자이며, 이때 부루가 문서(금간옥첩)를 전했을 뿐만 아니라, 도량형도 전해주었다고 한다. 유창균은 이 현이를 천이天夷이며, 천신족天神族이며, 천조天鳥로 보았고, 조이鳥夷와 북적北狄이 이에 해당한다고 했다.[2] 신채호의 주장을 새토템으로 재해석한 것이다.

　중국의 령평令平은 홍산문화의 주체를 북적北狄이라고[3] 하여 하화족夏華族과 구별하였다. 현이와 북적을 천조天鳥로 보면, 현이와 북적이 새토템의 조이족인 것이다. 본래 현玄은 『설문해자』에서 하늘(天)이라 했다.

　환웅의 이름 속에 태양과 새가 들어 있고, 단군檀君의 이름도 이와 같다. 단군의 단(檀, 壇)은 '다'를 음사한 것으로 처음 이름은 '다임검'이라고 했다.[4] 이 '다'는 단우(單于:단우-다누)의 '다', 천간天干의 다가나의 '다'나 땅(地:따)의 '다'[5] 또는 '닭'의 '다'와 연관된 말로 생각한다. 이는 단군이 환

---

1) 신채호 『조선상고사』 역사의 아침, 2014, 101쪽
2) 유창균 『문자에 숨겨진 민족의 연원』 집문당, 1999, 316쪽
3) 令平 『中國史前文明』 中國文史出版社(北京), 2012, 202~203쪽
4) 리지린 『고조선연구』 과학원출판사(평양), 1963, 114쪽
5) 이에 관해서는 이찬구 「단과 홍익인간에 대한 철학적 이해」 『선도문화』 23, 2017. 8, 82~90쪽 참고
6) 유창균 『문자에 숨겨진 민족의 연원』 집문당, 1999, 325쪽

웅 조이족의 전통을 계승한 것을 뜻한다. 새를 대표하는 조鳥의 초음이 [tərg]로 '닭'과 일치한다.⁶⁾ 이처럼 새에 대한 숭배는 언어 형성에 나타날 정도로 오랜 역사를 가지고 있다.

　홍산문화의 중심지는 요서遼西지방이다. 그런데 요서지방에 거주한 이들 '홍산인'들이 우리의 직접적인 조상인가? 하는 문제에 답을 할 차례이다. 요서와 한반도와 만주지방에 거주한 신석기인들을 한국인의 직계조상으로는 거론할 수 있으나 아직 '한국 민족'으로서는 형성되지 않았다는 주장이 있다. 홍산인들에게는 아직 민족의식이 형성되지 않았다는 이유다. 그런데 소병기는 홍산문화의 우하량 여신묘와 적석총의 발현은 중국 고국사古國史 연구에 새로운 사고로 진행할 것을 촉구한다고 했다.⁷⁾ 윤내현도 이 우하량유적은 기원전 3600년 무렵, 이 지역에 "이미 종교의 권위자가 있는 정치세력이 형성되어 있었음을 알게 해주는 아주 중요한 의미를 지닌 유적"⁸⁾이라고 지적했다. 지금 우리에게는 우하량을 바라보는 사고의 혁명이 요구된다. 역사관을 혁명하는 것이다. '단군신화'는 우하량의 언덕에서 환웅과 웅녀가 만나 사람이 신성神性을 회복해 새 나라를 건설하고 착하게 살기를 맹세한 태초의 선언을 기록한 것이다. 그래서 그것은 임의로 만들어진 신화가 아니고, 실화實話요, 사화史話로 재해석되어야 한다. 그 속에 얼이 들어있기 때문이다.

　이런 차원에서 신석기 말기에 '초기 맥부족'이 홍산문화 유적을 남긴 부족이라는 설명은, 고문헌에 나타나는 것만을 보고도 그것이 아닐 가능성이 있다. 「오제본기」 본문에 조이鳥夷가 가장 먼저 등장하나, 「사기정의」 주注에 북연호맥北連胡貊 등이 나올 뿐이다. 또 『후한서』에 맥貊, 웅이熊夷

---

7) 孫守道, 郭大順「牛河梁紅山文化女神頭像의 發現與硏究」『紅山文化論著粹編』遼寧師範大學出版社, 2015, 395쪽
8) 윤내현 『우리 고대사, 상상에서 현실로』 만권당, 2016, 106쪽

가 등장하지만, 모두 조이보다 뒤에 등장한다. 그런 맥부족을 먼저 말하기 곤란하다. 문숭일文崇一은 조이족이 활동하던 때는 맥족을 볼 수 없었는데, 그 후 맥족이 점령한 곳은 일찍이 조이족이 살았던 곳이라고 지적하였는데,[9] 필자는 이를 선조후맥先鳥後貊이라고 요약했다. 선조후맥은 우리 한민족사를 설명할 수 있는 핵심어이다. 결국 조이족은 선맥부족先貊部族이다.

유엠부찐은 조이의 문헌상 등장 시기를 기원전 22세기로 보고 있고 동북쪽에 살았으며, 그 이후의 기록에 나타나지 않은 것에 의문을 갖고 있다.[10] 리지린은, 예와 맥은 북방계통의 종족으로, 반면에 한반도와 발해 연안의 토착민을 조이족 계통으로 각각 갈라 보는 한계가 있다.[11] 이는 시간의 선후로 보지 않고 지역적 범위로 나눈 것에서 온 한계인 것이다. 다만, 『시경』(「한혁편」)에 추追, 맥貊이 동시에 등장하는데, 여기서 '추追'가 누구냐는 것에 논란이 많다. 필자가 보기에 추追는 추隹와 근사하다고 본다. 추追와 추隹의 상고음은 'tiwəi'로 같은 소리이다.[12] 추追는 발음으로는 새 추隹와 같고, 뜻으로는 추追가 쫓을 추, 쫓을 추追이므로 조이의 '조鳥'에 아주 가깝다. 원래의 발음을 '되:퇴'로 보면 기본음은 '도'였을 것이다.

당시에 추隹와 조鳥가 혼용되었음을 알 수 있으나, 추隹가 조鳥보다 먼저 사용되었을 것이다. 중국인들에게는 처음에 추이隹夷로 알려졌다가 후에 조이鳥夷로 더 많이 알려졌을 것이다. 환웅도 이 추隹에서 이름을 딴 것으로 볼 때, 추족隹族·追族은 진몽가가 말한 대로 동북의 추이隹夷에서 발원하였다고 할 수 있다. 이족夷族의 이夷 자 발음이 추隹에서 온 것으로 추

---

9) 文崇一, 「濊貊民族文化及其史料」 『中央研究院民族學研究所集刊』 5집(臺北), 1958 춘, 135쪽
10) 유엠부찐, 『고조선 역사고고학적 개요』 이항재, 이병도 역, 소나무, 1990, 63쪽
11) 리지린 『고조선연구』 과학원출판사(평양), 1963, 109쪽
12) 李珍華, 周長楫 『漢字古今音表(修訂本)』 中華書局, 1999, 46쪽

정할 수 있다.

조이는 『사기』에 등장하고, 추이는 갑골문에 등장하므로 그 경중을 따질 수 없으나, 이 글에서는 조이족으로 표기하되, 추이를 동의어로 사용하는 것이 타당하다고 생각한다. 고힐강도 '회이淮夷는 짧은 꽁지새의 추隹를 본족의 명칭'13)으로 삼은 것이라고 하여 추이隹夷의 존재 가능성을 언급하였다. 환웅의 웅雄 자에 이미 새 추隹 자가 들어 있고, 『산해경』에 웅상雄常이라는 말이 나오는데, 이 웅雄을 또는 낙雒이라(雄或作雒) 했으니, 이 낙雒이 곧 수리부엉이 통칭 부엉이(치)를 의미한다. 한국사 최대의 비밀인 환웅의 '웅상나무'는 신단수로, 오늘날 볼 수 있는 솟대(또는 샛대)의 원형이라고 할 수 있다.

그러면 홍산문화의 '홍산인'이 누구냐는 것이다. 최경섭은 요녕성 지방의 빗살무늬 토기인들이 우리의 직접 조상이라면 요서를 무대로 한 홍산인들도 자연히 우리의 직접조상이라고 볼 수 있다고 했다.14)

따라서 필자는 다음과 같은 이유에서 신시고국을 세워 홍산문화를 창조한 새토템족을 조이족, 조이민족으로 본다. 이민李民이 주장한 조이족을 오가로 분화하기 이전 환웅의 조이족鳥夷族으로 보며, 우하량유적을 환웅의 조이족과 웅녀의 곰족이 결합해 만든 역사적 산물産物로서 우리 고조선의 선문화先文化라고 본다. 홍산문화에 대한 이민李民의 조이족鳥夷族 귀속설, 이배뢰李倍雷의 조이설은 획기적인 것이다. 한편 북한 학자의 연구에 의하면 고대 조선사람 머리뼈 높이의 경우, 우하량 142, 고대 조선사람 139.9로 거의 일치하는 것으로 나타났다.

이제 홍산문화에 대한 필자의 잠정적 결론을 열거한다.

---

13) 顧頡剛「鳥夷族的圖騰崇拜及其氏族集團的興亡」『史前研究』, 2000. 9, 148쪽
14) 최경섭「한민족의 뿌리되는 빗살무늬토기인」『광장』171, 1987, 10쪽

첫째   우하량은 환웅과 웅녀가 만난 단군사화의 고향이다

  5500년 전 우하량유적은 고조선 이전 문화이다. 환웅족은 새토템의 조이족이다. 새토템과 태양토템을 이중으로 섬긴 환웅의 조이족은 웅녀가 이끄는 곰족과의 연합을 통해 한층 발전된 문화를 이루었다. 이른바 '신시고국神市古國의 문화'이다. 따라서 곰토템문화가 우리 민족의 전부가 아님을 알 수 있다. 그 이전에 이미 새토템의 조이족이 있었기 때문이다.

  신시고국의 발상지는 새토템이 시작된 흥륭와문화와 조보구문화로 추정할 수 있으며, 우하량유적에서 절정을 이루었다. 조이족과 곰족이 연합해 이룩한 우하량유적의 문화유산은 환웅을 새토템으로 복원할 때 환웅과 웅녀가 만난 단군신화와 그대로 일치한다. 이로써 단군신화는 우리 조상이 태초의 역사적 사건을 신화로 기록해 보전한 것임을 알 수 있다. 천원지방天圓地方의 사상과 천제天祭문화를 남긴 우하량은 단군신화의 민족적 고향이며, 환웅과 웅녀가 만난 역사의 현장이다.

  프레이저는 말했다. "의식은 사라지지만 신화는 남는다"고. 그래서 오늘 살아 있는 신화를 통해 사라진 의식을 되찾는 것은 역사를 복원하는 인간의 위대한 작업이다. 엘리아데는, 신화는 거룩한 역사, 즉 태초에 일어난 원초적인 사건이라고 했다. 우리는 우하량유적을 통해, 이른바 단군신화의 완전한 부활을 목도한 것이다. 신화의 부활은 환국, 신시에 대한 역사의식의 재생과 복원을 의미한다. 이제 신화의 검은 악령은 물러가고 새 역사의 광명이 찾아온 것이다. 따라서 속칭 단군신화는 더 이상 만들어진 신화가 아니고 사화史話이다. 단군신화는 이규보가 『동명왕편』 서序에서 말한 것처럼 환幻(환상)이 아니고 성聖(聖跡성적, 聖地성지)이라는 것이 결론이다.

둘째 　신시홍산문화의 나사대유적과 우하량유적은 토템공동체

　6500년 전 홍산문화는 우리 인류가 공동체를 발전시키는 데 종교적 수행의 중요성을 일깨워주고 있다. 홍산옥기는 온 인류의 보배이다. 왜냐하면 홍산옥기는 전쟁 무기가 아닌 예기禮器로서 오래도록 변하지 않는 영원성(하늘에 대한 공경성)을 상징하기 때문이다.

　홍산옥기는 시기적으로 환웅시대에 해당하며 나중에 신시 오가로 분화되었다. 환웅은 조이족에 속한다. 조이족은 문숭일에 의하면 훗날에 은殷, 회이, 예맥족으로 나뉘었다. 환웅의 조이족은 그들의 뿌리에 해당한다. 그래서 조이족은 뿌리족이다. (夷者柢也이자저야) 필자는 홍산문화 중에서 나사대那斯臺유적과 우하량유적에 주목했다.

　파림우기 나사대유적은 홍산문화 중에서도 중요한 곳으로, 빗(빛)살무늬 도기陶器는 물론 곰과 새, 남녀 신상이 동시에 발굴되었다. 이는 서랍목륜하를 경계로 그 북쪽의 나사대유적이 남쪽에 있는 우하량유적보다 일찍 새와 곰의 토템연합을 형성하였다는 것을 말해준다. 아울러 나사대유적은 우하량유적과 같이 부엉이옥기가 출토되었다. 신시홍산문화(신시문화)와 그 강역을 이해하는데 중요한 고리가 된다. 토템연합은 공동체의 유지 발전에 필수적이며, 공존과 상생의 정신을 그대로 보여준다. 이질적 문화의 수용과 문화 간 소통이 역사 발전을 추동한다는 점에서 두 유적은 공통점이 있다.

---

15) 임재해 「'신시본풀이'로 본 고조선문화의 형성과 홍산문화」 「단군학연구」, 20, 2009. 5, 437쪽
16) 우실하 「요하문명 홍산문화 지역의 지리적 기후적 조건」 「고조선단군학」, 30, 2014. 236쪽. 우실하는 급격한 변동시기를 B.C. 3000년경으로 본다. 이때 습한 기후에서 반습, 반건조기후로 급격히 바뀌었다고 본 것이다. 신용하 「한민족의 기원과 형성연구」 서울대출판문화원, 2017, 113~114쪽.

셋째 우하량 신시고국은 신시의 원형문화

신시고국의 영역은 부엉이(옥효)의 출토 지역(256쪽)으로 간주할 수 있으며, 이 중에 주목할 유적지는 나사대유적과 우하량유적이다.

우하량유적은 단군사화가 밝혀주는 것과 같이 환웅의 조이족과 웅녀의 곰부족이 결합(환족)해 이룩한 신시神市공동체의 일부이다. 우하량을 '신시 도읍지'의 하나로 추정할 수 있으며,[15] 특별히 '우하량신시고국牛河梁神市古國'이라 칭한다. 이 우하량신시고국의 후계 나라가 고조선이다.

우하량의 역사는 기원전 3500년경에 시작해 500년 정도 지속되었으며 기후환경[16]에 따라 변동이 생겼을 것이다. 우하량 제16지점에서 하가점하층문화가 나타나는 것은 고조선과의 연계를 의미하며, 이런 면에서 우하량유적이 고조선 건국의 인적, 물적 토대가 되었다고 본다. 고조선의 초기 수도는 우하량과 이에 인접한 조양 일대로 추정한다. 『규원사화』(「단군기」)에도 우수하牛首河가 등장한다.

특히 우하량의 옥에 깃든 평화정신, 영원성과 신성神性 등의 세 가지 정신이 선仙과 무巫로서 오늘날까지 전수되어왔다. 문화적 계승관계의 여부는 원형문화의 재현을 통해 확인할 수 있다. 솟대 문화나 별신굿, 평창동계올림픽에 등장한 인면조와 3단 천제단天祭壇의 재현은 오늘의 우리가 우하량의 정신문화를 계승했다는 것을 입증해준다. 새삼 공동체의 계속성이 원형문화의 보존에 얼마나 중요한가를 알게 한다. 이 원형문화의 알갱이를 '얼'이라는 말로 요약할 수 있다.

넷째 조이족과 곰족이 만나 형성한 후기 환족은 우리 민족의 원原한국인이다

김교헌(1868~1923)의 『신단민사』에는 우리 민족의 갈래를 조선, 부여, 한, 예, 맥, 옥저, 숙신 등 7개 지파로 나누고 그 원류를 배달족이라고 규정했다. 류인식(1865~1928)도 『대동사』에서 우리 민족을 조선족, 북부여족, 예맥족, 옥저족, 숙신족 등 5개 지파로 나누고 그 본류를 역시 배달족이라고 했다. 권덕규(1890~1950)는 『조선유기』에서 우리 민족이 신시의 환족桓族에서 출발하였다고 밝혔다.

필자도 환족과 배달족의 실체를 찾아보았다. 구체성과 역사성에 기초해 조이족(또는 새족)으로 규명하였다. 조이족에 관하여는 『사기』에 언급되었으며, 중국의 고힐강顧頡剛, 문숭일文崇一, 이민李民, 이배뢰李倍雷, 하광악何光岳, 북한의 리지린李址麟 등이 선구적으로 밝혀놓았다. 『삼성밀기』에는 조이족과 곰족이 만나 제2의 환족을 이루었다고 했다. 5500년 전, 조이족이 주축이 되어 곰족과 만나 제2의 환족을 형성한 이 '후기 환족'을 오늘 우리가 '단군신화'를 역사로 함께 공유할 수 있는 가장 가까운 한민족 직접 조상으로서의 원한국인原韓國人(Proto-korean)으로 이해할 수 있다.

오늘날 동이족은 산동사람을 가리키는 말로 변질되었다. 동이족의 원류는 조이족이다. 조이족이 이동해 산동의 동이족이 되었다. 조이족은 산동 동이족의 후예가 아니라, 본래 요서의 새토템족이다. 안호상은 동풍을 샛바람이라고 하듯이 동東은 곧 '새'이며 조鳥라고 하여 같은 뜻으로 보았다.[17] 동이가 본래 조이였다. 이夷는 중국의 오랑캐가 아니라, 하늘(태양)에 활(弓)로서 뜻을 전하는 사람들로 큰(大) 사람이라는 뜻이 되었다. 또 궁弓은 그 모양이 북두칠성을 연상시킨다.

다섯째   요하의 강물은 한국사의 요람이다

  중국은 본래 황하문명을 중국 문명의 뿌리로 삼아왔다. 반면에 이곳 홍산문화 일대는 만리장성 밖이라 하여 오랑캐의 땅이라고 천시해 왔다. 그런데 홍산문화가 황하문명보다 1,000년 내지 2,000년이나 앞선 것으로 확인되자, 중국 정부는 국경선을 무기로 문화와 역사를 정치의 대상으로 삼아 공작하였다.

  1990년도 후반에 중국 정부는 소위 요하문명을 자국 역사로 수용해 '황하문명과 요하문명은 중국 문명의 뿌리다'라고 최종 결론을 내리고, 여기에 황제黃帝를 곰신화의 주인공으로 내세워 짜맞추기 공정을 가한 것이 소위 '동북공정東北工程'이라는 것이다. 동북공정의 궁극적인 야심은 한국 내 식민사학자들과 손잡고 남한과 북한을 중국의 역사권에 편입해 패권을 추구하려는 데 있다.

  그러나 환웅과 단군 그리고 치우가 새토템에 의해 제자리를 찾아 들어감에 따라 중국 황제문화는 들어설 곳이 없게 되었다. 이제 홍산문화가 신시고국으로 밝혀지고, 하가점하층문화가 바로 고조선으로 밝혀지면 요하에서 한국사의 실체가 드러나게 되는 것이다.

  요하遼河는 한국사가 시작된 요람이며 포데기이다. 요하의 강물은 한국사의 뿌리이다. 뿌리 없이 가지가 나올 수 없다. 모든 가지는 뿌리로부터 나온다. 모든 역사는 국경선을 초월하여 자기의 얼을 지키며 영속한다. 혹 꽃이 떨어지고 공동체가 흔들리더라도 원형은 마지막까지 남아 있다.

---

17) 안호상 『배달동이는 동이겨레와 동이문화의 발상지』 사림원, 1979, 61쪽
    양주동 「국사고어휘 차자원의고」 『明大논문집』 1, 1968, 60쪽 양주동은 東(동)은 시(새)라고 했다. 東(동)=曉(효)=新(신)=濊(예)=徐(서)=斯(사) 등

필자가 그린 달걀 모양의 홍산 신시고국 주요 범위도(추정)

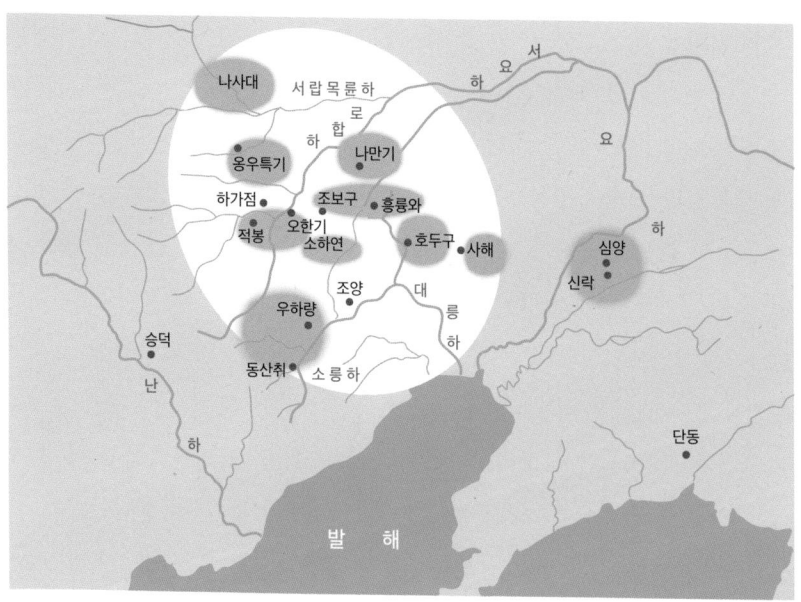

[지도 13] 필자가 그린 달걀 모양의 홍산 신시고국 주요 범위도(추정)

*홍산문화의 주류는 새토템족이며, 곰토템족이 먼저 연합하고, 나중에 범토템족이 연합한다.
*새토템과 곰토템의 토템연합이 이루어진 곳 : 나사대유적, 우하량유적
*신시고국의 강역은 환웅과 신시를 상징하는 부엉이(옥효) 출토지와 일치 : 나사대유적, 우하량유적, 동산취유적, 오한기유적, 호두구유적 (앞의 256쪽 참조)

필자가 그린 요하문명권과 산山 자 강역권

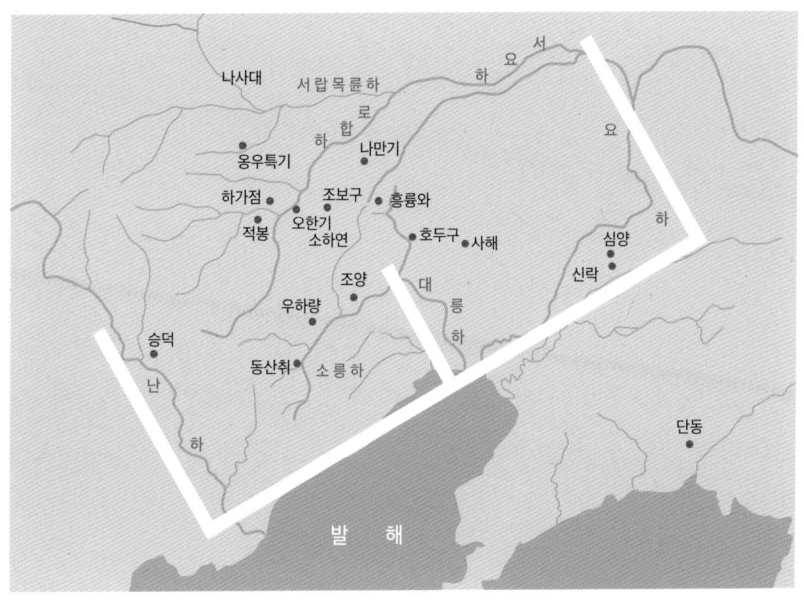

[지도 14] 필자가 그린 요하문명권과 산(山) 자 강역권

*신시고국의 산山 자 강역은 고구려 전성기인 5세기 후반에 다물정신으로 재현되었다. 원초적 사건으로서의 신화는 그것을 계승한 민족의 재현에 의해 실재성이 입증될 수 있다.

여섯째   요하에서 난하에 이르는 산山 자 강역권

신용하는 홍산문화가 고조선문명 형성의 기반이 되고, 결국 고조선문명에 통합되었다고[18] 주장했다. 박선희는 "홍산문화로 부터 비롯된 옥 등을 재료로 한 둥근 장식단추는 고조선 복식에 가장 많이 사용된 것으로, 화려한 장식기법을 이루며 독창성과 고유성을 잘 보여주고 있다. 고조선 복식에 나타나는 장식기법과 문양의 고유성은 이후 여러 나라와 삼국으로 이어지며 한민족의 중요한 복식기법으로 자리매김되어 생명력 있는 조형의지와 역동적인 제의적 정서를 잘 나타내준다"[19]고 주장했다. 두 사람은 요하문명이라는 말 대신에 '고조선문명권'을 강조하고 있다.

필자는 조이족과 곰족이 연합해 이룩한 환족의 요하문명으로부터 고조선 문명에 이르는 신시문명권의 범주를 뫼 산山 자로 해석하고자 한다. 난하灤河에서 요하遼河까지 강줄기를 따라 그리고 그 가운데에 대릉하大陵河를 따라 그리면 산山자형이 된다. 이것을 이름해 '산자강역山字疆域'이라고 칭한다.

난하는 승덕承德이 중심이 되고, 요하는 심양瀋陽 沈陽과 강평康平이 중심이 되며, 대릉하는 조양朝陽과 우하량牛河梁이 중심이 된다. 그리고 적봉 서북쪽의 대광정자산大光頂子山(2,067m)이나 오한기 동남쪽의 사도영자대산四道營子大山(1,255m)이 신시시대와 관련해 주목할 만한 산이라고 생각한다. 신시고국이 이룩한 산山 자 강역권은 고구려(5세기 후반) 시대에 완전하게 재현되었다. 거꾸로 보면 고구려의 재현에 의해 신시고국은 거룩한 역사의 원초적 사건으로 기록될 수 있게 되었다.

---

18) 신용하 「고조선문명권 형성에 들어간 맥족의 홍산문화의 특징」 『고조선 단군학』 32, 2016. 6, 248쪽

일곱째 배일숭조拜日崇鳥의 신시공동체와 환웅의 수리부엉이

새 또는 태양조 숭배는 흥륭와문화와 조보구문화로부터 시작되었으며, 우하량유적에서 절정을 이룬다. 홍산문화의 주류는 새토템이다. 새토템은 자신의 생명에 대한 보장과 보우에서 출발한 간구였고, 그다음은 자신들의 생명의 근원에 대한 탐구와 귀의였다. 만물과 인류의 기원을 소급해가면서 만나게 되는 인간의 의식은, 처음에 태양숭배가 있었고, 다음에 알(卵)과 새(鳥)를 만나게 되었다. 우리 자신과 우주가 내면에서 만나 혼연일체의 큰 알(大卵, 大丸, 大球, 太陽)이 된다. 다만 누구나 이러한 지구적地球的 우주의식을 가질 수 있으되, 이것을 사회적으로, 정치적으로 구현하려 한 동족이 조이족이다.

조이족이 이룩한 역사는 막연한 홍산고국이 아니라, 배일숭조拜日崇鳥 해온 한민족의 신시공동체요, 신시고국神市古國이다. 그 이전의 역사는 선先신시고국(환국)이라 한다. 본래 해의 환桓무리가 먼저 있었고, 후에 새의 웅雄무리가 나타났다가 환웅이 이 둘을 결합해 스스로 일어난 종족이 바로 환웅의 조이족이었고, 곰족과 만나 신시문화의 극치를 이루었다. 후에 이 환족과 곰족과 범족이 연합해 고조선을 건국하였다.

환웅은 부엉이 새를 토템으로 삼았다. 우하량유적 등 요서의 5개 지역에서 공통적으로 나타난 부엉이는 『산해경』의 '수리부엉이'이며, 환웅과 신시의 새토템이다. 부엉이가 곧 '웅새'이다. 시대별로 다르지만 후기에는 매(독수리)를 숭배하였다. 이는 토템분화를 의미한다. 오늘날에도 전국 각지에 부엉산(8곳), 부엉골(34곳) 등이 산재해 있다.

---

19) 박선희 「복식과 제의로 본 고조선문명과 홍산문화」 『고조선단군학』 32, 2015. 6, 113~114쪽

여덟째   새(부엉이)가 홍산의 무덤에서 나오다

  홍산문화의 우하량牛河梁 신시神市로부터 단檀나라, 고조선의 건국에 이르기까지의 과정은 이른바 「단군고기」의 실체적 증명이며, 고조선의 건국 연대인 기원전 2333년은 역사적 사실 그 이상의 의의를 지닌다.

  이로써 단군신화나 환웅신화라는 말은 사라지고 그 자리에 조이족이 들어가 민족사의 새로운 광맥을 밝히게 되었다.

  곽대순은 '용출요하원龍出遼河源'이라 했으나, 이제부터 새(부엉이)가 홍산의 무덤에서 나왔다는 '조출홍산총鳥出紅山塚'이다. 필자가 환인, 환웅, 단군 시대와 요하문명의 문화 단계를 결합하고 이것을 윤내현의 시대 구분 도표[20]에 넣어 상고사의 대략을 정리하였다.

윤내현 학설에 필자가 재정리한 시대 구분(시안)

사회 발전 단계	단군사화의 시대	요하문명
무리사회(先신시고국=환국)	환인시대 전기	(태양족 출현)
마을사회(신시고국 초기)	환인시대 후기	소하서 흥륭와 조보구 (조이족 출현)
고을나라(신시고국)	환웅시대 전기	홍산문화, 나사대
고을나라(신시고국, 단나라)	환웅시대 후기	우하량, 소하연 (조이족+곰족 결합)
국가사회(고조선=단군조선)	단군왕검 고조선시대	소하연 하가점하층문화

  끝으로 몇 가지 완성하지 못한 문제, 즉 조이족의 최초 정착지와 지역별 분파과정, 우하량유적과 관계되는 하가점하층문화의 실체, 그리고 범족의 재등장 등 고조선의 역사를 밝히는 일 등은 다음을 기약한다. (끝)

---

20) 윤내현 「고조선연구」 일지사, 1994, 141쪽

> 요약문 要約文 ❶

홍산문화의 인류학적 조명

　조양시 능원 우하량유적은 홍산문화의 후기에 속하며, 환웅의 조이족과 웅녀의 곰족이 결합해 이룩한 신시(배달국)의 일부이다. 조이란 말은 사마천의 『사기』에 나타나며, 이미 고힐강, 문숭일 등의 석학들이 언급하였다. 중국의 이민, 하광악, 이배뢰 학자 등이 자세히 밝힌 바 있고, 북한의 리지린 학자도 이에 포함한다.

　우하량유지의 토템(Totem)문화는 한국의 단군신화에서 언급된 환웅, 웅녀, 단군의 이야기와 일치한다. 특별히 우하량유적은 여신의 신권을 중심으로 새(조)와 곰(웅)을 숭배한 것과 천원지방의 사상과 천제문화를 남겼다. 이는 한국의 고유문화와 맥락을 같이한다. 또 우하량유적의 문화는 인류에게 평화와 종교적 수행의 소중함을 일깨워주고 있다. 그래서 우하량유적을 필자는 특별히 배일숭조의 '우하량신시고국'이라 칭한다.

　이 우하량신시고국의 후계국이 고조선이며, 이런 차원에서 우하량신시고국은 선고조선문화라 할 수 있다. 이 우하량에서의 역사는 대략 B.C. 3500년경에 시작해 500년 정도 지속되었을 것으로 추정한다. 우하량은 단군신화가 쓰여진 배경문화이며, 단군신화가 내원한 고향과 같다. 이제 한국의 단군신화는 더 이상 상상 속에서 만들어진 신화가 아니라, 우하량유적을 통해 역사적 사실로 세상에 드러나게 될 것이다. 고조선 사람들은 선대의 우하량인과 주변인들이 남긴 인적·물적 토대를 바탕으로 새 나라를 세웠다.

요약문 要約文 ❷

紅山文化의 人類學的 照明

朝陽市 凌源 牛河梁遺蹟은 紅山文化의 後期에 屬하며, 桓雄의 鳥夷族과 熊女의 熊族이 結合해 이룩한 神市(倍達國)의 一部이다. 鳥夷란 말은 司馬遷의 『史記』에 나타나며, 이미 顧詰剛, 文崇一 등의 碩學들이 言及하였고, 中國의 李民, 何光岳, 李倍雷 學者 등이 仔細히 밝힌 바 있고, 北韓의 李址麟 學者도 이에 包含한다.

牛河梁遺蹟의 토템(Totem圖騰)文化는 韓國의 檀君神話에서 言及된 桓雄, 熊女, 檀君의 이야기와 一致한다. 特別히 牛河梁遺蹟은 女神의 神權을 中心으로 새(鳥)와 곰(熊)을 崇拜한 것과 天圓地方의 思想과 天祭文化를 남겼다. 이는 韓國의 固有文化와 脈絡을 같이한다. 또 牛河梁遺址의 文化는 人類에게 平和와 宗教的 修行의 所重함을 일깨워주고 있다. 그래서 牛河梁遺蹟을 筆者는 特別히 拜日崇鳥의 '牛河梁神市古國'이라 稱한다.

이 牛河梁神市古國의 後繼國이 古朝鮮이며, 이런 次元에서 牛河梁神市古國은 先古朝鮮文化라 할 수 있다. 이 牛河梁에서의 歷史는 大略 B.C. 3500年경에 始作해 500年 程度 持續되었을 것으로 推定한다. 牛河梁은 檀君神話가 쓰여진 背景文化이며, 檀君神話가 來源한 故鄉과 같다. 이제 韓國의 檀君神話는 더 以上 想像 속에서 만들어진 神話가 아니라, 牛河梁遺蹟을 통해 歷史的 史實로 世上에 드러나게 된 것이다. 古朝鮮 사람들은 先代의 牛河梁人과 周邊人들이 남긴 人的·物的 土臺를 바탕으로 새 나라를 세웠다.

요약문 要約文 ❸

红山文化的人类学照明

朝阳市凌源牛河梁遗址属于红山文化的后期，是桓雄的鸟夷族和熊女的熊族相结合而建立的神市（倍达国）的一部分。关于鸟夷，在司马迁的'史记'中出现，顾颉刚、文崇一等大学者曾谈及过，中国的李民、何光岳、李倍雷等学者也曾详细论述过，北韩的李址麟学者也包含其中。

牛河梁遗址的图腾文化与韩国的檀君神话中的桓雄、熊女、檀君的故事相一致。特别是牛河梁遗址留下了以女神的神权为中心崇拜鸟和熊以及天圆地方的思想和祭天文化。这与韩国的固有文化同脉络。另外，牛河梁遗址文化提醒人类和平和宗教修行的重要性。因此，笔者将牛河梁遗址特别称之为'牛河梁神市古国'。

这一牛河梁神市古国的后继国为古朝鲜。在这个意义上可以说牛河梁神市古国是先古朝鲜文化。这一牛河梁的历史大约可推定为从B.C 3500年开始持续到500年左右。牛河梁是檀君神话产生的背景文化，也如同檀君神话的来源故乡。从此，韩国的檀君神话不再是想象中产生的神话，而是通过牛河梁遗址做为历史事实而重获新生的。古朝鲜人将以先代的牛河梁人及周边人留下的人、物条件为基础，建立了新的国家。

要約文 要約文 ❹

紅山(こうざん、べにやま)文化の
人類学的照明(アプローチ・接近)

　朝陽市凌源(りょうげん)牛河梁遺址(ぎゅうがりょういせき、Niuheliang)は、紅山文化の後期に属して、桓雄の鳥夷族と熊女の熊族が結合して成し遂げた神市(倍達国)の一部である。鳥夷というのは司馬遷の『史記』に表れて、すでに顧詰剛、文崇一などの碩学らによって言及され、中国の李民、何光岳、李倍雷らの学者たちが仔細に明らかにし、北朝鮮の李址麟もこれに含まれる。

　牛河梁遺址のトーテム(Totem)文化は韓国の檀君神話で言及された桓雄、熊女、檀君の物語と一致する。特に牛河梁遺址は女神の神権を中心に鳥と熊を崇拝したこととともに天圓地方の思想と天祭文化を残した。これは韓国の固有文化の脈絡と軌を一にする。また、牛河梁遺址の文化は人類に平和と宗教的修行の大事さを悟らせている。従って、牛河梁遺址に対して筆者は特別に拝日崇鳥の「牛河梁神市古国」と主張する。

　この牛河梁神市古国の後繼国が古朝鮮であり、このような次元で牛河梁神市古国は先古朝鮮文化と言える。この牛河梁からの歴史は大まかB.C. 3500年頃に始まり500年ほど持続されたと推定する。牛河梁は檀君神話が書かれた文化背景であり、檀君神話が來源した故郷のようなところである。もはや韓国の檀君神話はこれ以上想像上の神話ではなく、牛河梁遺址を通して歴史的な事実として世の中に表れたのである。

　古朝鮮の人々は先代の牛河梁人とその周辺の人々が残した人的・物的土台を基に、新しい国を建てた。

원문자료

『三國遺事』『古朝鮮』王儉朝鮮

魏書에 云 乃往二千載에 有壇君王儉이 立都阿斯達하시고
開國號朝鮮하시니 與高(堯)同時니라.

▶ 『위서』에 이르기를, 지난 2000년 전에 단군왕검께서 도읍을 '아사달'에 정하시고 나라를 세워 이름을 '조선'이라 하시니 요와 같은 시대라 하였다.

古記에 云 昔有桓國하니 庶子桓雄이 數意天下하야 貪求人世
어늘 父知子意하시고 下視三危太伯하시니 可以弘益人間일세
乃授天符印三箇하야 遣往理之하시니라.

▶ 『고기』에 이르기를, 옛적에 환국이 있었다. 서자(또는 서자부) 환웅이 천하가 하늘에서 멀어져가는 것을 걱정하여 인간 세상을 구하고자 하거늘, 환국의 아버지(환인)께서 아들의 이런 뜻을 아시고 아래로 삼위태백산을 내려다보시니 가히 천지와 인간이 하나된 세상(홍익인간)이 될 만한지라. 이에 아들에게 천지인을 상징한 천부인 세 개를 주어 보내 이곳을 다스리게 하셨다.

雄이 率徒三千하사 降於太伯山頂 神壇樹下하시니 謂之神市오
是謂桓雄天王也시니라. 將風伯·雨師·雲師 而主穀·主命·主病·
主刑·主善惡하시고 凡主人間三百六十餘事하사 在世理化하시니라.

▶ 이에 환웅이 무리 3,000명을 거느리고 태백산 꼭대기 신단수 아래로 내려오시어 이를 '신시'라 이르시고 다스리시니, 이 분이 바로 '환웅천왕'이시다. 환웅께서 풍백, 우사, 운사와 주곡, 주명, 주병, 주형, 주선악을 거느리시고 인간 세상의 360여 가지 일을 일일이 주관하시어 (홍익인간으로써) 세상을 다스려 교화를 베푸셨다.

---

1) 환국(桓國)이냐, 환인(桓因)이냐의 논쟁이 있다. 최남선은 환국으로, 이병도는 환인으로 보았으나, 여기서는 환국(桓國)이 맞다. 제석(帝釋)이라고 할바에는 차라리 도리천이라고 해야 맞다. '조선의 왕세자'라 하듯이 '환국의 서자'라는 말이 옳다. 반드시 아버지 환인의 아들이라고 할 필요가 없다. 이 이야기는 전체적으로 환웅이 주인공이기 때문이다. 환웅은 서자부(庶子部)의 지도자로 있다가 천왕으로 선출되었다고 본다.

2) 홍익인간(弘益人間)을 '널리 인간을 이롭게 하라'는 식으로 해석하면, 풍류도(風流道)를 '바람 따라가는 도'라고 해석하는 것과 같이 우습다. 홍익인간의 본뜻은 천지와 하나 되는 인간, 그런 천지인합일의 삶의 태도를 말한 것이다.(필자의 『단과 홍익인간에 대한 철학적 이해』, 『선도문화』 2017. 8, 23권 참조) 홍익인간이 환인의 가르침이라면, 재세이화는 이를 실천하려는 환웅의 교화 방법을 의미한다. 환웅이 천지인합일에서 멀어져가는 인간세상을 걱정한 것이다.

3) 일웅일호(一熊一虎) 이 한마디가 우리 민족사를 좀먹게 만들었다. '한 마리 곰과 한 마리 범'이라고 해석하면 저급한 신화가 된다. 한 곰토템족과 범토템족이라 해야 역사로 살아난다. 일제와 식민사학자들은 우리 고대사를 동물이야기로 취급하는 과오를 범했다.

4) 원문에 "常祈于神雄(상기우신웅)"이라고 했다. 이병도는 이를 "항상 신웅(환웅)에게 빌었다"(이병도 역주 『삼국유사』 광조출판사, 1982, 180쪽)라고 했다. 그러나 이 구절을 필자가 "祈于神雄常(기우신웅상 : 신령한 웅상나무에서 빌었다)로 수정한다. 상(常)은 항상의 뜻이 아니라, 웅상(雄常)의 상(常)으로 '나무'라는 뜻이다. 그러므로 상(常)은 신웅에 붙여서 신웅상(神雄常)이라 해야 맞다. 신웅상은 신단수와 흡사하나, 신단수가 제단에 모신 중앙의 최고 신성한 나무라면, 신웅상은 그 외 일반의 나무일 것이다. 곰족이나 범족도 이곳에 나와서 기도하였을 것이다. 이는 필자가 최초로 밝힌 것이다. 본래 이 웅상(雄常)이란 말은 『산해경』「해외서경」에 나오고 홍산 옥기에도 부엉이가 나온다. 신웅상(神雄常)은 새토템의 상징나무이면서 환웅의 상징나무가 될 수 있다. 이물증사(以物證史)이다. 새토템족(조이족)으로 환웅의 존재가 규명된 이상 더 이상 단군신화가 아니다. (단군신화 종언 선언 2018. 9. 13) 차라리 '환웅사화(桓雄史話)'라고 하는 것이 낫다. 환웅의 존재가 입증되면 단군역사는 절로 살아난다. 환웅이 단군을 낳았다고 했기 때문이다. 또 그동안 사용해온 신웅은 환웅의 이칭이 아님을 분명히 한다. 본문에서 환웅은 웅(雄)으로 불리고 있을 뿐, 신웅이 아니다. 앞에서 웅(雄)이 곧 수리부엉이라고 했다. 수리의 수릿님은 하늘의 태양, 태양신, 하느님의 뜻으로 통한다. 음력 5월 5일의 태양축제를 단오 또는 수릿날이라고 한다. 수리는 높다. 신(神)의 뜻이다. 또 손성태 교수는 멕시코 원주민들이 새신(鳥神)을 태자귀라고 불렀다고 한다. 『우리 민족의 대이동(멕시코편)』 291쪽)

時에 有一熊一虎하야 同穴而居러니 常祈于神雄(祈于神雄常)하야 願化爲人이어늘 時에 神遺로 靈艾一炷와 蒜二十枚하시고 曰「爾輩食之하라 不見日光百日이면 便得人形이리라」 熊虎ㅣ 得而食之하고 忌三七日이러니 熊得女身이나 虎不能忌하야 而不得人身이라.

▶ 바로 이때 웅족(곰토템족)과 호족(범토템족)이 같은 굴(고을)에 살았는데, 신령한 웅상(부엉이새)나무 앞에서 사람(환웅과 닮은)이 되게 해 달라고 빌었다. 그때 (웅이) 신神의 유법遺法으로 신령스러운 쑥 1타래와 마늘 20매를 내려 주시고, 이르시기를 "너희들은 이것을 먹으면서 100일 동안 햇빛을 보지 않는 수련을 하라. 그리하면 문득 인간의 본래 참모습을 회복할 것이니라" 하셨다. 웅족과 호족이 쑥과 마늘을 먹으면서 3·7일(또는 21일) 동안을 삼가고 공경한 끝에 웅족은 여자의 몸으로 변했으나 호족은 금기를 다 지키지 못하여 사람의 몸을 얻지 못하였다.

---

5) 원화위인(願化爲人) : 인(人)의 기준은 환웅과 같은 사람이라 본다. 뒤에 웅녀와 만나기 때문이다.
6) 그동안 이 신유(神遺)의 신(神)을 앞의 신웅(神雄)의 연장선상에서 환웅으로 해석하였으나, 그대로 신(神)이라고 하는 것이 옳다고 생각한다. 이 때의 신(神)은 천신을 지칭하였을 것이다. 환웅은 신웅이 아니다. 환웅을 신웅으로 해석하면 신화로 흐를 위험이 있다.
7) '불견일광백일'은 우리 민족 고유한 수련법의 하나이다. 빛을 차단하고 수련하여 본성을 찾는 육신통의 일종이다.
8) 3·7일: '불견일광백일' 수련법은 빠르면 3일이나 7일 만에 완성되기도 하고, 늦으면 100일까지 가야한다. 웅녀는 21일만에 수련을 완성한 것이다. 완성하면 그 자리에서 수련을 끝낸다. 또는 3일 7일, 13일 17일, 23일 27일로 한달에 6회씩 마늘을 먹고, 세달 반이면 20개 마늘을 다 먹는다고도 한다.
9) 곰족은 여신(女身)이라 했고, 범족은 인신(人身)이라고 했다. 다시 말해 곰족의 여자와 범족의 남자가 부족(결혼)연합을 위해 선정된 것임을 암시한다. 범족이 실패하므로 환웅이 곰족의 여인과 만난 것이다. 윤내현 교수는 환웅과 웅녀의 결합시대라고 했다.(고을 연합사회)
10) 서로 다른 토템인 조이족의 환웅과 곰족인 웅녀가 결합(연합)하기 위해서는 사전에 조이족에 귀화(歸化)하여 일정한 결합의 과정을 거치는 의식이 있었을 것이다.
※ 이상은 이유립의 현토를 참고한 것이다.

熊女者 無與爲婚이라 故로 每於壇樹下에 呪願有孕이어늘 雄이
乃假化而婚之하사 孕生子하시니 號曰壇君王儉이시니라.

▶ 웅족 여인이 혼인할 곳이 없으므로 매일 신단수 아래에 와서 아이를 갖게 해 달라고 빌었다. 이에 환웅께서 웅족 여인을 잠시 귀화(歸化)시켜 혼인해 아들을 낳으시니 이름을 '단군왕검'이라 하셨다.

(이하 생략)

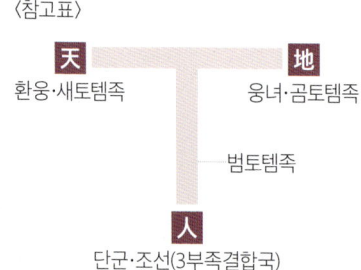

〈참고표〉
天 환웅·새토템족
地 웅녀·곰토템족
범토템족
人 단군·조선(3부족결합국)

〈2쇄본(증보본)에 추가 교체한 내용〉

○ 1쇄본 출판기념식(5915. 9. 13) 때 특강한 『삼국유사』(「고조선」)의 내용을 본문 말미에 추가하였음
○ 71쪽의 사진 위치를 교체하였음
○ 243쪽에 대영박물관 홍산옥기 사진 추가하였음
○ 252쪽 6째줄 "그런데 ~ 볼 수 있다"까지를 교체하였음
○ 255쪽에 『제왕운기』와 '윷놀이' 관련 문장을 추가하였음
○ 260쪽 13째줄 "다시 말해 ~이해할 수 있다"를 교체하였음
○ 289쪽 14째줄 "방국단계는 하가점하층문화가 해당된다"를 추가하였음
○ 320쪽에 '신시홍산문화'(신시문화) 용어 추가함
○ 322쪽 맨 밑줄에 "또 궁(弓)은 ~연상시킨다"를 추가하였음
○ 기타 오탈자 바로 잡았음

부록

참고문헌과 색인

참고문헌

1. 원전

『규원사화』
『단군세기』
『대대례기』
『禮注疏』
『路史』
『만주원류고』
『사기』
『史記正義』
『산해경』
『삼국지』
『삼성밀기』
『서전』
『說文』
『세조실록』
『述異記』
『시경』
『周易』
『通典』

2. 국내 논문(북한 포함)

권오영 「한국고대의 새관념과 제의」 『역사와 현실』
金寬雄 「古朝鮮의 檀君神話와 東夷文化의 聯關性」 『淵民學志』 15, 2011
김백현 「신선사상의 연원으로 본 동이족의 봉황문화」 『중국학보』 47, 2003
김선자 「홍산문화의 황제영역설에 대한 비판-곰신화를 중심으로」 『동북아 곰신화와 중화주의 신화론 비판』 동북아역사재단, 2009
김성일, 백성권 「머리뼈 계측값을 통해 본 고대조선사람의 인류학적 특징」 『조선고고연구』 사회

　　　　과학원 고고학연구소, 2016, 3호
김성환 「최치원 국유현묘지도설의 재해석」 『도교문화연구』 34
김성환 「한국고대선교의 빛의 상징에 관한 연구(상)」 『도교문화연구』 31집, 2009
김열규 「동북아 맥락 속의 한국신화」 『한국 고대문화와 인접문화와의 관계』 한국정신문화연구
　　　　원, 1981
김영균 「탯줄과 숫자3 연구」 『비교민속학』 44, 2011. 4
김영근 「료서지방 신석기시대문화의 특징」 『조선고고연구』 4, 2006
김욱 「미토콘드리아 DNA변이와 한국인의 기원」 『미토콘드리아 DNA변이와 한국인 집단의
　　　　기원에 관한 연구』 고구려연구재단, 2005
김원룡 「新羅鳥形土器小見」 『考古美術』 제106·107호, 1970. 9
김인희 「두개변형(頭蓋變形)과 巫의 통천의식」 『동아시아고대학』 15, 2007
김인희 「上古史에 있어 韓·中의 文化 交流 - 중국 大汶口文化와의 관계를 중심으로」 『동아시아
　　　　고대학』 2집, 2000
김정열 「홍산문화의 이해」 『우리시대의 한국고대사』(1), 주류성, 2017
김정학 「한국민족형성사」 『한국문화사대계』(1), 고려대민족문화연구소, 1970
김주미 「한국고대 일상문의 성립과정」 『백산학보』 80, 2008
김중순 「한국문화원류의 해명을 위한 문화적 기호로서 새의 상징」 『한국학논집』 56, 2014
남명진 「단군신화에 나타난 한국인의 원초적 시간관에 대한 역학적 고찰」 『역과 철학』 관중유
　　　　남상선생기념논총간행회(대전), 1993
박문기 「솟대문화와 천손민족」 『제1차 재료 및 파괴부문학술대회 논문집』 대한기계학회, 2006
박석재, 황보승 「천문류초의 오성개합 기록 등 오성결집현상 분석」 『세계환단학회 춘계학술대
　　　　회자료』 2017. 6
박선희 「복식과 제의로 본 고조선문명과 홍산문화」 『고조선단군학』 32, 2015. 6
박선희 「조양 袁台子村 벽화묘의 국적과 고구려의 영역확대」 『고조선단군학』 31, 2014. 12
복기대 「맥의 기원과 전승에 관한 초보연구」 『선도문화』 11권, 2011
복기대 「小河沿文化에 관해」 『고조선단군학』 21, 2009. 11
복기대 「시론 홍산문화 原始龍에 대한 재검토- 孫守道의 '猪龍'에 대한 비판적 검토를 중심으
　　　　로」 『백산학보』 77, 2007
복기대 「홍산문화와 하가점하층문화의 연관성에 관한 시론」 『문화사학』 27, 2007
薛志强 「요서고대문화구역과 해대역사문화구역의 제문제에 대한 사고」 『국학연구』 15, 2011
손진태 「三國遺事의 社會史的 考察」 『학풍』 524, 을유문화사, 1949.1
송호정 「동이족은 우리 조상인가」 『우리시대의 한국고대사』(1), 2017
스티븐 폴거 「진화와 인간의 질병」 『문화인류학 입문』 이광규 역, 을유문화사, 1973
신용하 「고조선문명 형성에 들어간 맥족의 홍산문화의 특징」 『고조선단군학』, 32호, 2015. 6
양대언 「요하문명론과 홍산문화의 고찰」 『국학연구론총』 5, 택민국학연구원, 2010. 6
양주동 「국사고어휘 차자원의고」 『明大논문집』 1, 1968
양홍진 「중국 고고천문 유적의 지역 분포와 특성에 대해-홍산문화와 하가하층문화 유적을 중

심으로」『동아시아고대학』 32, 2013
오대양 「요서지역 적석총문화의 기원과 형성 과정」『동북아역사논총』 45, 2014. 9
우실하 「요하문명 홍산문화 지역의 지리적 기후적 조건」『고조선단군학』 30, 2014
우실하 「요하문명론의 초기 전개과정에 대한 연구」『단군학 연구』 21호, 2009. 11
우실하 「홍산문화 옥저룡, 쌍수수황형기, 쌍수수삼공기의 상징적 의미와 '환일(幻日: Sundog)' 현상」『동아시아고대학』 24집, 2011
우실하 「홍산문화의 곰토템족과 단군신화의 웅녀족」『고조선단군학』, 27호, 2012
유태용, 최원호 「한국 구석기시대 음각문의 검토」『미술문화연구』 10, 2017. 6, 118쪽
이강식 「고기에 나타난 신시조직의 구조와 기능」『경북대 경상대학논집』 15, 1987. 12
이기동 「북한에서의 고조선 연구」『한국사 시민강좌』 2, 1988
이은봉 「단군신화를 통해 본 천신의 구조」『단군신화연구』 온누리, 1986
이정기 「한국문화의 원형과 본체성-ㅇ리ㄹ사상의 인류학적 신접근」『교육평론』 1972. 7
이찬구 「단(檀)과 홍익인간에 대한 철학적 이해」『선도문화』 23, 2017. 8
이찬구 「단군신화의 새로운 해석-무량사 화상석의 단군과 치우를 중심으로-」『신종교연구』 30, 2014. 4
이형구 「고구려 삼족오 신앙에 대해」『동방학지』 86, 1994
임재해 「'신시본풀이'로 본 고조선문화의 형성과 홍산문화」『단군학연구』 20, 2009. 5
임재해 「신시고국 환웅족 문화의 '해' 상징과 천신신앙의 지속성」『단군학연구』 제23호, 2010. 11
임재해 「홍익인간 이념의 역사적 지속과 민속문화의 전통」『고조선단군학』 31, 2014. 12
임찬경 「여신상을 통한 홍산문화 건설 주체 비정」『국학연구』 15, 2011
임채우 「환단고기에 나타난 곰과 범의 철학적 의미」『仙道文化』 9, 2010
전대준 「고조선의 주민 구성」『단군학연구』 8호, 2003. 6
정건재 「흑피옥문화와 半人半獸 神像」『세계환단학회지』 2권 1호, 2015. 6
정경희 「홍산문화 女神廟에 나타난 '삼원오행'형 '마고7여신'과 '마고 제천'」『비교민속학』 60, 2016. 8
최경섭 「한민족의 뿌리되는 빗살무늬토기인」『광장』 171, 1987
許興植 「雪巖秋鵬의 妙香山誌와 檀君記事」『淸溪史學』 13, 한국정신문화연구원. 1997. 2

3. 국내 단행본(북한 포함)

『내몽고 중남부의 오르도스 청동기의 문화』고구려연구재단, 2006
강경구『고대의 삼조선과 낙랑』기린원, 1991
郭大順, 張星德『동북문화와 유연문명』(상) 김정열 역, 동북아역사재단, 2008
郭大順 주편『紅山文化』이종숙 역, 동북아역사재단판
곽진석『시베리아 만주-퉁구스족 신화』제이앤씨, 2009
권덕규『조선유기』상문관, 1924

김교헌 『신단민사』 고동영 옮김, 한뿌리, 2006
김교헌 『신단실기』 이민수 옮김, 한뿌리, 1986
김규현 『파미르고원의 역사와 문화산책』 글로벌 콘텐츠, 2015
김대선과 카르멜텐스 『동이족의 숨겨진 역사와 인류의 미래』 수선재, 2011
김상기 『동방사논총』 서울대출판부, 1986
김선주 『홍산문화』 상생출판, 2011
김양동 『한국 고대문화 원형의 상징과 해석』 지식산업사, 2015
김열규 『한 그루 우주나무와 신화』 세계사, 1990
김정민 『단군의 나라 카자흐스탄』 글로벌콘텐츠, 2016
김정배 『고조선에 대한 새로운 해석』 고려대민족문화연구원, 2010
김정학 『한국상고사연구』 범우사, 1990
김재원 『단군신화의 신 연구』 탐구당, 1984
김주미 『한민족과 해속의 삼족오』 학연문화사, 2010
도수희 『백제어 어휘연구』 제이엔씨, 2005
로버트 시걸 『신화란 무엇인가』 이용주 옮김, 아카넷, 2017
류동식 『한국무교의 역사와 구조』 연세대출판부, 1975
陸思賢, 李迪 『천문고고통론』 양홍진 신월선 복기대 옮김, 주류성, 2017
리지린 『고조선연구』 과학원출판사(평양), 1963 (영인본, 열사람, 1989)
『만주원류고』 장진근 옮김, 파워북, 2008
문성재 『한사군은 중국에 있었다』 우리역사연구재단, 2016
문정창 『고조선사연구』 백문당, 1969
박득준 편집 『고조선 력사개관』 사회과학출판사(평양), 1999
박병식 『어원으로 밝히는 우리 상고사』(상), 용인대인문사회과학연구소, 2010
박석재 『개천혁명』 동아엠앤비, 2017
박소형 『차세대염기서열분석 기법을 이용한 한국인의 미토콘드리아 전체염기서열분석』 서울대
    학교 대학원, 2017. 8
박시인 『알타이인문연구』 서울대출판부, 1981
박용숙 『한국의 시원사상』 문예출판사, 1985
박정학 『한民族의 形成과 얼에 대한 硏究』 강원대박사학위논문, 2009
박진호, 복기대 『요서지역 초기 신석기문화 연구』 주류성, 2016
서국태, 지화산 『대동강 문화』(조선고고학총서 24), 사회과학원(평양), 2009
서정범 『국어어원사전』 보고사, 2000
설중환 『다시 읽는 단군신화』 정신세계사, 2009
손성태 『우리 민족의 대이동(멕시코편)』 코리, 2014
송호정 『한국 고대사 속의 고조선사』 푸른역사, 2003
신용하 『고조선 국가 형성의 사회사』 지식산업사, 2010
신채호 『조선상고사』 김종성 옮김, 역사의 아침, 2014

심백강 『교과서에서 배우지 못한 우리 역사』 바른역사, 2014
아카마쓰 지조(赤松智城), 아키바 다카시(秋葉隆) 『朝鮮巫俗의 硏究』(상, 하) 심우성 옮김, 東文選, 1991
안경전 역주 『환단고기』(보급판) 상생출판, 2016
안호상 『배달동이는 동이겨레와 동이문화의 발상지』 사림원, 1979
엘리아데 『성과 속』 이동하 역, 학민사, 1983
엘리아데 『성(聖)과 속(俗)』 한길사, 1998
엘리아데 『우주와 역사』 정진홍 역, 현대사상사, 1976
우실하 『3수분화의 세계관』 소나무, 2012
우실하 『동북공정 너머 요하문명론』 소나무, 2007
우실하 『중국동북공정과 우리의 대응자세』 겨레얼살리기국민운동본부, 2016
우인식 『대동사』 한국국학진흥원, 2006
월간미술세계 『김양동』(월간 미술세계작가총서) 월간미술세계, 1996
유엠부찐, 『고조선 역사고고학적 개요』 이항재, 이병도 역, 소나무, 1990
유창균 『문자에 숨겨진 민족의 연원』 집문당, 1999
윤내현 『고조선 연구』 일지사, 1994
윤내현 『우리 고대사, 상상에서 현실로』 만권당, 2016
윤내현 『한국 열국사 연구』 만권당, 2016
이덕일 『우리 안의 식민사관』 만권당, 2018
이민화 『스마트코리아로 가는 길, 유리시안 네트워크』 새물결출판사, 2011
이상시 『단군실사에 관한 고증연구』 고려원, 1990
이유립 『대배달민족사』(5권), 고려가, 1987
이융조 『한국의 선사문화 - 그 분석 연구』 탐구당, 1981
이종봉 『한국도량형사』 소명출판, 2016
이종호 『한국 7대 불가사의』 역사의 아침, 2007
이찬구 『고조선의 명도전과 놈』 동방의빛, 2013
이찬구 『돈』 동방의빛, 2012
이찬구 『天符經』 상생출판, 2014
이형구 『발해 연안에서 찾은 한국 고대문화의 비밀』 김영사, 2004
이형구 『한국 고대문화의 비밀』 김영사, 2004
이형구, 이기환 『코리안 루트를 찾아서』 성인당, 2009
임재해 『고조선 문화의 높이와 깊이』 경인문화사, 2015
정연규 『한겨레의 역사와 문화의 뿌리를 찾아서』 한국문화사, 2008
정인보 『조선사 연구』(上, 下), 우리역사연구재단, 2012
정형진 『한반도는 진인의 땅이었다』 알에이치코리아, 2014
제임스 조지 프레이저 『황금가지』 이용대 역, 한겨레출판(주), 2003
趙賓福 『중국동북 신석기문화』 최무장 역, 집문당, 1996

조지훈『한국문화사서설』탐구당, 1981
지그문트 프로이트『토템과 타부』김종업 옮김, 문예마당, 1995
최남선『단군론』경인문화사, 2013
최동『조선상고민족사』동국문화사, 1966
플라톤『프로타고라스』최현옮김, 범우사, 2002
何新『신의기원』홍희 역, 동문선, 1990
한상복, 이문웅, 김광억『문화인류학 개론』서울대출판부, 1989
한영우『다시 찾는 우리 역사』경세원, 2015
한창균 엮음『요하문명과 고조선』지식산업사, 2015
현상윤『현상윤의 조선사상사』심산, 2010
『KBS TV』2018. 2. 9. 오후 8시
『倍達公論』第四號(三一紀念號)
허흥식『한국신령의 고향을 찾아서』집문당, 2006
https://onewings.blog.me/90045826190 (일승)
chojae 자료 부분인용(http://egloos.zum.com/lyuen/v/5480480#type=comment&page=1)
http://chicnews.mk.co.kr/article.php?aid=1463887780109390009 (배우 설리)
http://news.naver.com/main/read.nhn?mode=LSD&mid=sec&oid=025&aid=0002730370&sid1=001 (중앙일보, 사진 김성태)
https://blog.naver.com/kimcj0070/221225833055 (김창주 소장)
http://mrgomdolc.tistory.com/tag/Totem%20Pole (곰돌씨의 지구정복 프로젝트)
서울 부엉이 박물관(관장 배명희)
천안 부엉이 박물관(관장 임영국)
한국수장가협회(대표 박찬)
한국홍산학술문화원(원장 박문원)
서울 홍산문화 중국도자 박물관(관장 김희일)

4. 해외논문

干志耿, 李殿福 外「先商起源于幽燕說」『中國考古集成』(東北 6권), 北京出版社, 1997
盖山林「豊富多采的陰山岩畫」『中國考古集成』(東北 6권), 北京出版社, 1997
顧頡剛「鳥夷族的圖騰崇拜及其氏族集團的興亡」『史前研究』2000. 09
孔昭宸 楊虎 外「赤峯市8000多年來某些文化期植物遺存研究的收穫和思考」『紅山文化論著粹編』遼寧師範大學出版社, 2015
郭大順「遼寧史前考古與遼河文明探源」『紅山文化論著粹編』遼寧師範大學出版社, 2015
杜在忠「關於夏代早期活動的初步探析」『夏史論叢』齊魯書社, 1985. 7

馬志坤　楊曉燕 張弛 孫永剛 賈鑫 「西遼河地區全新世早中期粟類植物利用」『中國科學:地球科學』2016年 07期

文崇一 「濊貊民族文化及其史料」『中央研究院民族學研究所集刊』5기(臺北), 1958 春

文日焕 「朝鮮古代鳥崇拜與卵生神話之起源探究」『中央民族大學學報』(哲學社會科學版) 30권, 2003. 6기

方殿春, 劉葆華 「遼寧阜新縣胡頭溝紅山文化玉器墓的發現」『中國考古集成』(東北 5권), 北京出版社, 1997

索秀芬, 李少兵 「那斯台遺址再認識」『紅山文化論著粹編』遼寧師範大學出版部, 2015

徐秉琨, 孫守道 主編『東北文化-中國地域文化大系』上海遠東出版社, 商務印書館, 1998

蘇秉琦 「關于重建中國史前史的思考」『紅山文化論著粹編』遼寧師範大學出版部, 2015

蘇秉琦 「論西遼河古文化」『紅山文化論著粹編』遼寧師範大學出版部, 2015

蘇秉琦 「象徵中華的遼寧重大文化史迹」『紅山文化論著粹編』遼寧師範大學出版部, 2015

孫守道, 郭大順 「牛河梁紅山文化女神頭像的發現與研究」『紅山文化論著粹編』遼寧師範大學出版部, 2015

楊福瑞 「小河沿文化陶器及相關問題的再認識」『赤峰學院學報(紅山文化研究專輯)』2006. 8. 10

楊福瑞 「紅山文化氏族社會的發展與圖騰崇拜」『赤峰學院學報(漢文哲學社會科學版)』35, 2014. 5기

王其格 「紅山文化 形符號與北方民族+형숭배」『內蒙古民族大學學報』(社會科學版), 2007. 2. 15.

王其格 「紅山諸文化 "神鳥" 崇拜與薩滿 "鳥神"」『學報 大連民族學院』2007. 11

王樹明 「亞醜推論」『華夏考古』1989年 01期

王巍, "關於在'十三五'期間開展'中華文明傳播工程'的建議", 「中國考古網」, 2016. 3. 14

王惠德 「鳥圖騰的濫觴一兼談東夷文化」『昭烏達蒙族師專學報』(漢文哲學社會科學版) 1990, 3기

劉國祥 「關於趙寶溝文化的幾個問題」『北方文物』62기, 2000. 5. 30

劉國祥 「西遼河流域新石器時代至 早期青銅時代考古學文化概論」『赤峰學院學報·紅山文化研究專輯』2006. 8, 赤峰學院, 赤峰市文化局

劉國祥 「紅山文化與西遼河流域文明起源探索」『赤峰學院學報·第5回紅山文化高峰論壇專輯』赤峰學院

陸思賢 「翁牛特旗石棚山原始文字釋義」『內蒙古社會科學』1987, 3기

殷之彝 「山東益都蘇埠屯墓地和"亞醜"銅器」『考古學報』1977. 2.

李恭篤, 高美旋 「試論小河沿文化」『中國考古集成』(東北 4권), 北京出版社, 1997

李零 「蘇埠屯的"亞齊"青銅器」『文物天地』, 1992年 6期

李民 「試論 牛河梁東山嘴紅山文化的歸屬-中國古代文明探源之一」『鄭州大學學報』1987. 2기

李倍雷 「紅山文化中玉鳥的圖像學意義與藝術風格」『廣西藝術學院學報』(藝術探索) 20권 4기, 2006. 10

李新偉 「紅山文化玉器與原始宇宙觀」『紅山文化研究』文物出版社 2006

張碧波 「古朝鮮文化探源」『北方論叢』159, 2000. 1기

張緒球 「長江河游史前玉器的神靈化和禮器化過程」『中國玉文化玉學論叢』4편상, 紫禁城出版

社, 2006
田廣林 「論中國古代崇龍禮俗的起源」『紅山文化論著粹編』遼寧師範大學出版部, 2015
趙建國 「紅山文化綜述」『赤峰學院學報』(漢文哲學社會科學版) 31, 2010. 9
趙國棟 「赤峯地區又發現兩處岩畫」『中國考古集成』(東北 6권), 北京出版社, 1997
趙志軍 「從小米到小麥 北方早作農業的形成和發展」『紅山文化論著粹編』遼寧師範大學出版社, 2015
趙欣 「遼西地區先秦時期居民的體質人類學與分子-考古學研究」吉林大學, 2009, 博士論文
朱成杰 「從玉神物說來理解紅山文化玉器的本質內涵」『中國玉文化玉學論叢』(3편 상), 紫禁城出版社, 2005
陳勤建 「太陽鳥信仰的成因及文化意蘊」『華東師範大學學報』(哲學社會科學版) 1996. 1기
陳惠 「內蒙古石棚山陶文試釋」『中國考古集成』(東北 4권), 北京出版社, 1997
崔岩勤 「牛河梁紅山文化遺址出土動物形玉器探析」『赤峰學院學報(漢文哲學社會科學版)』38권, 2017. 05
巴林右旗博物館 「內蒙古巴林右旗那斯台遺址調査」『中國考古集成』(東北 4권), 北京出版社, 1997
彭邦炯 「從商的竹國論及象代北疆諸氏」『甲骨文與殷商史』제3집, 上海古籍, 1991
馮時 「紅山文化三環石壇的天文學研究」『紅山文化論著粹編』遼寧師範大學出版部, 2015
何光岳 「鳥夷族中諸鳥國的名稱和分布」『東夷古國史研究』2집, 三秦出版社(山東), 1989
「肅愼族的起源與北遷」『黑河學刊』40, 1991. 2.

5. 해외단행본

『北京日報』2018. 5. 18. 20面
江林昌『中國上古文明考論』上海教育出版社, 2005
姜華『牛河梁遺址女神廟』吉林文史出版社, 2017
郭大順, 洪殿旭 『紅山文化玉器鑑賞』文物出版社, 2010
郭沫若 主編『中國史稿地圖集』中國地圖出版社(北京), 1996
羅振玉『三代吉金文存』, 中華書局, 1983
譚其驤 主編『簡明 中國歷史地圖集』中國地圖出版社(北京), 1991
佟柱臣『中國考古學要論』鷺江出版社(福州), 2004
杜내송『文物名家大講堂-中國靑銅器』(中國文物學會專家委員會), 中央編譯, 2008
令平『中國史前文明』中國文史出版社(北京), 2012
武家璧 「陶寺觀象台與考古天文學」『科學技術與辯證法』25권 5기, 2008. 10.
白鳥庫吉『白鳥庫吉全集』4권(「肅愼考」), 岩波書店, 1969
白川靜『常用字解』(2판), 平凡社, 2012
濱田耕作, 水野淸一『赤峰紅山後-滿洲國熱河省赤峰紅山後先史遺跡』(甲種第6冊), 東亞考古學會, 1938
徐强『紅山文化古玉精華』藍天出版社(北京), 2004

邵國田 『敖漢文物精華』 內蒙古文化出版社, 2004
孫守道 『孫守道考古文集』 遼寧人民出版社, 2017
孫守道, 劉淑娟 『紅山文化玉器新品新鑑』 吉林文史出版社, 2007
吳甲才 『紅山岩畵』 內蒙古文化出版社, 2008
于省吾 『商周金文錄遺』 中華書局, 2009
遼寧博物館 『走進 遼河文明』 遼寧人民出版社, 2009
遼寧省文物考古研究所 朝陽市文化局 編 『牛河梁遺址』 學苑出版社(北京), 200
遼寧省文物考古研究所 編 『牛河梁-紅山文化遺址發掘報告』(上, 中, 下) 文物出版社(北京), 2012
遼寧省博物館 編 『古代遼寧』 文物出版社(北京), 2017
柳冬靑 『紅山文化』 內蒙古大學出版, 2002
劉冰 『赤峯博物館 文物典藏』 遠方出版社(赤峰), 2007
李珍華, 周長楫 『漢字古今音表(修訂本)』 中華書局, 1999
宇都木 章 『出土文物からみた中國古代』 汲古書院, 2008
伊藤淸司 『中國の 神獸 惡鬼たち』 東方書店, 2013
張富祥 『東夷文化通考』 上海古籍出版社, 2008
張雪秋, 張東中 『紅山文化玉器』 黑龍江大學出版社, 2010
田廣林, 劉國祥 주편 『紅山文化論著粹編』 遼寧師範大學出版部, 2015
朝陽市牛河梁遺址管理處 『牛河梁』, 2014
趙春靑, 秦文生 『圖說 中國文明史』(1), 創元社(東京), 2006
中國社會科學院考古研究所, 山西省 臨汾市文物局, 『襄汾陶寺: 1978~1985年 考古發掘報告』, 北京: 文物出版社, 2015. 12
中國畵像石全集編輯委員會 『中國畵像石全集』1권, 山東美術出版社(中國 濟南), 2000
陳夢家 『陳夢家學術論文集』(「佳夷考」) 中華書局(北京), 2016
陳逸民 외 『紅山玉器圖鑑』 上海文化出版社, 2006
Edited by Robin. K. Write, Kathryn Bunn. Marucuse, *In the spirit of the ancestors-Contemporary northwest coast art at the Burke museum*, University of Washington Press, 2013
http://bbs.chinajade.cn/announce/announce.asp?boardid=101&id=1089327 등
https://www.cc362.com/content/R13X8ZqLa3.html (徐江偉 ;紅山文化 玉猪龍 論文)

색인

1. 범위 : 10쪽~332쪽
2. 독립 단어별로 구별함(환웅신화, 환웅, 환 등)

[ㄱ]

갈석산碣石山 28, 218, 229, 296
갑골문 29, 45, 219, 230, 247, 263, 318
개천蓋天 268, 291
개천설蓋天說 268
건국신화 281
견일광見日光 259
결합시대 275, 276, 277, 291
경전석문 225
경천신앙 248
계림유사 210, 308
고구려 10, 29, 33, 42, 62, 126, 166, 218, 231, 239, 248, 274, 283, 295, 296, 309, 325, 326
고국古國 289
고급문명사회 290
고대 조선사람 177, 178, 179, 318
고분 23, 46, 53, 58, 73, 86, 127, 202
고숙신古肅愼 248
고인돌 75, 220
고을나라 275, 291, 292, 328
고조선 21, 23, 24, 25, 26, 27, 28, 29, 31, 32, 33, 44, 45, 56, 142, 161, 163, 187, 208, 219, 220, 222, 231, 257, 268, 269, 271, 272, 274, 275, 276, 277, 281, 283, 284, 285, 290, 291, 292, 295, 298, 305, 306, 307, 309, 315, 317, 318, 319, 320, 321, 323, 326, 327, 328, 329
고조선문명, 고조선문명권 25, 281, 326,
고조선비사 272
고천자古天子 300
고추, 고추가古鄒加 231
고힐강顧頡剛 30, 46, 218, 230, 273, 278, 285, 318, 322, 329
곰熊 19, 33, 40, 41, 76, 84, 147, 148, 153, 184, 190, 191, 194, 196, 197, 203, 206, 207, 208, 209, 210, 211, 233, 235, 236, 237, 258, 262, 263, 264, 266, 270, 283, 284, 285, 292, 297, 298, 299, 300, 301, 304, 320, 329, 330
곰녀 275, 277, 280, 281, 291
곰 발바닥 148
곰발톱 84, 196, 203, 205, 207, 265
곰뼈 148
곰부족 266, 321
곰숭배 206, 257, 299
곰신화 150, 323
곰상 86, 97, 146, 147, 184, 208, 235
곰상옥기 86
곰조각상 76, 235, 237
곰족 210, 211, 247, 257, 258, 261, 262, 264, 265, 267, 273, 275, 279, 280, 281, 284, 291, 301, 318, 319, 322, 326, 327, 328, 329
곰토템 20, 25, 27, 31, 153, 183, 189, 192, 194, 197, 200, 207, 208, 209, 210, 211, 232, 233, 249, 271, 274, 275,

277, 291, 298, 303, 304, 319, 321, 324
곰형상, 곰형상옥 20, 197, 208, 270, 298
공동토템 153
공존토템 33, 153
과일나무 251
곽대순郭大順 32, 40, 41, 43, 79, 105, 116, 118, 149, 190, 200, 237, 240, 267, 269, 302, 328
곽말약郭沫若 24, 221, 298, 301
관모 248
관자管子 300
괄지지 218, 248
괴정동 62, 63
구름형옥기 118
구석기 유물 309
구야국 161
구운형옥기 59, 94, 95, 97, 99, 100, 101, 120, 136, 138, 147, 189, 190, 196, 198, 262, 263, 266, 302, 303, 311
구이九夷 225
국가사회 276, 328
궁시신화 248
권덕규權悳奎 262, 273, 274, 275, 276, 277, 278, 322
귀걸이 237
귀뿔깃 198, 247, 264, 283
규원사화揆園史話 17, 21, 32, 249, 255, 292, 321,
그물망무늬 42, 146, 183, 234, 235, 236, 237, 241
금간옥첩 315
기추기맥其追其貊 229, 233
길림성 39, 178
김교헌金敎獻 25, 187, 272, 274, 275, 322
김상기 229
김알지 60

김욱 165, 166, 167, 169, 173, 175, 176
김해 161, 162
까마귀 278
까치 60, 63

[ㄴ]

나만기奈曼旗 41, 42, 76, 324, 325
나사대那斯臺 33, 42, 51, 52, 149, 183, 184, 185, 187, 188, 189, 255, 256, 292, 325, 328
나사대유적 33, 52, 119, 149, 183, 184, 188, 189, 292, 320, 321, 324
나진옥羅振玉 301
낙雒 250, 251, 252, 253, 318
낙상雒常 250, 251, 252, 253
낙상수 雒常樹 254
난생신화 58, 248
난하灤河 231, 326
남근 63, 191, 231, 266, 308, 310
남도이南島夷 218, 219
남북향南北向 87, 118
남신상 185, 186
남태자취락 234
납작머리 161
내몽고 39, 42, 43, 61, 73, 74, 76, 142, 149, 183, 270, 295
내몽고자치구 74
노가鷺加 249, 250, 255
노궁弩弓 301, 302
노로아호산 73, 74
녹송, 녹송석추, 녹송석효 98, 111, 132, 256
논형 187
농경문 청동기 63
농경문화 262
농경신 187

늑대족 284
능가탄凌家灘 54, 57, 151
능가탄문화 54, 57

[ㄷ]

다임검 315
닥(楮)나무 252
단檀 144, 145, 276, 315, 328
단국檀國 17
단군檀君 10, 11, 17, 23, 26, 29, 33, 144, 145, 187, 248, 249, 252, 257, 258, 274, 275, 276, 301, 306, 309, 315, 319, 323, 327, 328, 329
단군고기 13, 24, 26, 31, 187, 208, 209, 248, 249, 252, 255, 257, 292, 294, 328
단군사화 11, 23, 24, 319, 321, 328
단군신화 10, 11, 14, 15, 17, 19, 20, 23, 24, 25, 26, 30, 31, 33, 141, 187, 208, 210, 247, 255, 257, 258, 260, 261, 262, 270, 271, 272, 274, 278, 283, 285, 292, 301, 316, 319, 322, 328, 329
단군실화 24, 257
단군조선 23, 258, 277, 328
단나라 276, 277, 328
단우單于 315
단지 144, 145
달걀 324
닭 60, 63, 163, 315
담기양 24, 221
당국唐國 17
당석경 217
대계석산 218
대광정자산 291, 326

대동강 269
대동사 25, 272, 322
대릉하 73, 74, 75, 78, 231, 296, 326
대문구문화 44, 55
대변설 272
대성산 269
대영자 270, 271
대전자大甸子, 대전자묘, 160, 170, 171, 172, 173, 177, 178, 302
도량형 308, 309, 310, 311, 315
도부문자 44, 45, 56, 57, 60
도사유적陶寺遺蹟 22, 23, 24, 46
도소삼인상 188
도이島夷 28, 31, 32, 217, 218, 219,
도철문 302, 303
도통형기 71, 103, 111, 138
도하 24, 221
독수리 52, 207, 220, 248, 250, 283, 327
독수리상 207
돌 75, 76, 77, 102, 104, 105, 115, 142, 143, 152, 161, 194, 203, 242, 260, 269
돌무지무덤 75, 76
동국통감 277
동귀일체 262
동명왕편 319
동방족 298
동북공정 22, 23, 24, 25, 33, 40, 203, 208, 232, 241, 257, 282, 323
동북이東北夷 219, 289
동산취東山嘴 39, 42, 73, 104, 143, 189, 202, 222, 223, 224, 226, 227, 228, 256, 268, 324, 325
동서향東西向 87
동석병용 55
동심원 62, 104, 265
동이東夷 19, 27, 31, 53, 56, 62, 150, 163, 217, 221, 228, 229, 248, 251, 322

동이문화권 29, 161, 162, 229
동이인東夷人 29, 43, 56
동이전 32, 33, 150, 161, 251
동이족東夷傳 29, 33, 58, 162, 187, 220,
　　　　221, 257, 266, 284, 301, 306, 322
동호東胡 24, 25, 219, 220, 221, 263
돼지 40, 54, 146, 147, 148, 151, 190, 191,
　　　194, 198, 203, 232, 248, 281, 296
두개변형 161, 162

[ㄹ]

래이, 래족 萊族 217, 230, 306
래이작목 225
로사路史 300, 304
류인식柳寅植 25, 322
리지린李址麟 25, 27, 28, 219, 220, 222,
　　　　315, 317, 322, 329

[ㅁ]

마가馬加 249, 255
마늘 258, 260, 263, 264, 276, 284, 285
마야문명 163
만리장성 26, 323
만몽학술조사단 24
만주원류고滿洲源流考 251, 252
말馬 40, 190
망격문 234
매鷹 43, 52, 59, 63, 150, 151, 206, 247,
　　　248, 250, 253, 254, 255, 265, 278,
　　　283, 284, 285, 327
매미 76, 190, 237, 238, 239
맥貊 25, 27, 29, 306, 316, 317, 322, 328,
　　　329

맥부족 25, 26, 75, 77, 208, 316, 317
맥족貊族 24, 25, 27, 28, 77, 220, 306, 317,
　　　326
맷돌 306
머리뼈 177, 178, 179, 318
모계근친제 194, 275
모계조상 209
몽고인종 158, 159, 160, 171
묘두응猫頭鷹 248
묘향산지 279
무면조 113, 149, 196, 265
무 巫 21, 45, 161, 162, 195, 296, 321
무사 巫師 192, 193
무웅舞熊 301
무화無化 195
문숭일文崇一 24, 28, 77, 220, 289, 317,
　　　320, 322, 329
문자편호 23
문정창文定昌 161, 295, 298
문화인류학적 17

[ㅂ]

박달족 25
박혁거세 209
반가부좌 202
반달곰 263
반달무늬 59
반복反復 16, 17, 195, 296
반수체형 169, 170, 171, 172
반수체형유군 164, 165, 168, 169, 170, 171
밝 61, 145
방국方國 289
방형方形 59, 143
방형적석총 152, 153
방형제단 118, 125, 143, 267

배꼽 16
배달공론 282
배달국倍達國 292, 329
배달시대 274
배달족 25, 272, 275, 282, 322
배일숭조拜日崇鳥 50, 58, 61, 77, 257, 327, 329
백민白民 250
백산숭배 61
백음장한 73, 75, 76
백음장한유적 75, 76, 77, 235, 237
백의숭상 61
뱀 40, 187
번개, 번개부호 14, 44, 56, 152, 239
번개무늬, 번개문양 84, 151, 152, 265
범虎 19, 191, 209, 236, 258, 260, 270, 271, 283, 284, 285, 292, 296,
범족虎族, 범부족 21, 236, 258, 259, 261, 262, 264, 269, 270, 271, 273, 275, 279, 284, 292, 296, 327, 328
범토템, 범토템족 209, 324
변득인형 260
변진弁辰 32, 150, 161, 163, 248
별신굿 21, 269, 321
복흥지 41, 42, 149, 279, 280
복희 162
봉조鳳鳥 62
봉형棒形 266, 309
봉황휘장 19
부락 40, 41, 192, 193, 224, 226, 227, 228, 281, 289, 296, 298
부락연맹 40, 41, 224, 226
부루 309, 315
부루단지 144
부불夫不 232
부엉산 327
부엉이 41, 43, 50, 51, 52, 53, 60, 92, 100,
148, 149, 150, 183, 184, 189, 196, 198, 207, 227, 232, 236, 247, 248, 251, 253, 254, 255, 256, 264, 278, 283, 284, 285, 303, 304, 318, 320, 321, 324, 327, 328
부엉이상 198, 253
부엉이토템 304
부여扶餘 17, 25, 259, 277, 322
부족토템 17, 204
부하富河문화 148
부활復活 11, 20, 23, 52, 61, 76, 190, 237, 238, 319
북도이 218, 219
북두칠성 143, 148, 191, 322
북이국北夷國 225, 289, 290
북적 25, 46, 315
북추이 163, 230, 231
불견일광不見日光 258, 259, 260, 263
불견일광백일 258
불사不死 190
불출호외 260
비둘기 63
비파형동검 309
비폭력 18
빗살무늬 183, 189, 222, 235, 236, 240, 241, 242, 318
빛 56, 151, 152, 195, 206, 241, 242, 320
뿌리문화 21

[入]

사기史記 19, 28, 29, 30, 217, 218, 249, 250, 272, 297, 318, 319, 322, 329
사기정의 31, 218, 248, 299, 316
사해查海문화 68, 148, 234
사해취락 234
산대山臺 80
산동山東, 산동반도 29, 32, 44, 55, 162,

　　　　209, 219, 220, 221, 222, 229, 284,
　　　　285, 289, 301, 302, 303, 306, 322
산신　27, 208, 209
산융山戎　24, 28, 31, 221
산자강역山字彊域　326
산해경山海經　10, 247, 250, 251, 253, 254,
　　　　304, 318, 327
삼공기三孔器　147, 194, 265, 266
삼관전자三官甸子　42, 73, 126, 149, 189
삼국사기三國史記　209
삼국유사三國遺事　13, 23, 26, 252, 257,
　　　　258, 263, 264, 270, 273, 279, 285
삼국지　32, 33, 150, 161, 231, 248
삼극　195
삼련벽　130, 189
삼묘, 삼묘비서　225, 226
삼백三伯, 삼백오사　187, 293, 294, 295
삼성기三聖記　21, 263, 264, 270, 272, 276
삼성밀기三聖密記　21, 263, 272, 273, 280,
　　　　322
삼성타랍촌三星他拉村　189
삼신三神　144, 187, 188, 208
삼신단지　144
삼신제석　187
삼신할머니, 삼신할미　188, 209
삼여신상　188
삼원공三圓孔　95, 139, 194, 195
삼위산三危山　10, 254
삼족오　58, 61, 62, 283
삼천단부　282
삼한三韓　33, 150
삼환도　268
삼환석단三環石壇　268
상고사　20, 22, 28, 161, 210, 236, 248,
　　　　258, 274, 309, 315, 328, 340, 367
상방하원上方下圓　266
상서尙書　217, 218, 219, 225

상투형 옥고　87, 91, 93, 96, 97, 113, 117,
　　　　130, 132, 135, 138, 311
새鳥　10, 11, 30, 32, 37, 39, 40, 41, 42, 43,
　　　　44, 45, 46, 47, 51, 52, 54, 56, 58,
　　　　59, 60, 61, 62, 63, 72, 77, 142, 149,
　　　　150, 153, 162, 163, 188, 189, 196,
　　　　197, 206, 207, 208, 209, 210, 211,
　　　　217, 219, 220, 230, 231, 232, 235,
　　　　236, 239, 242, 247, 248, 250, 251,
　　　　254, 255, 264, 265, 276, 279, 285,
　　　　292, 295, 304, 308, 315, 316,
　　　　317, 318, 320, 322, 327, 328, 329,
　　　　330
새 날개　44, 84, 238, 248, 265
새 날개상　204, 207
새 발톱　84, 206
새부족　46
새숭배　38, 39, 42, 49, 50, 51, 59, 63, 77,
　　　　146, 162, 233, 234, 235, 238, 239,
　　　　240, 248, 285
새숭배관념　237
새숭배문화　51, 57
새숭배사상　58
새숭배족　77
새신賽神　77, 210
새신각賽神閣　210
새족賽族, 鳥族　210, 211, 229, 322
새토템　20, 27, 29, 32, 33, 42, 43, 53, 54,
　　　　56, 58, 77, 153, 183, 192, 194, 197,
　　　　207, 208, 209, 210, 220, 221, 229,
　　　　233, 236, 237, 248, 249, 250, 254,
　　　　255, 271, 274, 275, 278, 279, 284,
　　　　291, 304, 315, 319, 321, 323, 324,
　　　　327
새토템문화　56
새토템상　207, 211
새토템족　19, 32, 62, 77, 153, 162, 163, 192,

200, 208, 217, 220, 221, 229, 276, 278, 281, 318, 322
새 형상 19, 197, 206, 209, 220
생산신 208, 209
생우이비生羽而飛 237
샤머니즘 43, 52, 61, 150
서랍목륜하 188, 189, 320
서융 225, 226
서전 299
석문 225, 289
석봉산 44, 45, 46, 55, 68
석장리 242
석탈해 60
선仙 21, 321
선도仙道 267
선도문화 144, 315
선맥부족先貊部族 77, 317
선조후맥先鳥後貊 28, 220, 317
설문說文 45, 231, 232, 247, 308
설문해자 232, 315
설원 30
성시城市 311
성자산성子山 126, 142, 143, 148
성혈星穴 143
성화聖化 13, 14, 237
세 개 185, 186, 187, 194, 242
세조실록 273, 337
소牛 40, 78
소도蘇塗 63, 252
소로리 볍씨 305
소머리칼 78
소병기蘇秉琦 31, 237, 267, 289, 316
소하서小河西문화 68, 148, 222, 305
소하연小河沿 26, 45, 46, 50, 55, 56, 57, 60, 68, 171, 324, 325, 328
소하연문화 44, 46, 54, 55, 56, 57, 60, 68, 142, 167, 170, 171, 172, 173, 174,

234, 240
소호족 58, 59
솟대, 샛대 61, 62, 63, 251, 252, 318, 321
솟대문화 21, 239
수리부엉이 248, 251, 252, 253, 254, 318, 327
수신水神 60
수행修行 18, 202, 209, 261, 263, 264, 266, 267, 271, 290, 320, 329
숙신 25, 47, 163, 250, 251, 322
숙신족 25, 322
승덕 74, 221, 324, 325, 326
승리산유적 178
시간의식 260
시걸 Segal 15
시경 51, 229, 253, 317
시조신 242
식민사학 33
식민사학자 24, 272, 323
신계神戒 264, 266
신계지맹 263
신권神權 193, 209, 210, 211, 300, 329
신권자 209
신단神壇 13
신단민사 25, 272, 274, 275, 322
신단수神壇樹, 神檀樹 19, 249, 252, 254, 255, 318
신락하층문화 254, 255
신령도안 232
신모神帽 87
신석기 24, 25, 31, 235, 236, 237, 316
신석기문화 24, 25, 29, 39, 76, 217, 219, 224, 254
신석기시대 14, 25, 26, 39, 165, 171, 220, 241, 280
신석기인 26, 236, 241, 316
신성 회복 261, 262

신시神市 13, 14, 15, 16, 26, 32, 33, 236, 253, 254, 255, 256, 258, 274, 275, 276, 277, 278, 283, 285, 293, 294, 304, 311, 319, 321, 322, 324, 325, 327, 328, 329
신시고국神市古國 27, 33, 282, 289, 290, 291, 292, 293, 295, 296, 318, 319, 321, 323, 324, 325, 326, 327, 328, 329
신시공동체 290, 291, 321, 327
신시문화 33, 189, 274, 281, 320, 327
신시본기 263
신시시대 274, 275, 276, 277, 285, 292, 326
신시씨 249, 250
신시홍산문화 33, 320
신웅神雄 260
신인합일 162
신조神鳥 58, 59
신채호申采浩 309, 315
신화神話 10, 11, 13, 15, 16, 20, 26, 43, 58, 60, 61, 150, 194, 206, 209, 254, 257, 258, 261, 269, 271, 272, 281, 290, 291, 296, 297, 316, 319, 323, 325, 329
심양瀋陽, 沈陽 27, 74, 231, 254, 296, 324, 325, 326
십이대영자 152
쌍구형구운형 302, 304
쌍련벽 96, 130, 148
쌍웅雙熊 194
쌍웅삼원공 139
쌍웅상雙熊像 127, 147, 194, 195, 196, 207, 265
쌍웅수삼공옥식 194, 266, 281
쌍인두 삼원공기 95
쌍인상雙人像 95, 194, 195, 196

쌍저수삼공옥기 146, 147
쌍효수雙鴞首 70, 92, 148, 150, 196, 198, 207
쑥 258, 260, 263, 264, 276, 284, 285
씨름벽화 10
씨족 40, 41, 44, 54, 189, 209, 237, 240, 254, 289
씨족토템 41, 228

[ㅇ]

아노阿老 209
ᄋᆞ리ᄅᆞArira 17, 315
아추족 301
안정복 31
안함로 272, 276
안호상安浩相 322
알영 162
암각화 42, 233
임화 33, 61, 62, 233, 270, 282, 290
앙소문화仰韶文化 39, 265
양저문화良渚文化 54, 58, 59
양조陽鳥 58, 151, 162, 327
얼 316, 321, 323
엘리아데 Eliade 13, 14, 15, 16, 257, 271, 319
여신女神 20, 25, 26, 157, 185, 188, 200, 202, 203, 208, 209, 210, 223, 224, 229, 266, 267, 316, 329
여신묘女神廟 40, 53, 73, 80, 82, 84, 85, 148, 151, 152, 193, 194, 197, 199, 203, 204, 205, 208, 209, 210, 211, 221, 222, 223, 224, 260, 264, 265, 267, 269, 310, 316
여신상女神像 25, 82, 83, 104, 148, 157, 159, 185, 186, 188, 196, 200, 201,

　　　　202, 204, 205, 208, 209, 211, 229, 260, 261, 311
여와 221
여요동시與堯同時 23
역계상 231
역사　10, 11, 15, 16, 17, 18, 20, 21, 22, 23, 24, 25, 26, 27, 29, 33, 47, 54, 57, 63, 146, 161, 187, 207, 208, 209, 224, 226, 228, 229, 230, 236, 237, 240, 247, 248, 257, 258, 260, 268, 270, 271, 272, 274, 275, 276, 277, 278, 279, 280, 281, 282, 284, 289, 290, 291, 292, 296, 298, 299, 300, 305, 309, 315, 316, 317, 318, 319, 320, 321, 322, 323, 326, 327, 328, 329
역삼각무늬　41, 42, 280
역삼각형　280
연합토템　33, 50, 58, 62, 153, 249
염제신농　20
영원성　18, 320, 321
예濊　23, 24, 25, 29, 229, 233, 317, 322
예맥　31, 219
예맥족　25, 27, 289, 320, 322
예족　27, 187
오가五加　249, 250, 252, 253, 254, 255, 277, 278, 280, 284, 285, 318
오사五事　284, 293, 294, 295
오사분직　295
오성개합　291
오성취루　269
오월춘추　315
오제본기　28, 297, 316
오한기敖漢旗　39, 43, 55, 74, 151, 256, 324, 325, 326
오환　25, 161, 219
옥거북이, 옥구　97, 118, 146, 147, 262

옥결, 옥귀걸이　68, 136, 203, 235
옥고　87, 95, 120, 148
옥구각　130
옥구슬　91, 96
옥기玉器　16, 19, 40, 42, 53, 54, 59, 60, 62, 73, 78, 86, 87, 91, 92, 102, 109, 116, 127, 142, 146, 147, 149, 188, 189, 192, 193, 196, 197, 198, 202, 204, 206, 211, 223, 227, 235, 250, 256, 263, 266, 269, 270, 280, 282, 311,
옥룡玉龍　70, 73, 87, 93, 135, 137, 146, 147, 189, 190, 198, 203, 296
옥매미　76, 235, 237, 239
옥메뚜기　137, 146, 147
옥벽　58, 59, 60, 94, 95, 97, 98, 117, 120, 130, 135, 137, 138, 148, 149, 311
옥봉玉鳳　95, 127, 132, 139, 146, 147, 148, 149, 192, 193, 196, 207, 265
옥봉玉棒　104, 127, 139, 308, 309, 310, 311
옥봉수玉鳳首　146, 147, 148, 150, 196
옥봉황머리　95
옥신면　202
옥여치　124, 146, 147
옥웅룡　137, 197, 198, 203
옥인玉人　127, 132, 148, 163, 186, 192, 193, 194, 196, 237, 311
옥자라　120
옥잠　40, 52, 122, 146, 147
옥저룡玉猪龍　148, 189, 194, 197, 198, 203, 223, 281, 296
옥조玉鳥, 옥새　41, 42, 44, 53, 54, 59, 60, 62, 138, 146, 147, 148, 149, 150, 189, 194, 196, 217, 228, 235, 237, 265, 279, 280
옥주　116

옥찬심 70, 107
옥팔찌 55, 87, 91, 92, 95, 97, 98, 99, 116, 117, 118, 120, 123, 124, 132, 135, 138
옥패, 대옥패 87, 97, 101, 148, 203, 302, 303, 304, 311
옥패식 146
옥편 57
옥환 55, 70, 92, 94, 100, 103, 113, 117, 130, 132, 135, 136, 148
옥효玉鴞 41, 43, 51, 52, 183, 184, 189, 196, 227, 252, 255, 256, 324
옥효관신수 41, 278
올빼미 43, 51, 52, 53, 198, 207, 235, 247, 248, 251, 253, 254, 255, 278
올빼미상 51, 52, 68, 235, 254, 255
옹우특기翁牛特旗 39, 42, 44, 46, 62, 68, 73, 189, 191, 233, 324, 325
요녕遼寧 32, 42, 73, 223
요녕성 14, 27, 39, 71, 152, 178, 189, 200, 253, 283, 318
요동遼東 23, 29, 31, 74, 75, 221, 231
요동반도 75, 231
요서遼西 24, 25, 31, 47, 54, 57, 73, 75, 76, 165, 166, 191, 217, 219, 220, 221, 222, 224, 226, 227, 228, 229, 231, 235, 237, 284, 305, 316, 318, 322,
요하遼河 21, 26, 29, 31, 39, 74, 79, 223, 289, 323, 326
요하문명, 요하문화 25, 32, 40, 200, 203, 207, 208, 229, 232, 241, 257, 282, 320, 323, 325, 326, 328
용龍 40, 60, 61, 149, 150, 203, 211, 217
용봉문화龍鳳文化 27
용봉옥패 70, 87, 98, 150, 196
용산문화 22
용어하도 299

용출요하원 328
우가牛加 249, 255
우공禹貢 30, 217, 218, 225, 226, 227, 229
우리의식 290
우사雨師 187, 262, 263, 293, 294, 304
우이 78, 153, 217, 225, 230, 237
우이기략 225
우정구주 31
우하량牛河梁 15, 16, 20, 21, 25, 59, 70, 73, 74, 77, 78, 79, 80, 82, 86, 87, 104, 118, 141, 143, 148, 149, 150, 151, 152, 153, 157, 160, 161, 162, 163, 164, 165, 166, 167, 171, 172, 173, 175, 177, 178, 179, 184, 185, 192, 194, 195, 196, 197, 198, 200, 202, 203, 205, 207, 208, 209, 217, 221, 222, 223, 224, 226, 227, 228, 236, 256, 257, 260, 261, 262, 265, 266, 267, 268, 269, 270, 271, 274, 281, 292, 296, 302, 303, 309, 310, 311, 316, 318, 319, 321, 324, 325, 326, 328, 329
우하량유적 10, 11, 14, 15, 16, 19, 20, 21, 26, 27, 30, 33, 39, 40, 54, 68, 69, 73, 74, 75, 77, 78, 86, 126, 137, 144, 146, 147, 148, 149, 150, 151, 153, 159, 160, 174, 177, 183, 184, 189, 192, 196, 197, 200, 207, 208, 217, 223, 228, 233, 234, 236, 257, 258, 264, 271, 275, 278, 280, 281, 291, 292, 296, 315, 316, 318, 319, 320, 321, 324, 327, 328, 329
우하량인 18, 86, 144, 157, 163, 167, 173, 175, 177, 178, 207, 217, 261, 266, 329
우화羽化 190, 238, 239
욱일반출도치도 265

운사 187, 262, 263, 293, 294
울치족 194
웅雄 19, 29, 61, 236, 250, 251, 252, 253, 254, 279, 280, 318, 327
웅熊 46, 61, 76
웅계雄鷄 61
웅녀熊女 20, 25, 31, 208, 209, 210, 247, 257, 261, 264, 267, 271, 276, 277, 278, 280, 281, 282, 291, 292, 316, 318, 319, 321, 329
웅모신熊母神 208
웅산熊山 118
웅상 雄常 250, 251, 252, 253, 254, 318
웅상나무 318
웅상수雄常樹 251, 252, 254
웅용熊龍 40, 148
웅조숭배 熊祖 20, 27
원동중元董仲 263, 264, 272
원조옥조圓雕玉鳥 62
원초적 사건 10, 11, 15, 257, 258, 325, 326
원통상식 96
원한국인原韓國人 20, 26, 281, 322
원형原型 16, 17, 56, 119, 187, 188, 196, 250, 251, 262, 294, 318, 323
원형무대 20, 21, 269
원형문화 280, 294, 321
원형原型 사상 262, 263
원형圓形제단 20, 33, 86, 102, 104, 106, 107, 108, 115, 118, 143, 148, 152, 223, 265, 267, 268, 311
유국상劉國祥 39, 79, 142, 234, 289
유엠부찐 317
유웅有熊, 유웅국 297, 298, 301, 304
유화柳花 162
윤내현尹乃鉉 26, 27, 231, 272, 275, 276, 277, 291, 296, 316, 328
윤달尹達 39

융적인 298
윷놀이 255
은허 230, 289
응가鷹加 249, 250, 253, 255
응호응저문 동식패 283
이夷 225, 229, 233, 317, 322
이규보李奎報 319
이민李民 27, 29, 30, 187, 222, 228, 229, 248, 278, 289, 318, 322, 329
이배뢰李倍雷 217, 229, 318, 322, 329
이빨 190, 198, 203, 302, 303, 304
이사금 303
이유립 260, 294
이정기 17, 262
이중토템 33, 62, 153
익선관 239
인격적 존재 15
인류학적 15, 17, 18, 177, 178, 262, 315, 329
인면조人面鳥 17, 21, 33, 42, 269, 321
인면조문도 42
인태양 196
일광 258
일광경 259
일웅일호一熊一虎 26, 249
임분 21, 22, 23, 46
임분시 22, 23
입간측영 105, 143

[ㅈ]

자연숭배 205
자치기 308
작대기치기 308
장방형 114, 118, 143, 204
장식단추 326
장적 46, 47

재생 76, 319
재세이화 311
재현再現 13, 16, 21, 33, 269, 291, 296, 321, 325, 326
저룡猪龍 40, 189, 223, 227
저산猪山 118
적봉赤峰 21, 24, 39, 43, 73, 74, 142, 167, 183, 219, 233, 249, 270, 291, 295, 306, 321, 324, 325, 326
적봉 제1차문화 24, 219
적봉 제2차문화 24, 219
적석묘 75
적석총積石塚 14, 25, 40, 53, 73, 75, 76, 77, 86, 102, 108, 109, 116, 118, 126, 127, 148, 152, 153, 164, 165, 197, 203, 222, 223, 265, 266, 267, 281, 316
전방후원前方後圓 109, 143
전산자轉山子 126
정주定住 13, 15, 17, 315
정치공동체 32, 163, 273
제1지점 79, 80, 82, 84, 85, 148, 194, 196, 209
제2지점 70, 71, 79, 86, 87, 88, 90, 92, 94, 95, 96, 98, 99, 100, 102, 103, 106, 107, 108, 109, 110, 112, 114, 115, 116, 143, 144, 148, 149, 150, 152, 153, 177, 188, 194, 195, 196, 197, 198, 265, 266, 267, 268, 296, 302, 303, 311
제3지점 79, 116, 118, 143, 149, 197
제5지점 59, 118, 119, 120, 122, 123, 124, 125, 143, 149, 197, 262, 267
제13지점 126
제16지점 104, 126, 128, 129, 130, 132, 134, 136, 137, 138, 139, 140, 142, 143, 148, 149, 177, 192, 194, 195, 196, 197, 262, 265, 309, 310, 311, 321
제단祭壇 13, 14, 15, 16, 59, 70, 71, 77, 104, 105, 118, 142, 143, 222, 265, 266, 267, 268, 269
제비 44, 45, 68, 278
제사 23, 40, 53, 54, 77, 118, 92, 193, 194, 203, 205, 206, 209, 221, 223, 232, 252, 253, 266, 267, 269, 281, 290, 295, 296
제사갱 129
제사권력 290
제사장 59, 192, 193
제왕세기 297
제왕운기 255, 277
제일봉황第一鳳凰 53, 68
제천의식 143, 248
조鳥 148, 308, 316, 317, 329
조대기朝代記 21, 272, 279
조모신鳥母神 208
조문鳥紋 42, 242
조보구趙寶溝문화 27, 33, 39, 53, 54, 55, 68, 148, 232, 233, 236, 240, 292, 319, 327
조빈복 236, 254
조상숭배 193, 205, 206
조상숭배 사상 61
조선朝鮮 19, 27, 161, 210, 219, 230, 231, 239, 249, 257, 268, 269, 272, 275, 276, 277, 294, 295, 310, 315, 320, 322
조선사상사 293, 294
조선유기朝鮮留記 262, 274, 275, 276, 278, 322
조선족 24, 25, 167, 172, 173, 174, 322
조수솔무 276
조양朝陽 14, 27, 74, 78, 126, 152, 170, 283,

321, 324, 325, 326, 329
조우관鳥羽冠 239
조이鳥夷 19, 27, 28, 29, 30, 31, 32, 217, 218, 219, 225, 226, 227, 228, 229, 230, 248, 250, 254, 278, 289, 306, 315, 316, 317, 318, 329
조이족鳥夷族 17, 20, 21, 27, 28, 29, 30, 33, 77, 211, 217, 220, 221, 222, 225, 228, 229, 232, 233, 234, 235, 236, 239, 240, 247, 248, 249, 250, 255, 257, 264, 265, 266, 267, 268, 272, 275, 277, 278, 280, 281, 283, 284, 285, 289, 291, 292, 295, 296, 305, 306, 307, 315, 316, 317, 318, 319, 320, 321, 322, 326, 327, 328, 329
조이피복鳥夷皮服 28, 217, 218, 225, 250
조일鳥日 61, 77, 151, 247
조조鳥祖숭배 20, 27, 29, 42
조지훈 60, 61, 208, 210
조출홍산총鳥出紅山塚 328
조형석결 51, 52, 54, 183, 184
존형기尊形器 52, 54, 55, 232
좌전 217, 301
주곡 284, 293, 294
주명 284, 293, 294
주병 284, 293, 294
주선악 284, 293, 294
주역 236
주형 284, 293, 294
준오 58
중국조선족 166, 167, 169
중산국 46
중심대묘 102, 104
지단地壇 268
지리지 78, 218, 225
지모신地母神 208, 209
지之 자문 234

지태양 196
진국辰國 163, 230, 231
진몽가陳夢家 29, 219, 230, 231, 317
진번 163, 231
진서晋書 251
진한辰韓 63, 161, 163

[ㅊ]

참성단 266, 267
창수사자 315
채도관 118, 123
채도문화 219
채도통형기 265
척관법 310, 311
천군天君 193
천단天壇 268
천둥새 46, 47, 284
천문유초 291
천부天符 300
천부경天符經 195, 196
천부인天符印 249
천신天神 14, 60, 187, 208, 210, 242, 263
천신국 17
천신신앙 27
천신족 315
천왕 144, 274, 279, 280
천왕랑 144
천원지방天圓地方 14, 21, 143, 266, 267, 319, 329
천인무간 262
천제단 16, 86, 267, 269, 321
천제문화 21, 269, 329
천조天鳥 315
천족天族 275
천지 52, 87, 193, 211, 266, 267

천지인 59, 195, 267
천지합일 266
천태양 196
철학 10, 144, 263, 315
첨수도 56
청동기문화 39
청동기시대 165
청동방울 151
청동장식 270, 283, 284, 285
초급 문명사회 289, 290
최남선 26, 188, 249, 262
최암근 146
추佳 30, 230, 231, 232, 233, 239, 251, 279, 317, 318
추이佳夷 29, 32, 230, 233, 317, 318
추이고佳夷考 230
추이족 20, 255
치우, 치우상 30, 162, 285, 297, 298, 299, 300, 301, 302, 303, 304, 323
치효족鴟鴞族 253
치효토템족 253
침향枕向 87, 153

[ㅋ]

큰곰별자리 191

[ㅌ]

탁록 290, 297, 298, 300, 304
탑형기 70, 71, 89, 103, 115
태극기 204
태백산太伯山, 太白山 13, 26, 33, 249, 254, 258, 273, 290, 291, 294, 304
태백산정 249

태백산하 274
태양 45, 47, 51, 52, 55, 56, 57, 58, 59, 60, 61, 62, 76, 105, 143, 151, 152, 162, 194, 195, 196, 210, 211, 217, 233, 235, 239, 241, 242, 247, 248, 251, 255, 263, 264, 265, 266, 267, 269, 279, 315, 322
태양문양 56, 151, 152
태양석 151
태양숭배 19, 51, 58, 61, 62, 87, 153, 233, 235, 241, 247, 265, 266, 269, 327
태양신 59, 162, 233, 236, 242
태양신조太陽神鳥 59
태양토템 19, 152, 153, 249, 255, 319
태양옥 151
탯줄 187, 195
텡그리 144, 187
토끼머리 247
토템Totem 16, 17, 20, 27, 29, 32, 40, 41, 42, 43, 51, 53, 54, 56, 57, 62, 76, 148, 152, 153, 187, 193, 196, 197, 198, 204, 207, 208, 210, 211, 217, 220, 232, 234, 235, 236, 250, 253, 254, 272, 275, 278, 279, 280, 284, 292, 293, 298, 304, 319, 327, 330
토템공동체 320
토템문화 264, 329
토템분화 250, 327
토템숭배 40, 41, 205
토템신앙 33, 206, 315
토템연합 33, 153, 200, 208, 210, 211, 274, 291, 320, 324
토템폴 251, 253
토템 표지 40, 42
통복관 109
통형기 70, 71, 85, 87, 89, 107, 108, 111, 114, 127, 142, 144, 145, 265

통형기묘 108
통형옥기 91, 116
통형항아리 240

[ㅍ]

파랑새 10, 11, 254
파림우기巴林右旗 42, 51, 149, 183, 185, 255, 320
팔주령 151
편두 157, 161, 162, 163
평대 80
평창동계올림픽 16, 20, 21, 33, 269, 321
평화정신 321
표훈 272
풍백 187, 262, 293, 294, 304
프레이저Frazer 13, 14, 15, 152, 194, 203, 207, 259, 275, 276, 319
프로이트Freud 17, 204

[ㅎ]

하가점夏家店 68, 177, 178, 179, 196, 240, 324, 325
하가점상층문화 271
하가점하층문화 25, 27, 39, 56, 126, 127, 140, 142, 143, 170, 178, 240, 289, 302, 305, 321, 323, 328
하광악何光岳 221, 248, 250, 322, 329
하늘 18, 44, 45, 52, 53, 59, 63, 144, 145, 152, 153, 193, 194, 211, 255, 262, 266, 267, 268, 275, 285, 315, 320, 322
하북성 39, 74, 162, 218
하상주 24, 221
하신何新 56
하플로그룹 167, 169, 170, 173, 175, 176
하화족 315
한국사 28, 209, 285, 318, 323
한국인 20, 26, 166, 167, 169, 170, 172, 173, 174, 175, 196, 260, 281, 316,
한민족 20, 41, 274, 280, 281, 318, 320, 322, 326, 327
한민족사 21, 317
한서漢書 31, 217, 218, 225, 231
합랍해구 169, 170, 171, 172
합랍해구묘 167
합랍해구 묘지 168, 169, 173
항아리 55, 56, 63, 101, 111
해日 52, 56, 58, 59, 61, 62, 76, 77, 114, 194, 236, 239, 315, 327
해돋이 76
해동역사 31
해모수 144
해시계 105
햇빛 80, 258, 259, 260
헌원 20, 297, 298
현상윤 293
현이玄夷 21, 225, 315
형가점유적 178
호가虎加 249, 255
호녀虎女 209
호두구胡頭溝 39, 42, 52, 59, 73, 149, 227, 252, 256, 309, 310, 311, 324, 325
호두구유적 324
호형虎形 270
홍도紅陶 223, 240
홍도문화 219
홍산고국紅山古國 289, 290, 327
홍산문화紅山文化 10, 14, 19, 21, 24, 25, 26, 27, 30, 31, 33, 39, 40, 41, 42, 43, 44, 53, 55, 57, 59, 60, 62, 68,

73, 75, 77, 79, 126, 127, 142, 143, 148, 149, 150, 151, 159, 160, 161, 163, 164, 165, 166, 171, 172, 173, 175, 183, 189, 190, 191, 194, 200, 202, 207, 208, 217, 220, 221, 222, 223, 224, 226, 227, 228, 229, 234, 237, 240, 248, 257, 261, 267, 268, 270, 275, 280, 281, 282, 289, 290, 291, 296, 297, 302, 304, 305, 306, 310, 315, 316, 318, 320, 323, 324, 326, 327, 328, 329
홍산 암화 33, 62, 282
홍산옥기 18, 40, 43, 237, 269, 270, 302, 309, 320
홍산인 18, 30, 161, 217, 316, 318
홍산후紅山後 24, 39, 73, 219
화상석 30, 209, 285, 301, 302, 303
화성동 제단 268
화이 225, 230
환桓 236, 247, 248, 274, 275, 279, 294, 327
환웅桓雄 20, 24, 26, 27, 29, 30, 32, 33, 247, 248, 249, 250, 252, 253, 254, 255, 256, 257, 258, 260, 261, 262, 263, 264, 267, 268, 269, 270, 271, 273, 274, 275, 276, 277, 278, 279, 280, 281, 282, 283, 285, 290, 291, 292, 293, 296, 298, 304, 311, 315, 316, 317, 318, 319, 320, 321, 324, 327, 328, 329
환웅시대 26, 33, 275, 284, 291, 292, 320, 328
환웅신화 15, 24, 26, 248, 249, 262, 290, 291, 328
환웅족 27, 250, 258, 284, 319
환인 19, 247, 248, 275, 276, 291, 292, 296, 328

환족桓族 20, 264, 272, 273, 274, 275, 277, 278, 280, 281, 282, 289, 291, 292, 296, 321, 322, 326, 327
황보밀 297
황제黃帝 20, 31, 43, 150, 221, 222, 229, 281, 290, 297, 298, 299, 300, 301, 303, 304, 323
황토의 신 157
황하문명 323
회남자 58, 251
회이淮夷 225, 230, 289, 318, 320
횡대상 망격문 234
후기 환족後期桓族 280, 281, 322
후한서後漢書 225, 316
훈로기 80, 85
훈민정음 251
흉노 219
흉노문화 259, 283
흥륭구인興隆溝人 305
흥륭구취락 234
흥륭와興隆窪 51, 76, 234, 235, 236, 237, 239, 241, 247, 324, 325, 328
흥륭와문화 33, 39, 51, 52, 54, 68, 75, 76, 77, 148, 222, 234, 235, 236, 237, 240, 241, 254, 281, 292, 296, 305, 306, 319, 327
흑피옥인黑皮玉人 186
희생제의 16

[번호]

1호총 70, 71, 86, 88, 90, 92, 93, 94, 95, 96, 98, 99, 100, 102, 118, 120, 143, 150, 194, 196, 296, 311
2호총 70, 71, 86, 102, 103, 104, 118, 122, 123, 124, 143, 153, 265, 268

3부족 292
3태극 195
3태양 196, 265
3호총 14, 70, 71, 104, 105, 106, 107, 118,
       143, 153, 268, 311
4호묘 58, 87, 127, 129, 132, 148, 149, 192,
       311
4호총 71, 86, 108, 109, 110, 112, 114, 143,
       196, 265
5호총 71, 86, 114
6호총 71, 86, 115
21번 무덤 96
22.5cm 104, 138, 157, 199, 200, 311
22m 80, 104, 267, 311
79M1 127, 129, 139, 147, 196
79M2 128, 138, 147, 196, 311
2333년 23, 276, 277, 328
5500년 14, 17, 41, 75, 151, 200, 202, 257,
       261, 275, 289, 319, 322

[로마자]

C

C자형 189, 191

D

D형, D계열(D4, D5) 164, 166, 167, 168,
       169, 170, 171, 172, 173, 175, 176

M

mtDNA 164, 167, 169, 173, 174, 175, 176

N

N9a 164, 165, 166, 167, 168, 169, 171, 174,
       175

저자 소개

이찬구 (李讚九, Lee Chan goo/ 白山·炳虎)

충남 논산 양촌 거사리 출생(1956년생). 1983년부터 亞山 문하에서 『천부경』을 공부하기 시작. 1985년부터 9년간 大山 김석진 선생 문하에서 『주역』과 사서를 공부함. 1987년부터 『환단고기』와 『조선상고사』를 공부함. 2005년 대전대학교에서 '동학東學의 천도관 연구'로 박사학위 취득.

1992년에 북측에 '남북통일개천대제'를 제안하였고, 1994년에 단군시대의 글자인 신지전자 31자를 찾아 한배달 천부경 세미나에서 처음으로 공개하였으며, 2007년에는 '상균도'와 '청황부'라는 역학원리를 제시함.

2012년에 첨수도에서 한글 모양의 '돈' 자를 찾아냈고, 당시 연합뉴스에서 "한글 3000년 전부터 사용됐다"라는 제하의 보도(2012. 7. 2.)가 나가자 중국 언론과 네티즌들이 1주일 사이에 1,000만 명이 접속하며 한글의 시원에 대해 대논쟁을 벌임(당시 중국 TV에도 방송). 2014년에는 무씨사당의 화상석을 통해 단군신화를 재해석하였고, 광개토대왕릉비 건립 1600주년 국제학술대회 개최에 참여.

2003년부터 '겨레얼' 운동에 참여해 현재까지 활동 중임. 한국민족문화대백과사전 집필자, 한국철학사전 집필위원 역임. 한국민족종교문화대사전 편찬위원 및 집필위원으로 활동. 국제평화대, 가톨릭대, 인하대 출강.

▲저서로는 『한단고기 선해』, 『인명용 한자사전』, 『공자72제자』(역), 『천부경과 동학』, 『주역과 동학의 만남』, 『채지가 9편』, 『돈:뾰족돈칼과 옛한글연구』, 『고조선의 명도전과 놈』, 『천부경』, 『광개토대왕릉비 탁본-겨레얼본』(책임편집), 『통일철학과 단민주주의』 등이 있음. 또 『새로운 천부경연구』(공저), 『축의 시대와 종교간 대화』(공저)가 있고, 『동양철학 기초강의』(미발표)도 있음.

▲주요 논문으로는 「천부경 대삼합륙의 우주론」, 「수운의 천주와 과정철학」, 「수운교 개벽사상의 역리적 고찰」, 「주역의 선후천 변역과 제3역학의 가능성」, 「홍산옥기에 나타난 치우상 고찰」, 「단군신화의 새로운 해석-무량사 화상석의 단군과 치우를 중심으로」, 「환단고기의 삼신하느님에 관한 고찰」, 「광개토태왕비문의 신묘 병신년조 기사에 대한 재고찰」, 「단과 홍익인간에 대한 철학적 이해」, 「고조선 말기 패수의 위치에 관한 제학설과 문제점」 등이 있음.

▲ '신시홍산문화연구원' 네이버카페 및 블로그 운영.
▲ lee291838@naver.com

홍산문화의 인류학적 조명
우하량유적의 새토템과 조이족

발행일 단기 4351(2018)년 8월 15일 1쇄
　　　　 신시개천 5915(2018)년 10월 3일 2쇄(증보)
저　자 이찬구
발행인 이영옥
디자인 이경일
발행처 개벽사
　　　　 등록 제2018-000058호
　　　　 경기도 용인시 기흥구 구갈로60번길 9-1
　　　　 전화, 031-8001-1920, 010-4797-7461
　　　　 홈페이지, www.kaebyouksa.com
　　　　 최초 창립일 1920. 6. 26
인　쇄 (주)서울프로아트(02-2268-3372)

값은 뒷표지에 있습니다.
ISBN 979-11-964566-0-3(93910)

* 잘못된 책은 바꿔드립니다.
* 이 책의 전부 또는 일부 내용을 사용하려면 사전에 저작권자와 도서출판 개벽사의 동의를 받아야 합니다.

이 도서의 국립중앙도서관 출판예정도서목록(CIP)은 서지정보유통지원시스템 홈페이지(http://seoji.nl.go.kr)와 국가자료공동목록시스템(http://www.nl.go.kr/kolisnet)에서 이용하실 수 있습니다.(CIP제어번호: CIP2018025243)